Denkwürdigkeiten

des

Generals Dumouriez

Das Jahr 1793

herausgegeben von Norbert Flörken

Impressum
Bibliographische Information der Deutschen Nationalbibliothek:
Die Deutsche Nationalbibliothek verzeichnet diese Publikation in der Deutschen
Nationalbibliographie, detaillierte bibliographische Daten sind im Internet über
http://dnb.dnb.de abrufbar.
© Norbert Flörken
Herstellung und Verlag:
BoD – Books on Demand, Norderstedt
ISBN 9783751983921

Charles-François Dumouriez.

Ich bin 1739 zu Cambery geboren, von mittelmäßigem Stande, aber doch von adeliger Abkunft. Mein Vater war ein grundgelehrter und grundrechtschaffener Mann; er hat mir eine sehr ausgebildete und strenge Erziehung gegeben. Ich habe mich bereits im achtzehnten Jahre {1757} den Waffen gewidmet, und mich gleich anfangs ausgezeichnet. In meinem 22sten Jahre hatte ich schon das Ludwigskreuz und zwei und zwanzig Wunden.

Nach geschlossenem Frieden {1763} bin ich auf Reisen gegangen, um die Sprachen <317> und Sitten der Völker kennen zu lernen; denn die Moral ist von jeher mein Hauptstudium gewesen. Die Emigrierten haben ausgesprengt, ich sey ein Spion des französischen Ministeriums gewesen. Unstreitig würden die Markis von Tarent und Athen das nämliche vom Pythagoras und Plato gesagt haben, wenn diese sich in meiner Lage befunden hätten.

1768 bin ich aus Spanien nach Hause berufen, und als Stabsoffizier zur Armee in Korsika geschickt worden; nach den zwey glorreichen Feldzügen von 1768 und 1769 hat man mich zum Obersten gemacht.

Im Jahre 1770 schickte mich der Herzog von Choiseul nach Polen, als Gesandter bey den Konföderierten; ich habe in diesem Lande mit sehr abwechselndem Glücke zwei Kampagnen als Chef gemacht, und große Unterhandlungen betrieben. Die Polen hatten ihre Maaßregeln schlecht genommen; und so kam es, daß ihre Revolution verunglückt und das Land geheilt worden ist.

1772 hat sich der Kriegsminister, Markis von Monteynard, meiner bedient, um militärische Verordnungen aufzusetzen und auszuarbeiten. Gegen das Ende des Jahres gab mir dieser Minister, auf besondern Befehl Ludwigs XV, einen geheimen Auftrag, welcher Bezug auf die schwedische Revolution hatte. Dieser Auftrag, über welchen ich unmittelbar vom Könige selbst Verhaltungsbefehle erhielt, war dem Herzog von Aiguillon, Minister des auswärtigen Departements, unbekannt; er ließ mich in Hamburg arretieren, und 1773 nach der Bastille bringen. Ludwig XV, der selbst keinen festen Charakter besaß, und noch überdieß durch seine Mätresse, die Gräfinn Dübarry, und durch ihren Günstling, seinen allmächtigen Minister, am Gängelbande geführt wurde, entzog dem tugendhaften Monteynard seine Gnade, verhehlte den Antheil, den er selbst an meinem Auftrag gehabt hatte, und überließ mich der ganzen Last eines Kriminalprozesses, den gleichwohl der Herzog von Aiguillon, vermuthlich weil er die Wahrheit ahndete, nicht aufs äußerste kommen ließ. Ich schlug mehr als ein Anerbieten, mehr als ein Geschenk dieses Majordom's aus, den ich nicht hochschätzen konnte, und ward, nach einem halben Jahre, auf drei Monate zu Caen auf die Festung gebracht.

Ludwig XV starb 1774; und der Herzog von Aiguillon fiel in Ungnade. Ich mochte mich des Rechts nicht bedienen, daß mein Verhaftsbrief vom verstorbenen Könige war, um meine Freiheit wieder zu erhalten; ich schrieb an Ludwig XVI, und ersuchte ihn, mich nach der Bastille bringen, und meinen Prozeß von neuem untersuchen zu lassen. Der König wollte mich nicht wieder in ein Gefängniß schicken, und er nannte bloß drey Staatsminister, die Herren de Muy, Vergennes und Sartines, zu meinen Richtern; sie gaben einmüthig die Erklärung von sich, und unterschrieben sie, ich sei ungerechter Weise verfolgt worden. Ich ward auf der Stelle in meiner Eigenschaft als Oberster wieder in Aktivität gesetzt und nach Lille geschickt, um die neuen militärischen Manövres auszuführen, die der Baron von Pirch aus Preußen mit sich gebracht hatte. Man übertrug mir auch die Untersuchung eines Projekts, der Lys eine kürzere Richtung zu geben, und eines andern Projekts, zu Ambleteuse im Kanal einen Hafen anzulegen. Ich beschäftigte mich zu Ende des Jahres 1774 und das ganze Jahr 1775 mit diesen Arbeiten.

1776 wurde ich als königlicher Kommissar mit dem Schiffskapitain, Chevalier d'Oisy und dem *Maréchal de Camp* Laroziere, einem der geschicktesten Militäringenieure von Europa, beordert, einen bequemen Ort zur Anlegung eines Hafens im Kanal aufzusuchen. Das Jahr 1777 brachte ich auf dem Lande, vierundzwanzig Lieues von Paris, zu. Dieses Jahr ist das einzige meines Lebens worin ich der Ruhe genossen; und nicht einmal ganz, denn zu Ende des Jahres berief mich der Kriegsminister, Prinz von Montbarey zu sich, bei Gelegenheit des amerikanischen Krieges, den ich vorausgesehn und vorausgesagt hatte. 1778 wurde, auf meinen Vorschlag und zu meinem Behuf die Kommendantenstelle zu Cherbourg wiederhergestellt, und der Ort zu einem neuen Hafen am Kanal ausersehen.

Unterstützt durch den Eifer, die Thätigkeit und das Ansehen des Herzogs von Harcourt, Gouverneurs der Provinz, ließ ich zu Gunsten von Cherbourg den Prozeß, der seit hundert Jahren zwischen dieser Stadt und Lahogue, wegen Anlegung eines militärischen Hafens obgewaltet hatte, entscheiden. Seit diesem Zeitpunkt bis 1789, bin ich mit diesem Hafenbau beschäftigt, und nur dreimal in Paris gewesen. Cherbourg hatte nur siebentausend dreihundert Einwohner als ich dahinkam, und ich habe eine Volksmenge von ungefähr zwanzigtausend Seelen zurückgelassen. [siehe Seite 242 ff]

Denkwürdigkeiten des GENERALS DÜMOURIEZ. | Von ihm selbst geschrieben. | *...vitamque impendere vero* [1] | Mit Anmerkungen von Christoph Girtanner. | Erster Theil / Zweyter Theil | Nebst dem Bildnisse des Verfassers. | Berlin, 1794. | Bey Fr[ançois Théodore] Lagarde und bey Joh[ann] Fr[iedrich] Unger. [2]

---

[1] Dieses Motto aus Juvenal, Satire IV, 91 nur in den französischen Ausgaben (Paris, London, Hamburg) und in der deutschen von „Frankfurt und Leipzig“. Rousseau verwendet es 1758 in einem Brief an d'Alembert.

[2] Fundstelle: BSB München, Signatur Gall. Rev. 308; urn:nbn:de:bvb:12-bsb10421648-8. – Daneben gibt es noch die Ausgabe „Frankfurt und Leipzig“ ohne Verlagsangabe aus demselben Jahr.

F. Zigbert sc.

Einleitung [1794][3]

[von Christoph Girtanner]

Merkwürdige Menschen, welche sich entweder durch ihre Handlungen, oder durch ihre Schriften auszeichnen, ziehen die Aufmerksamkeit ihrer Zeitgenossen in einem so hohen Grade auf sich, daß alles, was sie betrifft, oder von ihnen geschrieben ist, mit der größten Aufmerksamkeit gelesen wird. Ein vorzügliches Interesse erwecken aber solche Schriften, in denen sie von sich selbst sprechen; daher die Begierde, mit welcher die eigenen Lebensbeschreibungen großer Männer von jeher sind verschlungen worden. Cäsars Kommentarien, Friederichs Geschichte der von ihm geführten Kriege, Xenophons Geschichte des Rückzuges der zehen <ii> tausend Griechen, Rousseaus Geständnisse und Franklins Leben, mögen, statt vieler andern, zum Beispiele dienen. Unter die wichtigen Schriften dieser Art werden künftig auch die vor uns liegenden Denkwürdigkeiten des Generals Dümouriez gerechnet werden. Wir alle erinnern uns noch an den Eindruck, welchen die Thaten dieses Mannes in Champagne, seine schnelle Eroberung der österreichischen Niederlande, sein Einfall in Holland und seine Verrätherei an der Nationalkonvention, auf uns gemacht haben. Das große Publikum, welches immer nur über einzelne Handlungen urtheilt, und nicht im Stande ist einen Blick über das Ganze zu werfen, oder ein richtiges Resultat im Allgemeinen zu ziehen, betrachtete diesen Mann bald mit Bewunderung, die er gar nicht verdiente, bald mit Verachtung und Abscheu, die er ebenfalls nicht in dem Grade verdient, in welchem sie ihm zu Theil geworden sind. Dümouriez <iii> ist, wie aus allen seinen Handlungen erhellt, ein ziemlich gewöhnlicher Mensch, der sich durch Ehrgeiz, Prahlerei und Unverschämtheit, auszeichnet; der einige militairische Talente, aber noch weit mehr Tollkühnheit besitzt; der im Glücke übermüthig wird, und im Unglücke alle Besinnungskraft und Gegenwart des Geistes verliert. Seine Thätigkeit ist außerordentlich; allein es ist eine Thätigkeit welche zerstört, keine Thätigkeit welche schafft und hervorbringt. Hätte das unerbittliche Schicksal seinem Uebermuthe

---

[3] Diese Einleitung fehlt in der Ausgabe Frankfurt/Leipzig 1794 und in den französischen Ausgaben.

nicht ein Ziel vorgesteckt, und seiner wilden Eroberungssucht einen Damm vorgesetzt: so würde der größte Theil von Deutschland sich vielleicht jetzt unter dem eisernen Zepter der oligarchischen Tyrannen zu Paris befinden; nicht durch die Tapferkeit der jakobinischen Heere, sondern durch die Künste, welche die Anführer derselben anwandten, um die Völker gegen ihre Herrscher aufzubringen, und sich dadurch ihre Eroberungen leicht zu machen. <iv> Wenn man diese Denkwürdigkeiten des Generals Dümouriez lieset: so darf man nicht vergessen, daß er die selben zu seiner Rechtfertigung geschrieben hat; man darf auch den bekannten Charakter des Verfassers nicht vergessen, vermöge welches ihm alle Mittel zu seinem Zwecke zu gelangen gleichgültig sind: man muß daher in seine Behauptungen und Versicherungen ein großes Mißtrauen setzen, und nur dasjenige für wahr halten, was mit andern, glaubwürdigen, bereits bekannten Nachrichten, übereinstimmt. Der größte Werth dieser Schrift besteht also nicht sowohl in den Thatsachen welche Dümouriez von sich selbst erzählt, sondern vielmehr in demjenigen, was er von andern Personen sagt, die während der unseligen frankreichischen Revolution sich ausgezeichnet haben. Seine Schilderung der Girondisten ist vortrefflich. Er entlarvt ihre Ränke; er nennt sie, mit Recht, die Jesuiten der Revolution; er sagt, und beweist <v> es, daß sie mit den Jesuiten einerley Moral, einerley Politik, eine eben so große Macht, einen nicht geringeren Uebermuth im Glücke, einerley Fehler und einerley Schicksal gehabt haben. Der letzte General dieser wiederaufgestandenen Jesuiten war der ränkevolle Minister Roland, der, mit ächter jesuitischer Heucheley, die Rolle eines Cato[4] spielte, und immer nur von Tugend sprach, während er den Mord des gutmüthigen Königs mit einer Wuth betrieb, die ihn in der Geschichte auf ewig brandmarken wird.

Ob der General Dümouriez von der Vortrefflichkeit der, im Jahre 1791 beschwornen und genehmigten, Konstitution wirklich so innig überzeugt sey, wie er von derselben überzeugt zu seyn vorgiebt, daran läßt sich mit Recht zweifeln. Es scheinet vielmehr, als ob er sich dieser

---

[4] Marcus Porcius Cato Censorius, genannt Cato der Ältere (* 234 v. Chr. in Tusculum; † 149 v. Chr. in Rom), war römischer Feldherr, Geschichtsschreiber, Schriftsteller und Staatsmann. Als Censor zeigte Cato eine besondere Strenge durch luxusfeindliche Maßnahmen bei der Steuerschätzung (Census). Dies brachte ihm den Beinamen Censorius ein.

vorgeblichen Anhänglichkeit an jene Konstitution bloß als eines Vorwandes bediene, um seine an der Nationalkonvention begangene, <vi> Verrätherey zu rechtfertigen, und als eines Mittels, um sich Freunde und Anhänger in Frankreich zu verschaffen: denn er hat ja selbst die Umwerfung dieser Konstitution gebilligt, er hat den Republikanern sechs Monate lang gedient, und sich, während dieser Zeit, laut und wiederholt, gegen die monarchische Regierungsform erklärt. Auch läßt sich schwerlich glauben, daß Dümouriez so geringe politische Einsichten und Kenntnisse besitzen sollte, um nicht einzusehen, was ganz Europa einsieht, daß die Verwirrung, in welcher Frankreich sich jetzt befindet, vorzüglich jener Konstitution zuzuschreiben ist, welche den Keim ihrer Vernichtung in sich selbst trug; welche unmöglich bestehen konnte; welche entweder in eine despotische Monarchie, oder, wie jetzt geschehen ist, in eine despotische Oligarchie übergehen mußte. Wenn man die Denkwürdigkeiten des Generals Dümouriez aus dem angegebenen Gesichtspunkte betrachtet, und < vii> während des Lesens niemals vergißt, daß er dieselben zu seiner Rechtfertigung geschrieben hat, und daß ihm daher an allen Stellen, wo er von sich selbst spricht, oder wo er ein Interesse dabey haben konnte, die Gegenstände nicht sowohl der Wahrheit, als seinem Vortheile gemäß darzustellen, nicht unbedingt geglaubt werden dürfe; so wird die Lektüre derselben eben so unterhaltend, als lehrreich seyn; lehrreich vorzüglich in der Rücksicht, weil die Geschichte dieses Mannes ein neuer Beweis ist, daß Gunst des Volkes und Bewunderung des großen Haufens gemeiniglich eben so unverdient, als von kurzer Dauer sind; daß die Urheber und Beförderer einer Revolution im Staate allemal das Opfer derselben werden; oder, wie Montaigne irgendwo sagt, für einen andern Fischer das Wasser trüben; daß ein ränkevoller Mann mehr sich selbst, als andern schadet; und daß man, ohne Festigkeit und Rechtschaffenheit des Charakters, <viii> sich zwar die Bewunderung, aber niemals die Achtung seiner Zeitgenossen und der Nachwelt erwerben kann. Es war anfänglich mein Vorsatz, alle diese Ideen weiter auszuführen, und durch Beyspiele, die aus dieser Schrift des Generals Dümouriez hergenommen werden sollten, zu beweisen: allein die Eile mit welcher der Herr Verleger dieser Uebersetzung dieselbe zu drucken genöthigt ist, erlaubt mir nicht mich bey dieser Vorrede länger zu verweilen. Ich bemerke nur noch, daß bloß die gegenwärtige Einleitung, nebst den, dem Buche angehängten,

Anmerkungen und Erläuterungen, von mir herrührt, daß aber die Uebersetzung selbst von einem berlinischen Gelehrten ist verfertigt worden, und daß ich dieselbe vor dem Abdrucke nicht gesehen habe.

Göttingen am 9. May 1794[5]

Christoph Girtanner.[6]

---

[5] Robespierre und andere wurden am 28.07.1794 verurteilt und hingerichtet.

[6] Christoph Girtanner (* 7. Dezember 1760 in St. Gallen, Schweiz; † 17. Mai 1800 in Göttingen) war ein Schweizer Arzt, Chemiker und politisch-historischer Schriftsteller.

Vorrede [1794]^a

Der General Dümouriez, welcher sich selbst überlassen, einzeln in der ganzen Welt da steht, von Stadt zu Stadt irrt, und der Wuth jedes wahnsinnigen Franken, der, wenn er ihm den Dolch ins Herz stößt, sein Vaterland zu rächen und es von einem Verräther zu befreien, glauben wird, ausgesetzt, auch vor den Nachstellungen eines Bösewichts nicht sicher ist, der von Habsucht angefeuert, die hundert <viiii> tausend Thaler wird gewinnen wollen, welche der Konvent auf seinen Kopf gesetzt hat; Dümouriez, der unter einem erborgten Nahmen, unter Fremden zu leben gezwungen ist, von denen er oft Meinungen über sein Betragen hören muß, die so falsch als ungünstig für ihn ausfallen; der in allen von Höfen gedungnen Journalen verläumdet wird, weil diese stets dem glücklichern Theile schmeicheln; immer auf Emigrierte stoßend, die in ihren Wünschen so wenig vernünftig, und ganz so gegen ihn losgelassen sind, wie die verwilderten Jakobiner; der General Dümouriez, welchen die Minister und die Höfe mit Komplimenten und Liebkosungen überschütteten, als er seine Armee verließ, und welchen nun Minister und Höfe verfolgen und <ix> anfeinden[7], seitdem er in drey Manifesten seine wahren Gesinnungen zu Tage gelegt hat: dieser Dümouriez glaubt endlich, die gegen ihn gemachten Anschuldigungen dadurch beantworten zu müssen, daß er die Denkwürdigkeiten seines Lebens bekannt macht.

Die Journale haben ihn zu einem außerordentlichen Wesen gemacht. Er wird überall geschildert, und die verschiednen Mahler, die seine Darstellung übernommen haben, widersprechen sich darin so sehr, daß „sein Karakter und seine Existenz endlich ein Räthsel geworden," wie eines dieser Journale drolligt genug von ihm sagt. Der COURRIER DE L'EUROPE giebt ihm die „Stärke des Herkules, des Markus Antonius Galanterie, Hannibals Treulosigkeit, die fühllose Grausamkeit des Sylla, <x> die politischen und kriegerischen Talente Cäsars;" und endlich, setzt man große Reichthümer, die er nach England geschaft haben soll, bei ihm voraus. Der COURRIER DU BAS-RHIN hingegen schreibt ihm zwar viel Verstand zu, erklärt ihn aber für den ungewandtesten aller Menschen. Dümouriez hat dies Urtheil für einen Lobspruch gelten

---

[7] Siehe Endnote f, Seite 21.

lassen. Denn nie in seinem Leben hat er Anspruch auf Gewandheit gemacht, nehmlich sich seinem Interesse gemäß nach den Umständen schmiegen und wenden zu können. Er hat in allem was er gethan hat, seinem Karakter und seinen Grundsätzen gemäß gehandelt. Von dem Inhalte des Plutarch, den er alle Jahre wieder lieset und durchdenkt, durchdrungen, hat er zu wenig mit seinem Jahrhundert <xi> gelebt, um von andern, als seinen Freunden, deren er nicht viele hat, genau gekannt zu seyn. Ausser der Zeit, die er im Kriege und auf Reisen zubrachte, hat er nur mit seinen Büchern und einigen ausgesuchten Freunden gelebt, die mehrentheils schon todt sind.

Weit entfernt den Grundsatz der Epikureer: verbirg dein Leben![8] anzunehmen, will er vielmehr das seinige dem Blicke und dem Urtheile seiner Zeitgenossen darlegen. Er hat bei diesem Schritt nichts einzubüßen, denn er ist arm, umherirrend, angeschwärzt; auf seinen Kopf ist ein Preis gesetzt; er ist also, was die Menschen unglücklich nennen. Er hat alles zu gewinnen; denn kluge und gutdenkende Menschen, die ihn lesen, werden sich für <xii> ihn interessiren und seine Freunde werden. Mit diesen will er leben; sie sieht er für seine Landsleute an, von welcher Nation sie auch sein mögen. Qu. Fabius Maximus[9], dieser berühmte Diktator, welcher allein vermögend war, Hannibals Eroberungen Einhalt zu thun, und den der General Dümouriez in seinem Feldzuge gegen die Preußen nachzuahmen suchte, sagte zu Paul[l]us Aemilius, als er die Befehlshaberstelle mit [Caius Terentius] Varro übernahm: Derjenige, welcher den Ruhm verachtet, erhält endlich einen wahrhaften und dauernden. Man siehet häufig die Wahrheit etwas verdunkelt, aber nie ganz erlöschen, und sie durchdringt endlich die sie verbergenden Gewölke. <xiii> Dümouriez denkt wie Fabius, allein beider Lage ist sehr verschieden. Fabius war in seinem Hause der Verläumdung einer Parthei ausgesetzt; aber im Senat, und von allen würdigen Menschen in Rom wurde er geehrt, man zog ihn noch zu Rathe, er führte noch die

---

[8] Lathe biosas! Zu deutsch: Lebe im Verborgenen!

[9] Quintus Fabius Maximus, genannt Cunctator, „der Zögerer" (* um 275 v. Chr.; † 203 v. Chr.), war ein Senator und Feldherr der römischen Republik, fünfmal Konsul (233, 228, 215, 214 und 209 v. Chr.) und zweimal Diktator (221 und 217 v. Chr.). Sein Beiname Cunctator weist auf seine Taktik des hinhaltenden Widerstandes hin, die die römischen Truppen im Zweiten Punischen Krieg (218–201 v. Chr.) einsetzten.

Heere an, und es war der Undankbarkeit nicht gelungen, die großen Dienste, welche er seinem Vaterlande geleistet hatte, und noch leisten konnte, herabzusetzen. Also konnte sich Fabius ungestöhrt seinem zögernden Karakter überlassen, und es geruhig abwarten, daß die Wahrheit den Wolkenschleier durchdränge. Aber Dümouriez ist nicht in einer so glücklichen Lage. Sein Alter und sein Gesundheitszustand verheißen ihm eine zu lange Laufbahn, wenn sie <xiv> immerwährend durch die Unbilligkeit der öffentlichen Meinung über ihn befleckt bleiben sollte; also glaubt er, so wohl um sein selbst willen, als um ein Jahrhundert, sein Vaterland, dem er einst noch nützlich sein könnte, um seine Freunde, seine Angehörigen, seine Anhänger, um alle diese glaubt er durch eine genaue Erzählung der Thatsachen verbunden zu sein, die Verläumdung, die ihn verfolgt, zurückzustoßen, und die Wolke, welche die Wahrheit verdeckt, zu zersprengen. Diese Verpflichtung nöthigt ihn, die Ordnung seiner Memoiren, bei ihrer Bekanntmachung, zu versetzen. Er wird damit anfangen, daß er der öffentlichen Meinung den dritten Theil unterwirft, welcher die Begebenheiten des Jahres 1793 enthält. Sie sind <xv> um so interessanter, da sie andeuten, was noch künftig geschehen wird, und den Leser in den Stand setzen, die Ursachen zu ergründen, und die Resultate vorauszusehen. Erlaubt sich der General Dümouriez Verfälschungen, so sind die Zeitgenossen da, ihn zu widerlegen. Er verpflichtet sich also die Wahrheit zu sagen, sollte sie auch die Anzahl seiner Feinde vermehren. Er wird die Franken schildern, wie sie wirklich sind, nicht aber so, wie sie von beinahe ganz Europa beurtheilt werden, welches dafür hält, die ganze Nation sey ohne Religion, ohne alle Treu und Glauben, und alle Menschlichkeit sey aus ihr verbannt. Die Franken haben sich allerdings in eine böse Sache eingelassen; man kann sie allenfalls verabscheuen, aber nicht verachten. Sie <xvi> zeigen einen erstaunlichen Muth, und wenn sie von tugendhaften und klugen Männern geleitet würden, so wäre dieser Zeitraum ihrer Geschichte so ehrenvoll, als er schrecklich ist. Unglücklicherweise erstickt das Uebermaaß ihrer Zügellosigkeit die Freiheit von ganz Europa; denn das Beispiel ihrer Unfälle wird die Völker überreden, daß es besser sei, geruhig seine Ketten zu schleppen, als in Anarchie zu verfallen, die nicht anders, als in Despotismus aufgelöst werden kann.

Zwei Fragen bieten sich ganz natürlich dar, welche der General Dümouriez, seinen Karakter zu rechtfertigen, beantworten muß, indem er die Beweggründe seines Betragens erläutert, welches drei Monate hindurch mit <xvii> seinen Gesinnungen in Widerspruch zu stehen schien.

Warum weigerte sich dieser General, als der König am 10. August[10] arretiert wurde, den Befehlen eines andern Generals zu gehorchen, der von ihm verlangte, er solle die Truppen den Eid der Treue gegen den König noch einmal ablegen lassen?[b]

Dümouriez hatte dazumal zehntausend Mann in dem Lager bei Maulde, Doornick gegen über, unter sich. Die weit überlegnern Oesterreicher waren unaufhörlich mit ihm handgemein. Man hatte den General Dillon abgeschickt, ihm das Kommando abzunehmen. Das Betragen der damaligen Minister war sichtlich contrerevolutionistisch, und sie sind es, die den König zu Grunde richteten, <xviii> wie man es in einem der folgenden Theile dieser Denkwürdigkeiten wahrnehmen wird. Die schreckliche Scene des 10. Augusts war im Lager nicht nach allen ihren Umständen bekannt geworden. Die Truppen jetzt den Eid der Treue schwören lassen, wie der General Dillon befahl, hieß geradezu den Prozeß entscheiden, und die Fahne des innerlichen Krieges gegen die Nation ausstecken, zu einer Zeit, wo man gegen den Feind zu kämpfen hatte; es hieß, sich in einen Privatstreit einlassen; es hieß endlich, Ludwig XVI geradehin dem Schwerte der Volksrache übergeben.

Warum hat der General Dümouriez, als sich die Nationalversammlung in einen Konvent verwandelte, die Monarchie <xix> abschafte und die Republik stiftete, warum hat Dümouriez das Ansehen des Konvents, die Abschaffung der Monarchie und die Gewalt der Republik anerkannt?[c]

Kurz nachdem im Lager bei Maulde die Eidesleistung abgeschlagen war, geschahe die Insurrektion des Generals Lafayette. Der General Dümouriez, erhielt Befehl, das Kommando seiner Armee zu übernehmen.

---

[10] Am 10. August 1792 wurde die von der Schweizergarde verteidigte königliche Residenz, der Tuilerienpalast, von aufständischen Bevölkerungsteilen mit Unterstützung der revolutionären Stadtregierung von Paris gestürmt. König Ludwig XVI. wurde zur Flucht in die Gesetzgebende Nationalversammlung gezwungen, die französische Aristokratie vorläufig gestürzt (Tuileriensturm).

Lafayette verließ Frankreich. Der König von Preussen drang mit einem furchtbaren Heer in Champagne ein. Schrecken und Verrath sichern ihm den Erfolg. Longwy, und Verdün werden eingenommen. Dümouriez, in sein Lager bei Grandpré zusammengedrängt, zieht seine Armee bei St. Menehould zusammen. Die ganze französische Geschichte bietet keinen <xx> gefahrvollern Zeitraum dar. Den 20. September, den Tag, als der Konvent die Monarchie in eine Republik verwandelt und dafür erklärt hatte, schlug Dümouriez und Kellermann die Preussen zurück[11], von welchen sie bei Valmy[12] angegriffen wurden. Die Armeen standen sich gegenüber, man erwartete täglich eine Schlacht; das war kein Zeitpunkt, einen Streit und eine Trennung über die Regierungsform anzufangen. Erst mußte der Feind zurück getrieben, und das Vaterland gerettet werden. Ueberdieß war das Volk wüthend aufgebracht gegen Ludwig XVI, den es als einen Verräther betrachtete. Jetzt die Königswürde zu vertreten, hätte den Wink zu einer Ermordung geben heißen. Diese Erklärung wäre als eine Handlung der Mitschuld <xxi> aufgenommen worden, welche dem General das Zutrauen seiner Landsleute entzogen, und Frankreich in die Hände der Feinde geliefert hätte. Gleich nach dem Rückzug der Preussen, machte der General Dümouriez den Feldzug in die Niederlande, und nur wenn die Belgier seine Bundesgenossen wurden, und er durch einen guten Erfolg muthig gemacht war, konnte er hoffen, seinem Vaterlande Frieden zu geben, den gefangnen König zu befreien, und die Konstitution von 1789 auf eine dauerhafte Art wieder herzustellen. Seit diesem Zeitraum haben die Angelegenheiten eine den Berechnungen der Wahrscheinlichkeit so entgegen gesetzte Wendung genommen, Dümouriez Reise nach Paris, die grausame Ermordung Ludwigs XVI <xxii> haben ein so entsetzliches Licht auf die Verbrechen des Konvents, auf die Raserei und die

---

[11] Die Kanonade von Valmy vom 20. September 1792 war eine nicht durchgefochtene Schlacht im Ersten Koalitionskrieg zwischen dem preußischen Kontingent der antifranzösischen Koalition und der französischen Revolutionsarmee. Ein Artillerieduell in der Nähe des Dorfes Valmy brachte den Feldzug der Interventen nach Paris zum Stehen. Nach zehntägigem Zögern traten sie den Rückzug an. – Der Erfolg der Revolutionsarmee beeindruckte die Zeitgenossen tief und wurde zum Mythos, der bis in die Gegenwart andauert (Wikipedia).

[12] In der Vorlage: „Valori".

Gewalt der Jakobiner geworfen, daß er geglaubt hat, alle Schonung aufgeben und die Sache seines Vaterlandes von der Sache jener Ungeheuer trennen zu müssen. Sein Entwurf war kühn; kein anderes Oberhaupt konnte eine besser gegründete Erwartung auf Erfolg haben, als er. Aber es hatte sich alles gegen ihn gekehrt, hauptsächlich der unbeständige Karakter seiner Armee. Dieser scheinbare Widerspruch, zwischen Dümouriez politischen Grundsätzen und seinem militärischen Verfahren, hat ihm von Seiten der Emigrirten, und selbst von nachdenkenden Personen, einen unverdienten Vorwurf zugezogen, weil sie ihn nach Ereignissen, <xxiii> welche sie nicht vollständig kannten, beurtheilt haben. Als Dümouriez Minister der auswärtigen Angelegenheiten war, hat er der Konstitution die größte Anhänglichkeit bewiesen; davon zeugen seine Depeschen und eine Reden in der Nationalversammlung. Er hat gleichmäßig gegen die Republikaner, wie gegen die Royalisten gestritten. Er hat drei republikanische Minister verabschieden lassen, ohne sich jedoch deshalb mit der Hoffaktion zu verbinden, und er ist endlich selbst der Wuth der Jakobiner ausgesetzt gewesen, die ihn nach Orleans schicken wollten. Die öffentliche Meinung über ihn stand in dieser Rücksicht so fest, daß man folgende Verse unter sein Portrait gesetzt hat: <xxiv>

Inflexible soutien du trôme et de la loi,
Il fut ami du peuple, il fut ami du roi.
Den Thron und das Gesetz beschützt sein Arm vereint:
Er ist zugleich des Volks, und seines Königs Freund.

Als er nachher das Kommando der Armee erhielt, hatte er weder Zeit noch Lust, sich in die pariser Ränke und Verbrechen zu mischen. Er ließ es ein einziges Geschäft sein, den äußern Feind abzutreiben, und ihm so viel Schaden als möglich zuzufügen. Man wirft ihm indeß vor, daß er nur da erst, als er geschlagen war, eine andere Parthei ergriffen habe. Erstlich, hat er sich zu keiner andern Parthei geschlagen;[d] denn als er von den Republikanern abging, mit denen er schon vorher entzweit war, ist er nicht zu den Royalisten übergegangen, und damit kein Zweifel über seine wahren <xxv> Gesinnungen schweben sollte, hat er sogleich seine Wünsche für die Wiederherstellung der Konstitution an den Tag gelegt. Zweitens, stand er seit dem November mit dem Konvent, den Jakobinern und dem Kriegsminister, während seiner Expedition in Belgien, in wirklichen Mißhelligkeiten, wie das aus seinem

Briefwechsel mit dem Minister Pache zu ersehen ist, der im Januar 1793 gedruckt wurde. In eben diesem Monat hat er dem Konvent vier Memoiren wider das tyrannische Dekret vom 15. December[13] überschickt, und hat sich weder vor den Konvent, noch vor die Jakobiner gestellt. Er hat zugleich eine Dimission übergeben. Drittens, als er zu seiner eignen Sicherheit verbunden war, an die Spitze des Heeres zurückzukehren, <xxvi> hat er fortgefahren, sich den Ungerechtigkeiten des Nationalkonvents zu widersetzen. Den 12. März schrieb er demselben den bekannten Brief[e], der ihm zu einem so großen Verbrechen angerechnet wurde. Also, ehe er sich mit dem Prinzen von Koburg schlug, und das Schicksal beider Nationen auf dem Schlachtfelde vor Neerwinden[14]

---

[13] Proclamation. – Le peuple Français, au peuple … – Freres et amis, nous avons conquis la Liberté, et nous la maintiendrons: notre union et notre force en sont les garans. Nous vous offrons de vous faire jouir de ce bien inestimable, qui vous a toujours appartenu, et que vos oppresseurs n'ont pu vous ravir sans crime. Nous sommes venus pour chasser vos tyrans; ils ont fui; montrez-vous hommes libres, et nous vous garantirons de leur vengeance, de leurs projets et de leur retour.

Dès ce moment, la République Française proclame la suppression de tous vos magistrats civils et militaires, de toutes les autorités qui vous ont gouvernés; elle proclame en ce pays l'abolition de tous les impôts que vous supportez, sous quelque forme qu'ils exigent; des droits féodaux, de la gabelle, des péages, des octrois, des droits d'entrée et de sortie, de la dîme, des droits de chasse et de pèche exclusifs, des corvées, de la noblesse, et généralement de toute espèce de contribution et de servitude dont vous avez été chargés par vos oppresseurs.

Elle abolit aussi parmi vous toute corporation nobiliere, sacerdotale et autre, toutes prérogatives, tous privilèges contraires à l'égalité. Vous êtes, des ce moment, frères et amis, tous citoyens, tous égaux en droits, et tous appelés également à défendre, à gouverner et à servir votre patrie.

Formez-vous sur le champ en assemblées de Communes: hâtez-vous d'établir vos administrations provisoires; les agens de la République Française se concerteront avec elles, pour assurer votre bonheur et la fraternité qui doit exister désormais entre nous. [GAZETTE NATIONALE ou LE MONITEUR UNIVERSEL, # 353 vom 18.12.1792]

[14] Die Schlacht bei Neerwinden fand am 18. März 1793 im Zuge des ersten Koalitionskrieges gegen das revolutionäre Frankreich statt. Sie endete mit

entschied, war er mit dem Konvent öffentlich entzweit, proscribiert, und nothgedrungen verpflichtet, denselben zu stürzen oder selbst umzukommen. Dieser Vorwurf ist in einem Brief des Kurfürsten [Max Franz] von Köln[f] sehr bitter ausgedrückt, und mit einer grausamen Publicität, welche dieser Fürst dem General wohl hätte erlassen sollen, der damals schon umherirrend und unglücklich war, gedruckt worden. Er zweifelt <xxvii> nicht, daß dieser Herr edel genug sei, es zu bereuen, einen so harten Vorwurf bekannt werden zu lassen, wenn er sich durch das Lesen dieser Denkwürdigkeiten von dessen Ungerechtigkeit wird überzeugt haben. Dieß ists, was den General Dümouriez am härtesten gedrückt hat, in Rücksicht der verdienten Achtung, welche er für ihren Urheber hegt.

Keine Nation in Europa kann sichs verschweigen, daß sie nicht selbst den größten Antheil an der Katastrophe der französischen Revolution hätte. Stellen die kriegführenden Mächte die Monarchie, so wie sie war, wieder her, so wird die Rache des Adels und die Proscriptionen auf die Hälfte des Volks fallen; wäre es auch nur ihre Güter und die Besitzthümer der <xxviii> Geistlichkeit wieder zu erlangen. Da aber das Volk der größere Haufe ist, da er die Freiheit, sogar die Oberherrschaft genossen hat, so würde der Triumph des Monarchen, des Adels und der Geistlichkeit nur so lange dauern, als die fremden Truppen die Ueberwundnen im Zaume hielten. Es würden immerwährende Aufstände seyn, und eine Revolution schrecklicher als die Erste, würde dem Volke die Souverainität wiedergeben. Wenn aber durch die Sorglosigkeit der kriegführenden Mächte der Konvent und die Jakobiner die Oberhand erhalten, und Frankreich eine Republik bleibt; dann wird die Propaganda in ihrer ganzen Gewalt wieder hervortreten. Erst werden die angränzenden Völker, und dann die <xxix> entfernteren aufgefordert werden, dem Beispiele der Franken zu folgen; die Anarchie wird in Europa umherwandeln, und alle Regierungen werden schnell die französische Revolution erfahren.

Es giebt einen vernünftigen Mittelweg, nach welchem der bessere Theil der französischen Nation sich sehnet, auf dem sie ihr Glück gründet, und welcher Europa den Frieden zusichern würde; nämlich: daß Frankreich eine konstitutionelle Monarchie würde. Darauf sollten die

---

einem österreichischen Sieg über die französische Armee; siehe unten Seite 166 ff.

Souveraine, welche gegenwärtig mit Frankreich in Krieg verwickelt sind, hinstreben. Darin liegt die Sicherheit des Monarchen, der diesen eingestürzten Thron einst wieder besteigen wird. Es wäre das Unterpfand des allgemeinen Friedens. <xxx> Man muß bemerken, daß wenn die Monarchie, so wie sie war, in Frankreich nicht wieder auf eine dauernde Art einzuführen möglich ist, die republikanische Demokratie, so wie sie jetzt darin ist, ebenfalls nicht lange bestehen kann.

Man hat in diese wichtige Materie nur zu viel Metaphysik gemischt, die doch auf sehr einfachen Wahrheiten beruht. Das Volk kann durch eine jegliche politische Verfassung glücklich werden, wenn es sich selbige gewählt hat, und wenn die Regierung ungehindert und nach den Gesetzen wirkt. Die monarchische Regierungsform schickt sich ausschließend für einen großen Staat, weil der Aufwand, welchen die Königswürde erfordert, seine Kräfte nicht übersteigt. Die <xxxi> republikanische Verfassung kommt einem eingeschränktern und armen Lande zu, weil sie minder kostspielig ist. Die Monarchie zielt auf Einheit ab, welche die Vollkommenheit der Oberbefehlshaberei ist. Sie enthält zwei große Vorzüge, Schnelligkeit und Geheimhaltung. In den Republiken ist die Aristokratie ein nothwendiges Erforderniß, weil diese sich der Einheit der Königswürde nähert, und die willkührliche Gewalt, diesen gewöhnlichen Fehler der Monarchien, ausschließt. Was die Demokratie betrift, so kann sie allenthalben nur eine abgeschmackte Regierungsform erzeugen; sie gewährt weder Vollständigkeit in Meinungen, noch Vorsicht, noch schnelle Ausführung, noch Geheimhaltung; Sie kann nur das Volk aufregen und es unglücklich machen. <xxxii> Alle bekannte alte und neuere Republiken sind aristokratisch gewesen; man kann nicht einmal Athen davon ausnehmen, welches nur glänzend und glücklich war, als es sich von Aristides, Themistokles, Cimon und Perikles[15] auf einander folgend beherrschen ließ, und zuerst von den Lacedämoniern, nachher von [König] Philipp von Macedonien unterjocht wurde, so bald keine Aristokraten mehr an der Spitze der Angelegenheiten standen, und als die siegende Demokratie ihr allen Nachdruck benommen hatte.

Unsre Sitten, unsere Wissenschaften, unsere Künste, unser Handel, unsere gewöhnliche Art zu leben, unser Reichthum, unser Luxus, mit

---

[15] Politiker der Polis von Athen im 4. Jahrhundet v. Chr.

einem Wort, aller Genuß, auf welchem das Glück und der Glanz unsers Jahrhunderts <xxxiii> gegründet sind, widersetzen sich der Stiftung einer Republik; man müßte auf die Einfachheit der ersten Jahrhunderte zurückgebracht werden, auf alle unsre Vorzüge Verzicht thun, und, so zu sagen, zu dem rohen Naturstande zurückkehren, um eine Regierungsform festsetzen zu können, welche die vollständigste Gleichheit unter den Menschen zur Grundlage hätte. Eine solche Regierungsform könnte nur Uebereinkunft einer wilden Nation sein, die sich zum erstenmal gesellschaftlich vereinigte. Die Franken haben in dieser Rücksicht einen sonderbaren Mißgriff gethan. Sie führen unablässig die alten Römer an, womit sie sich vergleichen. Allein, als Brutus[16] die Tarquinier, welche abscheuliche Tyrannen waren, vertrieb, als er die Königswürde <xxxiv> abschafte, hütete er sich wohl, Gleichheit und Demokratie einzuführen. Er theilte die königliche Gewalt unter zwei Konsuln, welchen er die Liktoren, das Bündel Ruthen, die Beile, und alle wirkliche Attribute der Königswürde, ließ, und nur den Zepter, die Krone, den Mantel und die andern äußerlichen Insignien entzog. Er benahm der souverainen Gewalt die immerwährende Dauer, und die Erblichkeit, und schränkte Erstere auf ein Jahr ein. Aber die Konsuln wurden aus dem Senat, der Klasse der Aristokraten, gewählt. Wahr ist es, daß diese Regierungsform einige dem Volke zuträgliche Abänderungen erlitt, als unternehmende Plebejer den Senat angriffen, theils durch ihre Decemvirs, theils durch ihre Tribunen. Aber die <xxxv> Regierung blieb über fünf hundert Jahre aristokratisch, wie Brutus sie eingeführt hatte. Hätte der römische Senat nicht die erhabne Politik gehabt, das römische Volk zu Eroberern zu machen, so würde dessen Regierungsform derjenigen geglichen haben, die man nachher in der Republik Florenz gesehen hat. Immer schwach, immer von inneren Unruhen zerrüttet, würde sie leicht von irgend einem ehrgeizigen Nachbar seyn verschlungen worden; Rom würde entweder erobert, oder getheilt, oder der Inhalt eines Heiraths- oder Erbschaftsvergleichs geworden seyn, wie Florenz, und die Geschichte würde kaum einer Stadt erwähnen, welche die berühmteste in der Welt war.

---

[16] Lucius Iunius Brutus († angeblich 509 v. Chr.) war der erste Konsul der römischen Republik nach dem Sturz des letzten etruskischen Königs von Rom, Tarquinius Superbus.

Allein diese Republik, welche Brutus stiftete, als er einen Tyrannen <xxxvi> vertrieb, der nur ein Nachfolger von sechs Königen war, welche eine begränzte Gewalt hatten, und die man als die vornehmsten obrigkeitlichen Personen einer vermischten und konstitutionellen Regierung, die durch einen Senat gemildert wurde, und die sich nur über eine erst entstehende Nation, welche auf ein Territorium von fünf bis sechs kleinen Städten eingeschränkt war, erstreckte, ansehen konnte; diese Republik zu stiften, wäre nach Cäsars, oder Tibers, oder Neros Tode unmöglich gewesen. Da war das römische Reich schon zu weitläufig, die Römer zu reich, der Luxus, die Künste, und aller daraus herfließende Genuß, hatte schon den republikanischen Keim erstickt. Ueberdieß heißt Freiheit ja nicht unumgänglich eine <xxxvii> republikanische Regierung. England ist ein Beweis, daß ein Volk unter einem König frei sein kann. Die Freiheit besteht darin, daß man nur den Gesetzen gehorcht, die das Volk selbst gegeben hat. Das Gesetz ist das Heiligthum, in welchem seine Souverainetät ihren Sitz hat; und die Könige, oder andre obrigkeitliche Personen, welchen es die exekutive Gewalt der Gesetze übertragen hat, sind demselben, gleich den gemeinten Mitbürgern unterworfen. So ist das Volk so frei, wie es zu einem Heil seyn muß; jenseit dieser Gränzlinie ist Anarchie. Es ist ausgemacht, daß man in gegenwärtigem Jahrhundert keine Republik stiften kann, ohne die Vorzüge, welche dieses Jahrhundert auszeichnen, zu zernichten. Dieser Zweck <xxxviii> kann nur erreicht werden, wenn alles Eigenthumsrecht durch einander geworfen, und der freie Wille durch Grausamkeit, Schrecken und alle Arten von Verbrechen unterjocht wird. Es muß unumgänglich zuerst Anarchie entstehen. Aber führt diese auch ganz sicher zur Gleichheit und Freiheit? Nein! Sie zerstört nur die eingeführte Ordnung, der Dinge, und setzt an die Stelle der erblichen Aristokratie, die des Pöbels, welcher, da er weniger vernünftig und schlecht erzogen ist, nothwendig eine weit unleidlichere Tyrannei ausüben wird; und das ist jetzt in Frankreich der Fall. Die Paläste, die Schlösser, die köstlichen Verlassenschaften des Adels und der Geistlichkeit, können nicht in gleiche Theile geheilt werden, und müssen also dem kühnsten <xxxix> und frechsten der Bösewichte zufallen. Vielleicht sehen wir noch einst den Exkapuziner Chabot als Herrn von Chantilly, Bazire als Herrn von Chambord, und Merlin, Herrn von Chanteloup; um den großen Condé, den Marschall von Sachsen, den Herzog von Choiseul zu ersetzen.

Vielleicht erleben wir noch tollere Verwandlungen. Was wird das Volk bei dieser scheußlichen Veränderung der großen Eigenthümer gewinnen? es wird nur die Aristokraten wechseln. Aber welche neue Gattung von Aristokraten!

Dieses Unheil, welches mehr schrecklich als lächerlich ist, geht jetzt nur noch Frankreich allein an. Aber diese demokratische Republik, das Ungeheuer ohne Oberhaupt, kann nur durch die Herrschaft der Anarchie bei seinen Nachbarn <xxxx> bestehen. Ihr Interesse und ihre ganze Politik, {denn sie hat es kein Hehl!} muß nur dahin abzwecken, die Anarchie zu lehren, sie fortzupflanzen, und sie um sich her zu verbreiten. Und da die Erfahrung beweiset, daß es sehr leicht ist, die Völker dadurch, daß man ihnen die Freiheit predigt, irre zu führen, so wie es allerdings weit leichter einzureissen als zu bauen ist, und weil allenthalben die Armen und der Pöbel zahlreicher als die Reichen und Aristokraten sind, so steht zu besorgen, daß so bald sie das Beispiel und die Unterstützung der französischen Anarchisten vor sich haben, sie deren Ausschweifungen nachahmen werden, und Zügellosigkeit, Anarchie und Ochlokratie wird die Wanderung durch Europa machen. <xxxxi> Diese Verwirrung, mit allen sie begleitenden Uebeln, ist unvermeidlich, wenn die europäischen Mächte es nicht dahin bringen, der Möglichkeit dieser unseligen Revolution vorzubeugen, indem sie die Fortschritte der französischen hemmen. Die Gewalt, welche die vereinten Mächte zu dieser Absicht anwenden, ist so groß, daß wenn sie mit Weisheit und Vorsicht geleitet wird, der gute Erfolg unfehlbar sein muß. Wenn sie aber dieselbe mißbrauchen, um die unglückliche Familie, welche sie vorgeblich wieder auf den Thron setzen wollen, zu berauben, dann werden die Ausschweifungen des französischen Volkes durch das Uebermaaß des Ehrgeizes dieser Mächte gerechtfertiget werden, und die nämliche Gefahr wird wieder vorhanden sein. Der <xxxxii> General Dümouriez hat diese Gefahren in einem andern Werke entwickelt, welches, wie ihm versprochen ist, der Kaiser erhalten soll; er wünscht zum Besten der Menschheit, daß es mit Aufmerksamkeit und Nutzen gelesen werde.

Wenn der General Dümouriez auf die Nothwendigkeit alle Regierungen auf Aristokratie zu stützen, besteht, so meint er nicht, daß alles dem Adel, und dem Volke nichts gegeben werden müsse. Die Tugenden, kriegerische oder andre, haben die ersten Adelichen hervorgebracht. Titel, Dokumente, Grundstücke, als Herzogthümer, Markisate, Baronien, Schlösser, Güter u.s.w. gehören sehr rechtmäßig ihren Abkömmlingen, und nichts kann ungerechter seyn, als diejenigen, welche nicht die <xxxxiii> Waffen gegen ihr Vaterland getragen haben, derselben zu berauben; denn diejenigen, welche auswanderten, um als Eroberer zurückzukommen, haben sich freilich der Gefahr ausgesetzt derselben beraubt zu werden. Aber in Ansehung der Gesetze, oder bei Vertheilung öffentlicher Aemter, muß der Adel keinen Vorzug haben. In einem freien Lande, welcher Art die Regierung auch sey, ist ein Adelicher nur ein Bürger {Citoyen} wie jeder andere. Er muß durch seine Dienste, seine Talente und seine Tugend emporzukommen streben, und zu den Würden des Staates zu gelangen suchen. Er hat eine sorgfältigere Erziehung, einen größern Wohlstand, und das Beispiel seiner Vorfahren für den Plebejer voraus. Darin besteht die wahre Gleichheit, die <xxxxiv> einzige, welche bestehen kann, und die einzige, welche zu jeder Zeit und bei allen Völkern bestanden hat.

Nicht weil alle Mitglieder des Konvents, und alle heutige Generale der französischen Armee aus der Klasse der Plebejer genommen sind, erregen die Dekrete des einen, und das militairische Betragen der andern Unwillen und Verachtung, sondern weil sie ungerecht, abgeschmackt, strafbar, unwissend und grausam sind.

Es ist sehr wahr, daß ein politischer Staat, selbst unter einem König, ohne Hofhaltung und vornehme Herren bestehen kann. Es ist aber nicht wahr, daß ein großer Staat ohne Adel bestehen könne; denn der Adel, in so fern er der Lohn der Tugend ist, wird ein Eigenthumsrecht, oder ein unaustilgbarer <xxxv> Karakter für den Abkömmling des tugendhaften Mannes. Hier ist nur die Rede vom angestammten Adel; denn der, welchen die Könige um Geld feil hatten, und der nur ein Mißbrauch ihres Geizes war, wird nicht mehr erkauft werden und in sich selbst als etwas Lächerliches und Sinnleeres erlöschen, wenn der Adel keine Vorrechte noch Privilegien durch Geld wird erlangen können, worüber sich das Volk mit Recht beschwert, und welches in Frankreich im Guten oder Bösen abgeschaft werden wird, es sey durch die Konstitution, oder durch die Anarchie, oder durch eine neue Revolution, wenn man darauf besteht, es nicht abstellen zu wollen.

Diejenige Aristokratie, welche der General Dümouriez, bei allen <xxxxvi> Regierungsformen für nothwendig hält, ist die der Tugenden und Talente. Regieren, urtheilen, zur Religiosität hinlenken, Einwohner eines großen Staates in den Krieg führen, dies sind alles Gewerbe, die wie jedes andre, studiert sein wollen. Die Erklärung der Rechte des Menschen, und die Konstitution, dessen Grundlage sie sind, lehren dem Könige der Franken, wie er seine Mitwürker zu wählen hat. Das Recht diese zu wählen, ist das schönste Vorrecht der Königswürde. Uebrigens lese man diese erhabene, obgleich unvollkommene Konstitution mit Aufmerksamkeit, und dann suche man für einen weisen und tugendhaften Menschen einen glücklichern Stand, als den eines Königs von Frankreich! <xxxxvii> Franken, glaubt es allen Völkern Europens, die mit kaltem Blute darüber geurtheilt haben! Nehmt ihn, diesen Kodex wahrer Philosophie, nehmt ihn alle aufrichtig wieder an; euer Monarch wird mächtig und gerecht seyn, euer Adel wird wieder seiner Vorältern würdig werden, eure Geistlichkeit wird euch ein gutes Vorbild der Rechtschaffenheit, nützlich und geehrt werden, und ihr werdet das glücklichste Volk der Erde seyn.

Dieses sind die heißesten Wünsche des Mannes, den ihr morden wollt, weil er euch gerettet, und immer vernunftmäßig mit euch gesprochen hat; welchen die Emigrierten mit Schmach und grausamen Verläumdungen belegen, weil er, als er sich von euch lossagte, nicht in ein andres Extrem fallen <xxxxviii> und mit ihnen gemeinschaftliche Sache machen wollte; welchen die Minister von verschiednen Höfen als einen gefährlichen Menschen schildern, weil er behauptet hat, daß die oberste Souverainetät beim Volke sey, so wie auch das Recht Gesetze zu geben, welches ein aus der Bibel entlehnter, von allen alten und neuern Philosophen, und was noch mehr, von allen, sogar deutschen Publicisten, anerkannter Grundsatz ist; ein Grundsatz, welcher die Völker mit den Königen enge verbindet, und sie ihnen theuer und ehrwürdig macht, weil sie mit dem gesellschaftlichen Vertrag identifiziert sind. Er wird weder in seinen Gesinnungen, noch in seinem Betragen sich verändern, noch auch in Ansehung der Wünsche für euer Bestes, weil dem rechtschaffnen <xxxxix> Mann die Vernunft und nicht der äußere Glücksstand leiten und lenken muß.

Und ihr insgesammt, ihr Regierungen von Europa, welcher Art ihr auch sein möget, glaubt, daß der ehrliche und verfolgte Mann, den ihr zu verkennen scheint, dem ihr ein Asyl versagt, welches er von rechtswegen allenthalben finden sollte, obschon eine ganze Empfehlung nur in einer unbefleckten Seele und schlichtem Menschenverstand besteht; glaubt, daß sein Grundsatz allgemeine Philanthropie ist, welche ihm für alle konstituierte Gewalten Ehrfurcht einflößt, und ihm nur Wünsche für das Glück und die Ruhe der Völker zu thun gebietet. Er verabscheuet den Krieg, und wird ihn nur, selbst im Dienste seines Vaterlandes, <l> führen, wenn er ihn für gerecht und nützlich hält, und wenn diese Plage der Menschheit ihr je, dem Ehrgeiz und der Ungerechtigkeit Schranken zu setzen, nützlich seyn kann.

Denkwürdigkeiten des Generals Dümouriez.

Jahr 1793.

Erstes Buch.

Erstes Kapitel.

Allgemeine Lage der Dinge in Frankreich zu Anfang des Jahres 1793.

Man hat in dem vorhergehenden Abriß gesehen[9], mit welchem Muth die Franken ihre wiedererlangte Freyheit vertheidigt haben. Sie hatten sie durch zu gewaltsame Mittel erobert, um von diesem und ihren übrigen Vortheilen keinen Mißbrauch zu machen. Bis dahin siegreich, hielten sie sich für unüberwindlich, und suchten nicht ferner die Herzen der Völker zu gewinnen, von denen sie mit offenen Armen empfangen worden waren. Sie sahen nichts weiter vor Augen als weitläufige Eroberungen, und während sie durch ihre <4> mordbrennerischen Klubs die Gemüther tyrannisierten, vergriffen sie sich an das Eigenthum, und ließen ihren neuen Brüdern weder die physische noch die moralische Freyheit übrig. Alle Staatsmänner waren verschwunden um der Verfolgung der Ochlokratie zu entgehen, die vermittelt der schrecklichen Verbrüderung der Jakobiner alle Gewalt an sich gerissen hatte.

Der König war in Fesseln; die Rechtschaffenen wurden unter den hämischen Benennungen der Feuillants, der Gemäßigten, der Politiker verfolgt; die Konstitution war umgestoßen; Paris stand in den Händen der Föderierten, die zwar Anfangs von der Girondeparthey berufen, allein gleich nach ihrer Ankunft von den Jakobinern verführt und hingerissen worden waren. Diese Föderirten drohten schon damals Pethion, Brissot, allen Häuptern der Girondisten mit der Guillotine, und vorzüglich dem General Dümouriez, den Marat, Robespierre und die übrigen Jakobiner für das Werkzeug und die Schutzwehr jener, <5> unter dem Nahmen der Politiker bekannten Parthey ausgaben. Diese

Voraussetzung war grundfalsch. Dümouriez bekannte sich zu keiner der beiden Partheyen, achtete die eine so wenig als die andere, und hielt sie für das Wohl von Frankreich, woran er zu verzweifeln Ursache hatte, und dem nur eine neue Revolution, durch den Umsturz beyder Faktionen wieder aufhelfen konnte, für gleich sehr nachtheilig. Er hatte, um diese heilsame Veränderung hervorzubringen, nichts weiter als seine Armee, und man wird im folgenden Kapitel sehen, wie schwach dieses sein einziges und letztes Hülfsmittel war. Frankreich schien um diese Zeit eine Stufe des Wohlstandes erreicht zu haben, die die ganze Nation, und zumal die herrschende Parthey, die sich zugleich von außen verhaßt gemacht, und im Innern geschwächt hatte, schwindeln machte. Nach Italien zu begränzten, nachdem sich Savoyen und Nizza den Franken in die Arme geworfen hatte, die Alpen das Gebiet der Republik. Freylich war diese Vereinigung, das Werk eines <6> gewaltsamen Verfahrens. Klubs, die aus einer kleinen Anzahl verrufener Bürger, welche nur bei einer neuen Veränderung der Dinge eine politische Existenz erhalten konnten, bestanden, wurden in jeder Stadt errichtet, und von den jakobinischen Soldaten, die sich bei jedem Heere befanden, unterstützt. Ihre gewaltsamen Beschlüsse erhielten sogleich gesetzmäßige Kraft; man gab sich nicht einmal die Mühe, die Stimmen zu sammeln; man drohte, man zwang; patriotische Adressen liefen vom Fuße der Alpen, von den Bergen im Bisthum Basel, von Maynz, Lüttich und ganz Belgien ein; der Nationalkonvent bildete sich ein, oder stellte sich wenigstens so, als glaube er, daß das sanfte Joch der Freiheit jene Uebereinstimmung so vieler fremden Völker sich an die fränkische Nation anzuschließen, zur notwendigen Folge hätte.

Genf war aus einer Republik ein großer Klub geworden. Claviere ließ seinen Groll an seinem Vaterlande aus; durch die Gunst der Girondisten zum Finanzminister ernannt, <7> hatte er den General Montesquiou gestürzt, der seiner Pflicht als Anführer der Armee getreu, zugleich jene Stadt und die ganze Schweiz von dem Einfluß der rasenden Jakobiner hatte befreien wollen.

Das Fürstenthum Bruntrut hatte sich gleichfalls, betrogen durch die Vorspiegelungen des pariser Bischofs Gobet und seines Neffen Ringler, zweyer verächtlicher Ränkemacher, verleiten lassen, sich mit Frankreich zu verbinden, und mit diesem Lande alle Gefahren zu theilen.

Cüstine hielt zwar Worms, Speyer und Maynz besetzt; allein Koblenz hatte er verfehlt, und Frankfurt hatte er räumen müssen, nachdem er den Geiz und den unruhigen Geist einer Nation, in deren Händen die Fackel der Philosophie zu einem mordbrennerischen Feuerbrande geworden war, in dieser Stadt bekannt und verhaßt gemacht hatte. Zwischen seiner Armee und dem Heere des Generals Dümouriez in den Niederlanden, stand ein drittes Korps unter der Anführung des Generals Beurnonville, dem <8> eine unüberlegte und zu spät unternommene Expedition auf Trier zur Schande, so wie seiner Armee zum Verderben gereichte; denn ein Drittel seiner Truppen wurde aufgerieben, und der Ueberrest zog sich nach Lothringen in die Kantonnirungsquartiere[17] zurück, um sich von seinem Verluste zu erholen. Die Oesterreicher und Preußen hatten inzwischen die entstandene Lücke ausgefüllt; und ihre angenommene Stellung zwischen Koblenz, Trier und Luxemburg schnitt alle Kommunikation zwischen Cüstine und Dümouriez dergestalt ab, daß in den Operationen beider Armeen keine Uebereinstimmung herrschen konnte, welches nie hätte verhindert werden können, wenn durch Cüstines thörichten Stolz, durch die dummen Maaßregeln des Konvents, und die Treulosigkeit der Oberhäupter des Kriegsdepartements, eines Pache, Meusnier, und Hassenfratz[18], welche, nur einzig darauf bedacht Dümouriez zu stürzen, die Armeen desorganisirt und ihnen alle Erhaltungsmittel abgeschnitten hatten, die Sachen nicht so weit <9> gekommen wären. Die Niederlande waren im Besitz der damals sogenannten belgischen Armee, die aus den beyden Heeren Dümouriez und des Generals Valence, der die Ardennen besetzt hielt, bestand. Letzter war nur 15 000 Mann stark. Beide Armeen erstreckten sich von Aachen bis zur Maas. Zahlreiche Klubs setzten alle Städte Belgiens in Bewegung. Der Konvent hatte seinerseits Kommissare dahin geschickt, um das verhaßte Dekret vom 15ten Dezember, welches alles Eigenthum sequestrirte, und durch eine tyrannische Härte, die die Vereinigung dieser schönen Provinzen mit der französischen Republik beabsichtete, diese Vereinigung unmöglich machte, in Ausführung zu bringen. Allein man wollte vorläufig alles baare Geld aus Belgien ziehen, und sodann erst die Vereinigung zu Stande bringen. Dieses war

---

[17] Kantonnieren (frz. cantonner) = ein Quartier beziehen.
[18] Jean-Henri Hassenfratz (* 20. Dezember 1755 in Paris; † 26. Februar 1827 ebenda) war ein französischer Mineraloge, Physiker, Chemiker und Politiker.

wenigstens Cambons Plan, dessen sich dieser große Finanzkundige öffentlich rühmte. Die sechs Konventskommissare, die man zu dieser Operation ausgesucht hatte, waren <10> gerade diejenigen, deren unmoralischer wilder Karakter gemacht schien, sie scheitern zu lassen. Danton, ein Mann von großer Energie, übrigens ohne Erziehung, und im moralischen und physischen Sinne gleich scheußlich; Lacroix, ein Betrüger, ein sinnlicher Wollüstling, ein Lanzenbrecher, kurz ein Mensch ohne Grundsätze; Camüs, der härteste, stolzeste, ungewandteste und pedantischste unter allen Jansenisten; Treilhard, ein Mann von ungefähr demselben Schlage; Merlin von Douay, ein ziemlich guter Mann, allein von schwarzer Galle und einem unverdauten überspannten Republikanismus angesteckt; Gossüin, ein wildes wüthendes Thier, voll der niederträchtigsten Ideen.[19] <11> Ausser diesen sechs Kommissaren hatte die ausübende Macht oder das Konseil noch zwey und dreyßig andere ernannt, die aber alle vom pariser Jakobinerklub vorgeschlagen worden waren. Es waren mehrentheils wilde reißende Thiere und Bösewichte, die kaum den Fuß in diese reichen Provinzen setzten, als sie schon zu rauben und zu morden anfangen wollten. Sie hatten sich in dieses <12> mitleidswürdige Land getheilt, und während sie, mit den Waffen in der Hand, das Volk zwangen, auf seine Vereinigung mit der französischen Republik anzutragen, plünderten sie die

---

[19] »Diese Schilderungen scheinen mir zu strenge. Wenn sich von diesen Deputierten einerseits viel Böses sagen läßt, so kann man doch auch anderseits viel Gutes von ihnen sagen. Ich würde Bedenken getragen haben, diese und einige andere Personalitäten in diesen Memoiren bekannt zu machen, wenn ich mich für berechtigt hielte, sie auszulassen, und wenn ich nicht überzeugt wäre, daß die Wichtigkeit der Thatsachen, die Schärfe des allgemeinen Ueberblicks und der Nutzen des hier vorgesteckten Ziels, manchen Ausdruck der Leidenschaft, manche partheyische Aeusserung, bey weitem überwiegen. Wenn man übrigens den Undank, die Ungeschliffenheit, das verläumderische Verfahren gegen den General Dümouriez bedenkt, ungeachtet dieser wahrscheinlich unter allen Häuptern der Revolution das meiste Genie, den ausgezeichnetsten Karakter gezeigt, und ganz gewiß unter allen Generalen der Republik die größten Dienste geleistet, und den ausgebreitetsten Ruhm eingeerndtet hat, so wird man sich nicht mehr wundern, ihn von seinen Feinden so reden zu hören, als wenn er berechtigt wäre, seine Worte mit Schwertern zu bewafnen, oder sie in Kanonen zu laden. – Anmerkung des franz. Herausgebers. «

Kirchen, die Schlösser, die öffentlichen Kassen, verkauften zum niedrigsten Preise das Mobiliarvermögen aller derer, die ihnen in dem Wege standen, und die sie unter der gehässigen Benennung der Aristokraten bezeichneten, und schickten eine Menge Hausväter, Greise, Weiber und Kinder als Geißel in die französischen Gränzfestungen.

Im Norden und Westen von Frankreich fing man bereits an, den Keim des Mißvergnügens über eine so schreckliche und blutige Anarchie zu entwickeln; allein die Kontrerevolutionisten in der Vendee waren noch nicht gefährlich, und wären mit leichter Mühe unterdrückt worden, wenn es dem Nationalkonvente, oder der ausübenden Macht nicht gänzlich an Klugheit und Vorsicht gefehlt hätte. Was läßt sich aber von einer Regierungsform erwarten, wo die Weisen berathschlagen, und die Thoren entscheiden! <13> Der Konvent war in zwei Faktionen getheilt, die gleich verderblich für die Republik waren, in den sogenannten Berg[20] und in die Girondisten. Die erste, die aus den wüthendsten Jakobinern bestand, gab sich nicht einmal die Mühe, ihre Laster und Verbrechen zu bemänteln; sie athmete nur Blutvergießen und Mord; und ausser Stande, selbst die Oberherrschaft zu führen, weil sie weder Plan noch Oberhaupt hatte, verwarf sie alle Oberherrschaft schlechterdings. Keiner ihrer bisherigen Chefs kann sich rühmen, ihr Herr gewesen zu seyn, und ihre Freyheit besteht in Anarchie. Die andere Faktion war aus Metaphysikern und Politikern zusammengesetzt, und hatte einen langen Mißbrauch ihrer Talente und des Vorzugs einer feinern Erziehung gemacht; sie war den Jakobinern mit Verachtung begegnet, und wähnte sich im Besitz der Oberherrschaft, weil die Minister von ihr abhingen. Der Konvent, durch ihren Stolz und ihre überspannten Forderungen empört, sah endlich ein, daß sie nur deswegen der Monarchie feind sey, <14> um sich selbst an die Stelle des Monarchen setzen zu können. So geschah es, daß die gemäßigte Parthey im Konvente, eben die, welche sich gegen die gewaltsamen Maaßregeln der Jakobiner aufgelehnt hatte, von dem Ehrgeize eines Condorcet, Pethion, Brissot, Gensonné, Güadet, Vergniaux u.s.w. noch mehr in Schrecken gesetzt wurde; und alles vereinigte sich, diese sich über alles erheben, die Faktion niederzuschlagen. Der Prozeß des unglücklichen Königs war

---

[20] Der Berg/Montagne oder die Bergpartei: die Jakobiner und Cordeliers; im Gegensatz dazu die Ebene/Plaine oder auch verächtlich der Sumpf/Marais: die Gemäßigten, die Girondisten – stark vereinfacht.

einzig eine Folge des Hasses dieser beyden Faktionen gegen einander. Er diente ihm zugleich zur Nahrung, und die Girondisten haben – allein zu spät – eingesehen, wie verderblich er ihnen gewesen ist. Ludwig XVI, dieses beweinenswürdige Schlachtopfer, erst ihres Ehrgeizes, hernach ihrer Feigheit, hat ihren eigenen Fall und den Triumph der Jakobiner nach sich gezogen.

Diese Spaltung des Nationalkonvents pflanzte sich in den Departements fort, die den verschiedenen Meinungen und Leidenschaften <15> ihrer Deputierten beytraten. Bordeaux, Marseille, Lyon, verabscheuten den fürchterlichen Berg, und legten den Plan zur nachmaligen Trennung, die endlich in einen bürgerlichen Krieg ausgeartet ist.

Noch schützten die mit Eis und Schnee überzogenen Pyrenäen die an Spanien gränzenden Provinzen. Diese Macht rüstete sich langsam zum Kriege, und zu dem nachher in Roussillon gemachten Einfall; und der Konvent, mit sich und Paris einzig beschäftigt, traf keine Vorkehrung zum Widerstand gegen diesen Feind.

Paris, unter allen großen Städten die unglücklichste und strafbarste, Paris wähnte sich die Nebenbuhlerinn Roms, weil sie in Zeit von wenigen Monaten alle Greuelthaten, Mordscenen, Katastrophen, die verschiedene Jahrhunderte hindurch in der Hauptstadt des römischen Reichs wütheten, in ihren Ringmauern zu vereinigen gewußt hatte. Vierzig vollgedrängte Schauspielhäuser amüsirten die leichtsinnigen, schlechtdenkenden, wilden Pariser, während daß funfzig Bösewichte, <16> ohne Kopf und Herz, aber grausam und kühn, von dreyßig oder vierzigtausend Trabanten, dem Abschaume aller Provinzen und mehrentheils Ausländern, unterstützt, mit jedem Tage die Greuel und Mordthaten des vorigen Tages durch neue Blutscenen vergessen machten. Die schreckliche Mördergrube der Jakobiner brütete alle Verbrechen aus, und brachte Unglück und Tod über alle Häuser von Paris. Jeder Begüterte zitterte für sein Eigenthum, und die übrigen Bürger die in ruhigern Zeiten still und tugendhaft gewesen waren, suchten sich durch den Anblick so vieler Grausamkeiten zu betäuben, und schienen sogar den Bösewichten Beyfall zu geben, um nur selbst von ihnen verschont zu bleiben. Alle Männer von Tugend und Ehre hatten die Flucht ergriffen, oder waren von den Departements, den Municipalitäten und Sektionen ihrer öffentlichen Aemter entsetzt worden. Es giebt ein untrügliches Zeichen, das den Fall eines Staats verkündet und bereitet. Ein

Staat ist seinem Falle nahe, wenn sich die fähigen <17> und weisen Köpfe zurückziehen, wenn Bösewichte und Schwachköpfe das Ruder führen; alsdann würde keine Macht auf Erden und selbst im Himmel im Stande sein, das Volk aus einer Lage zu retten, wohin sein Schwindel und eine Raserey es gebracht hat.

Und dieses war eben Frankreichs schreckliche Lage zu Anfang des 1793sten Jahres. Dahin verleitet Demokratie, wenn der Pöbel die Stelle des Volks einnimmt, wenn der Pöbel das Volk tyrannisiert und drückt, und in einer schändlichen Oligarchie einige Bösewichte aus dem Schlamme der Nation hervorzieht, um sie an die Spitze der Nation zu stellen. In Rom hielt der Senat viele Jahrhunderte hindurch die Wuth des Volks auf, widerstand dessen Angriffen, wußte es, zwar nicht zum Glück, doch zum Ruhme des römischen Nahmens zu leiten, und machte es zum kriegerischen Volke, zu Eroberern der Welt, um innere Staatszerrüttungen und den Sturz des Reichs zu verhindern. In Frankreich ist solch ein <18> Gegengewicht nicht, und die Niederträchtigkeit derer die es beherrschen, muß dem französischen Volke, wenn es sich noch länger von Tyrannen ohne Ehrgefühl, ohne Geist, ohne Klugheit, ohne Herz, ohne Tugend und Grundsätze leiten läßt, unausbleibliche Schande und unfehlbares Verderben zuziehen.

Zweites Kapitel.

Zustand der Armeen.

Wenn gleich Frankreichs politische Lage einige Festigkeit gewonnen hätte; wenn es gleich von seinem Senate mit Weisheit und Vernunft beherrscht worden wäre; wenn es gleich die Herzen der Völker erobert hätte, deren Länder es eroberte, anstatt sie durch ein noch drückenderes Joch, als selbst der Despotismus auferlegt, von sich abzuwenden; so wäre es dennoch unmöglich gewesen, daß sich diese neue Republik wider das Interesse des ganzen übrigen Europa hätte behaupten können, wenn sie nicht zugleich <19> ihr Militair auf einen so respektablen Fuß setzte, daß sie zugleich im Stande war, alle Angriffe zu Lande und zu Wasser nachdrücklich abzuschlagen. Der Nationalkonvent, der nie den geringsten Zweifel hegt, weil er nichts weiß und nichts kalkuliret, hatte am 19ten November ein Dekret wider alle Despoten der Welt ausgehen lassen, alle Völker zur Wiedereroberung ihrer

Freiheit eingeladen, und ihnen Schutz und Brüderschaft angetragen, wofern sie dem Beyspiel des französischen Volks zu folgen gesonnen wären. Allein ehe man sich eine so stolze Aufforderung erlaubte, hätte man die Kriegsmacht des Kaisers, der Könige von Preussen, von Spanien u.s.w., der Kaiserinn von Rußland u.s.f. vernichten müssen. Ein Senat voll Gerechtigkeitsliebe, voll kalter Prüfung der Menschenrechte im gesellschaftlichen Leben {denn der Wilde hat keine Rechte, und der Stand der Natur ist aller Ordnung zuwider} würde ein solches Dekret als ungerecht verworfen haben. Das *compelle intrare*[21] ist eben so unphilosophisch <20> im bürgerlichen Rechte, als in der Theologie. Die jakobinische Propaganda ist eben so widerrechtlich als die römische, und die Freyheit darf nicht, wie der Alkoran [=Koran], mit dem Schwerte in der Hand gepredigt werden. Allein, da sich der Konvent einmal diesen gewaltsamen Schritt erlaubte, so stand zu vermuthen, daß er, bey der Absicht, alle Menschen unter die Fahne der Freiheit zu vereinigen, auch die erforderlichen Maaßregeln getroffen, damit sein Dekret vom 19ten November keine leere und gefährliche Prahlerey bliebe, und folglich sein Militair auf den furchtbarsten Fuß gesetzt haben würde. Man sehe, und urtheile!

Als der General Dümouriez Kriegsminister ward, welches er nur drei Tage geblieben ist nämlich vom 13ten bis 16ten Iunius 1792, las er, mit einer wirklich kühnen Herzhaftigkeit, im Nationalkonvente ein Memoire, worin er, ohne sich viele Mühe geben zu dürfen, deutlich bewies, daß man wenig oder gar nicht für die Armee sorgte, und anstatt sich in den Stand zu <21> setzen den Krieg mit Nachdruck zu führen, auf dem Wege wäre, seine Freyheit zu verlieren. Dieses Memoire war in Vergessenheit gerathen. Der Feldzug war angegangen und vollendet. Die Siege des Generals, die ihm das Zutrauen seiner Mitbürger hätten gewinnen sollen, hatten eine ganz entgegengesetzte Wirkung gehabt, und Verdacht gegen alle seine Plane und Vorschläge erregt. Man hatte nicht allein seinen Operationsplan verstümmelt, sondern sogar einen zu raschen Lauf aufhalten wollen. Die Girondisten gestanden ihm frey, es würde ihnen sehr zuwider sein, wenn er die feindlichen Mächte zu früh nöthigte, Friedensvorschläge zu thun, weil man alsdann, und vor Beendigung der Konstitution, nicht wissen würde, wie man die Armee

---

[21] Lk 14,23: Da sagte der Herr zu dem Diener: „ [...] und nötige die Leute zu kommen, damit mein Haus voll wird."

im Innern des Reichs beschäftigen könnte. Die Jakobiner, die den General mit den Girondisten für einverstanden hielten, fielen über das, was sie seinen gränzenlosen Ehrgeiz nannten, her; ihre abgeschmackten, ekelhaften Journale, besonders Marats VOLKSFREUND, machten ihn <22> bald zum Diktator, bald zum Herzog von Brabant, bald zum Chef der orleanschen Parthey, und sprengten aus, er wollte den ältesten Sohn des verhaßten Philipp Egalité[22] auf den Thron setzen. Nichts war widersprechender, als diese Verläumdungen; denn wenn Dümouriez hätte Diktator werden wollen, so war er ja nicht ein Agent des Hauses Orleans; wenn er nach der Herzogswürde in Brabant strebte, so hatte er ja ein besonderes, von seinem Vaterlande getrenntes Interesse. Allein die ungereimtesten Beschuldigungen waren hinreichend, einen ächten Patrioten um die öffentliche Meinung zu bringen. Da man indessen doch fürchten mochte, daß die Künste der Verläumdung allein nicht hinreichend seyn möchten, den Fortschritten eines siegreichen Generals Einhalt zu tun, so verband man noch wirksamere Kunstgriffe damit, die das französische Militair vollends zu Grunde richteten.

Der Minister Roland, unter allen Girondisten der intriganteste und dabey ungewandteste Kopf, hatte einen gewissen Pache, <23> einen klugen Mann, aber einen Freyheitschwärmer von der ersten Klasse, zum Freunde, Servan, der die Unmöglichkeit einsah, das Kriegsdepartement ferner zusammenzuhalten, hatte sich krank gestellt, und sich für unfähig ausgegeben, dieser Stelle vorzustehen; zugleich hatte er sich zum General der Pyrenäenarmee ernannt. Er war im Monat May Obristlieutenant gewesen. Seine Gesundheit, die zur stillen Arbeit im Kabinette zu schwach war, fand sich mit einemmale stark genug, die Beschwerlichkeiten eines Feldzugs als General zu ertragen. Und dennoch heißt es immer, daß die Revolution bloß deswegen entstanden ist, um den Mißbräuchen unrecht verheilter Aemter und Stellen zu feuern! Pache war Sekretar bey dem Marschall von Castries, und Hofmeister seines Sohnes gewesen. Er war nachher Rolands rechter Arm geworden; und dieser hofte, wenn er ihn zum Kriegsminister machte, selbst Herr über dieses Departement zu werden. Man wird sehen, was diese Einrichtung für Folgen für ihn <24> gehabt hat. Pache nahm sich, oder

---

[22] Ludwig Philipp II. Joseph, Herzog von Orléans (* 13. April 1747 in Saint-Cloud; † 6. November 1793 in Paris), genannt Philippe Égalité, war ein Mitglied der französischen Königsfamilie aus dem Haus Bourbon-Orléans.

man gab ihm zum Gehülfen einen Akademiker von vielem Verstande, allein dabey mit einer der schwärzesten Seelen in ganz Frankreich begabt, er hieß Meusnier[h]; noch einen andern Akademiker, nahmens Vandermonde; einen Jakobiner, den seine Ungeschliffenheit eben so lächerlich, als seine Schelmerey gefährlich machte, mit Nahmen Hassenfratz[i], denn so hatte er seinen wahren Nahmen Le Lievre verdeutscht und entstellt, weil er denselben zu sehr verunehret hatte; endlich einen gewissen Audouin, Vikar zu St. Eustaz und Pachens Schwiegersohn. Man verdrängte alles, was von dem alten Kriegsbüreaux noch übrig geblieben war, und besetzte die Stellen nicht allein mit Jakobinern, sondern selbst mit solchen, die sich in dem Blutbade vom ersten bis zum sechsten September[23], vorzüglich ausgezeichnet hatten. Dieses neue Ministerium griff alle Theile der Administration an, und warf sie im kritischsten Zeitpunkte, wo der Krieg am hitzigsten war, über den Haufen: die Administration <25> der Lebensmittel, der Lazarethe, der Kleidung, der Bewaffnung; alles wurde kassirt. Die alten anordnenden Kommissare wurden ihrer Stellen entsetzt, oder angeklagt, gerichtlich verhört, ins Gefängniß geworfen, beschimpft – und nicht gerichtet. Da alle diese gewaltsamen Maaßregeln, wobey es im Grunde nur auf den General Dümouriez abgesehen war, im Allgemeinen ausgeführt wurden, so mußten natürlich alle Armeen darunter leiden, alle Generale laut Klage führen; es wurden Konventskommissare abgeschickt, um diese Beschwerden zu untersuchen; sie statteten Berichte ab, die nicht beunruhigender seyn konnten; allein die Kriegskommitté, die zu jeder andern Zeit zu nichts weiter gedient haben würde, als die Operationen eines guten Kriegsministers zu lähmen, half ihm diesesmal durch, indem sie die unzulänglichen Rechtfertigungen, die er den Klagen der Generale und den Kommissaren entgegen setzte, für gültig annahm; so daß man dem Minister in allen Stücken aufs Wort glaubte, ihn einigemal vor den <26> Konvent fordern ließ, ihm einige derbe Wahrheiten sagte, und – zur Tagesordnung schritt.

Hier folgt eine wahrhafte Schilderung des Zustandes der belgischen Armee, im Monat December, so wie sie im Lager vor Lüttich von den

---

[23] Die Septembermassaker (französisch Massacres de Septembre) zwischen dem 2. September und dem 6. September des Jahres 1792 waren Morde an über 1 200 inhaftierten Gegnern der Französischen Revolution und anderen Häftlingen, die dafür gehalten wurden.

Konventskommissaren Camüs, Gossüin, Danton und Lacroix aufgenommen und an den Konvent berichtet worden ist, doch ohne daß jene das geringste versucht hätten, um die Sachen wiederherzustellen. Die Armee bestand aus 48 Bataillons, deren stärkstes 350 bis 400 Mann ausmachen konnte, und davon mehrere nur 200 Mann zählten; so, daß also zusammen 14 bis 15 000 Mann Infanterie seyn mochten. Die Kavalerie war 3 200 Mann stark. Die Soldaten waren ohne Schuhe, kampierten mehrentheils im Schlamm, und hatten Heu um ihre Füße gewickelt. Ihre übrige Kleidung paßte zu diesem Anzuge. Man hatte zwar lange Mäntel und Ueberröcke unter die Truppen verheilt; allein über 1 500, die dergleichen erhalten hatten, waren davon und nach <27> Hause gegangen; ungefähr eben so viel lagen in den Lazarethen, wo es an allem fehlte. Dieses war der Zustand des siegreichen Heeres von Gemappe[24] nach der Eroberung von Belgien.

Mangel an Lebensmitteln hatte den Lauf der Eroberungen Dümouriez am Ufer der Maas gehemmt, und wenn dessen bedrängte Lage dem General Clerfait bekannt gewesen wäre, so hätte dieser ihn mit dem größten Vortheil angreifen können, da die Artillerie beynahe gar nicht zu gebrauchen war, in dem im Dezember 6 000 Artilleriepferde zu Tongern und Lüttich, aus Mangel an Fourage, umgefallen waren. Nicht zehntausend Flinten waren im Stande. Der Kavallerie fehlte es an Stiefeln, Satteln, Mänteln, Karabinen, Pistolen und Säbeln. Geld mangelte gänzlich, und oft legte der Oberstab zusammen, um die Löhnung für den laufenden Tag vorzuschießen. Es wäre überaus leicht gewesen, sich mit Waffen und Lebensmitteln gehörig zu versehen; der General Dümouriez hätte aus <28> den Niederlanden, dem Bisthume Lüttich und Holland alle seine Bedürfnisse erhalten können; er hatte alle Mittel dazu angegeben, hatte bereits die Kontrakte geschlossen; allein alles wurde verworfen und kassiert. Der anordnende Kommissar Ronsin, von dem im Vorigen die Rede gewesen, hatte Befehl alles zu verhindern, alles zu hemmen; er selbst machte kein Geheimniß daraus, er trotzte dem General, verließ sich auf den gewissen Schutz der Kriegskommitté, des berühmten Cambon, des Kriegsministers und seiner Kreaturen, und auf

---

[24] Die Schlacht bei Jemappes fand am 6. November 1792 in der Gegend um die Ortschaft Jemappes (heute in Belgien) statt. Es kämpften die Franzosen unter Charles-François Dumouriez, die die Schlacht gewannen, gegen die Österreicher unter Herzog Albert von Sachsen-Teschen und Graf Clerfait.

die heimliche Begünstigung der Kommissare, die zwar im Angesicht der Armee diese Unordnungen zu tadeln schienen, allein dem Uebel nicht abzuhelfen strebten, und in ihrem abgelegten Bericht von Monat Januar eben diesen Ronsin, den sie doch als einen unfähigen Agenten schilderten, entschuldigten. Man hatte in Paris eine sehr weise Einrichtung getroffen, um von da aus alle Armeen mit dem Nöthigen zu versorgen; man ließ Tücher aus Verviers im Lüttich-schen <29> kommen, um in Paris für die Soldaten Kleider zu verfertigen. Man kaufte in Lüttich, in Dinant und längs der Maas Leder zu Schuhen auf; die Lieferanten schickten sie von Paris, und erhielten neun Livres für das Paar, da sie in Lüttich selbst nur 4 bis 5 Livres 10 Sous zu stehen kamen. Die Regenmäntel, die man in Antwerpen für 19 bis 21 Livres lieferte, kosteten in Paris 50 Livres das Stück, und wurden von Paris aus zur Armee geschickt. Das Getreide ging von den Niederlanden nach Nantes, von Nantes nach Paris, wurde in Montmartre gemahlen, und das Mehl in die Niederlande zurückgeschickt.

Das größte Uebel, das aus einer solchen Unordnung entstand, war der Einfluß den sie auf den moralischen Karakter der Armee hatte. Man hat oben gesehen, welches ihre Bestandtheile waren, und wie viel Mühe der General Dümouriez gehabt hatte, sie mit Vortheil agieren zu lassen. Man konnte sagen, daß er das Unmögliche möglich gemacht, und nicht allein über die Preussen <30> und Oesterreicher, sondern über seine eigene desorganisierte Nation einen viel schwereren und hartnäckigteren Sieg davon getragen, indem es ihm gelungen war, in einer Armee, davon ein Viertel aus beynahe aufgelösten Linientruppen, und drey Viertel aus Nationaltruppen bestanden, aus Volontairen von verschiedener Gemüthsart, von ungleichem Gehalt, stolz über ihre erfochtenen Siege, und vermöge des Grundsatzes der Gleichheit, mehr der guten als der bösen Behandlung gewohnt, – eine Art von Disciplin und die Liebe zur Ordnung wiederherzustellen. Gleich im Anfange der vorjährigen Kampagne fehlte es allen Bataillonen an Offizieren. Der Oberstab war schlecht gewählt und ohne Ansehen; die Soldaten selbst bestimmten den Dienst der Hauptleute, Lieutenants und Unteroffiziere, und dieser Dienst hing von der Willkühr eines unbändigen Haufens ab, der kein Oberhaupt über sich erkennen wollte. Ein einziger Jakobiner war im Stande ein ganzes Bataillon durch seine mordbrennerischen Motionen in Gluth <31> zu setzen; und der Offizier, um seine Stelle zu behalten, oder sich höher zu schwingen, mußte dem Soldaten durch strafbare Gefälligkeiten schmeicheln.

Die Stadt Lüttich war das Grab der französischen Krieger geworden; Hunger und Elend rafte sie schaarenweise dahin; dabei war diese Stadt, wo es der Armee an allem Nothwendigen fehlte, gefährlicher für sie, als Kapua und all' sein Ueberfluß für den Hannibal und seine Karthager gewesen war. Die Lütticher hatten den Schwindelgeist der Revolution bis aufs äußerste gefühlt, weil unter dem Druck und der Verrätherey der Preussen ihr Elend aufs äußerste gestiegen war. Sie hatten ihren Chefs, die die Freiheit ihres Vaterlandes auf weise Grundsätze bauen wollten, ihr Zutrauen entzogen. Fabry, Chestrel,[25] zwei rechtschaffene <32> Männer, die ihr Vaterland aufrichtig liebten, hatten ihren ganzen Kredit verloren. Der lüttich-sche Pöbel, nach dem londner und pariser vielleicht der gefährlichste in Europa, hatte sich nicht der Regierung, denn die gab es nicht mehr, sondern aller Gewalt bemächtigt. Diese Unglücklichen waren nur auf zweierley bedacht, sich zu rächen und ihre Feinde zu bestrafen; sie führten französische Soldaten zu diesen, und behandelten sie als Aristokraten, das ist, plünderten und mordeten. Dieser innerliche Krieg, wobey jeder einquartierte französische Soldat, theils für, theils wider seinen Wirth sich erklärte, löste die wenige Disciplin und Subordination, die sich noch mitten im Elende, in der Unordnung, in der <33> Hungersnoth erhalten hatte, vollends auf, und machte die Bestrafung der Schuldigen unmöglich, weil es unmöglich war, die Strafbaren herauszufinden. Die Lütticher warfen alle Schuld auf die Franken, und die Franken auf die Lütticher zurück. Der General hatte die Todesstrafe einführen wollen: ein Heer hatte sie in einem Augenblicke des Enthusiasmus einmüthig verlangt; allein die Kommissare, indem sie sich stellten, als billigten sie diese strenge Maaßregel, widersetzten sich derselben. Seitdem hat man gesehen, daß eine der Hauptursachen der

---

[25] »Der Herausgeber bedauert, daß er hier und an mehrern andern Stellen für die Rechtschreibung mancher eigenen Nahmen nicht stehen kann, weil sie in der Handschrift zu undeutlich geschrieben sind. – Anmerkung des franz. Herausgebers. / Da das Original überdieß sehr fehlerhaft und nachlässig gedruckt ist, so muß der Uebersetzer gleichfalls um Verzeihung bitten, wenn er nicht alle Unrichtigkeiten in der Schreibart der eigenen Nahmen verbessert hat. Hier muß z. B. statt Chestrel, Chestret gelesen werden. – Zusatz d. Uebersetzers. «

Verurtheilung des unglücklichen Custine die bey seiner Armee eingeführte Todesstrafe gewesen ist.

Dümouriez Armee erstreckte sich von Aachen bis Lüttich, und die Offiziere, die sich auf keine Weise bei ihren Regimentern zurückhalten ließen, brachten ihre Zeit in einer dieser beiden Städte zu. Unterdessen blieben die Soldaten in ihren Quartieren ohne Befehlshaber. Der Mangel an Lebensmitteln hatte die meisten unter ihnen zu <34> Marodeurs gemacht. Sie gingen schaarenweise in die benachbarten Dörfer, plünderten sie aus, und wurden, wenn sie sich verspäteten oder vom großen Haufen entfernten, von den Bauern aus Rache todtgeschlagen.

Aus allen diesen Gründen hatte der General Dümouriez nicht bis nach Köln kommen, und den Grafen Clerfait über den Rhein treiben können; er mußte sich damit begnügen, die Maas zu behaupten, und hatte in dieser Absicht die sogenannte Ardennenarmee mit der seinigen vereinigt. Diese Armee war ungefähr 15 000 Mann stark, stand unter dem Kommando des Generals Valence, mußte sich an Dümouriez rechten Flügel anschließen, und die Ortschaften Stablo, Malmedy, Spaa, Verviers und Huy besetzen. Ein Korps von 10 000 Mann unter dem General d'Harville verteidigte das Ufer der Maas von Givet bis Namur, und hatte seine Vorposten in Ciney, Marche und Rochefort. Die Nordarmee, angeführt vom General Miranda, zog sich links von <35> Tongeren nach Roermonde, und war 18 000 Mann stark. Neue Regimenter, die aus Frankreich gekommen waren, machten die Besatzungen der belgischen Festungen aus; so daß die ganze Linie längs der Maas zwischen 65 und 70 000 Mann betrug, und stark genug gewesen wäre, sich des Landes zwischen der Maas und dem Rhein zu bemächtigen, und das linke Ufer dieses Flusses von Burik bis Köln zu besetzen, wenn es möglich gewesen wäre

1. Mastricht einzunehmen, welches man dem General Dümouriez, der es in den ersten Tagen des Dezembers erobern wollte und konnte, nicht erlauben wollen;

2. Garnison in Jülich zu legen, welches man aus der Ursach nicht zu geben wollte, weil man den Churfürsten von der Pfalz in dieser Gegend schonen mußte, damit er seinerseits den Kaiserlichen nicht den Paß bey Mannheim verstatten möchte, wodurch sie den General Cüstine vom Elsaß abgeschnitten haben würden;

3. wenn die belgische Armee einen Vorrath an Lebensmitteln, an Geld, Kleidungsstücken und Waffen <36> gehabt hätte, um mitten im Dezember vorzurücken und die Kaiserlichen zu zwingen, über den Rhein zu gehen.

Der General Dümouriez sah ein, daß er sich in seiner Stellung, welche die Maas decken sollte, unmöglich halten könnte, so lange er weder Geldern, noch Venloo, noch Mastricht, noch Jülich im Besitz hätte. Er hatte es dem Kriegsminister und dem Konvent gemeldet; man kann sein Urtheil darüber in seinem Briefwechsel mit dem Minister Pache, der im Januar 1793 gedruckt erschienen ist, finden. Gegen das Ende Novembers entspann sich ein Streit mit diesem Minister, mit den Jakobinern die ihn unterstützten, und mit dem Nationalkonvent, dem es an Einsicht fehlte, die Folgen dieser strafbaren Aufführung zu berechnen. Im Dezember fing der Prozeß des unglücklichen Königs an, den seine zu weit getriebene Herzensgüte auf das Blutgerüste gebracht hat. Von diesem Augenblick an sah der General alle Schandthaten und Unglücksfälle voraus, die aus dieser Verwirrung <37> entstehen mußten, und versuchte, die Gesinnung seiner Armee zu prüfen; allein der Oberstab, der diesen Versuch machen mußte, gab sich vergebliche Mühe, und seit der Zeit stand der Nahme Dümouriez auf der Proscriptionsliste. Kein Soldat, kein Offizier wollte sich die Mühe geben, über das Schicksal des Königs nachzudenken; alles zeigte Gleichgültigkeit und Apathie; und diese gänzliche Sorglosigkeit der Gemüther zwang endlich den General Dümouriez sich auf den Weg nach Paris zu machen.

Der General Dümouriez reiset von Lüttich ab.

In dem Palast des Bischofs von Lüttich war der General Dümouriez ein Raub der bittersten Sorgen; und wenn fremdes Unglück ein Trost für diesen unglücklichen Prälaten seyn kann, so wird er nicht ohne Wohlgefallen die Versicherung hier finden, daß Dümouriez nach einer siegreichen <38> Kampagne – weit unglücklicher war als er selbst. Er war das Opfer der Verläumdung der Jakobiner, nachdem er der Retter von Frankreich geworden war, und ein furchtbares Heer aus Champagne getrieben hatte. Die Eroberung Belgiens hatte dazu gedient, wie er selbst nach dem Siege bei Gemappe an den Nationalkonvent schrieb, die Wolke seiner Feinde zu vergrößern. Er machte es sich beinahe zum Vorwurf, die Gelegenheit, die ihm der Undank seiner Mitbürger darbot, das Kommando der Armee nach seiner Rückkehr aus Champagne niederzulegen, versäumt zu haben. Er sah den glücklichen Erfolg eines Krieges scheitern, dessen Ausbruch er als Minister der auswärtigen Angelegenheiten befördert, und den er als General auf eine so rühmliche Weise geführt hatte; er hatte sich dieserhalb nichts vorzuwerfen, mußte sich aber bis in sein Innerstes gekränkt fühlen, weil der große Antheil, den er seit neun Monaten an den Hauptangelegenheiten seines Vaterlandes genommen, ihn, so zu sagen, mit dem Schicksal seines Vaterlandes identifiziert hatte. <39> Alle seine Briefe an den Konvent waren entweder verworfen, oder falsch ausgelegt; alle seine Anschläge übel aufgenommen worden. Cambon versicherte laut, nichts sey für eine Republik gefährlicher, als ein siegreicher Feldherr. Man setzte es in der Rednerbühne des Nationalkonvents als ein Axiom voraus, daß der Undank bey Republikanern eine der notwendigsten Tugenden sey. Dem zu Folge hatte der Konvent den Siegern in Champagne und in Belgien nicht die geringste Belohnung zuerkannt, eben weil der General Dümouriez darum angehalten hatte. Man hatte durch ein Dekret den Kriegsminister berechtigt, alle Ernennungen zu Offizierstellen, die vom General geschehen wären, für nichtig zu erklären. So blieben die Korps ohne Offiziere; oder man sah aus dem Innern von Frankreich unfähige Leute kommen, die ihre Stellen einnahmen, und die Früchte ihrer Arbeit und ihrer Siege einsammelten. Der General hatte über alle diese Punkte Beschwerden beim Nationalkonvent eingereicht; er <40> hatte sogar zu verstehen gegeben, wenn man auf seine Klagen, theils in Absicht auf die Bedürfnisse der Truppen, theils in Absicht auf die Ungerechtigkeiten die seine Armee zerrütteten und auflösten, nicht achten wollte, so würde er sich gezwungen sehen, seinen Abschied zu fordern. Man nannte dieses dem Konvent den Handel aufkündigen; und nahm ein solches Verfahren sehr übel auf.

Vor allen Dingen bestand er auf die Wiederrufung des unpolitischen und ungerechten Dekrets vom 15ten Dezember, das die armen Belgier zur Verzweiflung brachte. Dieses Dekret sollte, aller Gegenvorstellungen des Generals ungeachtet, seine Rechtskraft vom 1ten Januar an erhalten. Cambon war der Urheber davon gewesen; die vier Kommissare Camüs, Gossüin, Danton und Lacroix unterstützten es; die beiden letzten rühmten sich sogar den ersten Anlaß dazu gegeben zu haben, um sich zu rächen, weil man ihnen bei ihrer Durchreise durch Ath, eine Wohnung versagt hatte. Die Ehre des Generals wollte, daß dieses <41> tyrannische Dekret nicht in Ausführung käme; er hatte bey seinem Einrücken in die Niederlande am 3ten November, mit Zusage des Nationalkonvents, eine Proklamation ergehen lassen, worinn er den Belgiern feyerlich erklärte, die Franken kämen in ihr Land als Brüder und Freunde, brächten ihnen vollkommene Freyheit mit, und überließen es ihnen gänzlich, sich eine Konstitution und eine Regierungsform zu geben, welche sie wollten, ohne sich in ihre Angelegenheiten zu mischen. Das Dekret vom 15ten Dezember stieß nicht allein diese Proklamation um, sondern raubte sogar den unglüklichen Belgiern alle Freyheit. Die Kommissare nahmen ihre National- und geistlichen Güter in Beschlag, und es blieb der Nation weder öffentliche Gelder, noch eine konstituierte Macht übrig, um den Gang der Regierungsgeschäfte fortzusetzen. Cambon hatte gehofft, in der Beraubung eines freundschaftlichen Landes, welches sich an Frankreich freiwillig gegeben, und keinesweges von Frankreich erobert worden <42> war, den Ersatz der Kriegskosten dieser Kampagne zu finden. Allein dieser schändliche strafbare Geiz hat der Republik nicht den geringsten Vortheil eingebracht; hat ihr hingegen 40 000 Mann und funfzig Millionen entrissen, die uns Belgien anbot, wenn wir seine Freyheit beschützen wollten, und ist endlich Schuld gewesen, daß wir diese schönen Provinzen, wo der Nationalkonvent und dessen Kommissare in beständigem Abscheu seyn werden, wieder verloren haben. Ein Artikel des Dekrets lautete dahin, daß die Generale es in Ausführung bringen, und die in Beschlag genommenen Güter versiegeln sollten; der General Dümouriez hatte dieses ehrwidrige Geschäft ausgeschlagen, und auf seine Weigerung hatten es die Kommissare dem anordnenden Kommissar Ronsin übertragen, der es durch Soldaten und Kommis, die lauter Jakobiner waren, und beim Versiegeln die Hälfte des Mobiliars raubten, betreiben ließ. Der General, der diese schlechten Streiche nicht verhindern konnte, suchte wenigstens <43> so fern als möglich davon zu sein, damit die Belgier einsehen möchten, wie sehr dergleichen Verfahren mit seiner Denkungsart stritte. Er hatte sich über alle diese Punkte mit den Konventskommissaren so deutlich erklärt; der General Valence hatte seine Gründe mit so vielem Nachdruck unterstützt, daß in einer zu Lüttich gehaltenen Kommitté, wo die

Generale und Proviantkommissare den Konventskommissaren geradezu erklärten, sie wären nicht im Stande, der Armee das Nothwendige
zum Vorrücken, ja nicht einmal zu einem längern Aufenthalt in Lüttich
zu liefern, entschieden worden war, daß der Präsident der Kommitté
Camüs und der General Thouvenot zugleich nach Paris reisen sollten;
jener um dem Nationalkonvent seinen Bericht abzustatten, dieser um
dem Kriegsausschusse die Bedürfnisse der Armee vorzustellen, und um
die nachgesuchten Belohnungen und solide Kontrakte zu erhalten,
nach welchen man längs der Maas Magazine anlegen könnte, vorzüglich aber um die Aufhebung des <44> Dekrets vom 15ten Dezember zu
bewirken, welches uns aus der belgischen Nation einen neuen Feind
machte. Der General Thouvenot war zu gleicher Zeit Ueberbringer einer Erörterung in zweyen Spalten über den Plan der Kampagne, den der
Kriegsminister zu entwerfen für gut befunden hatte, und sollte hierüber
eine entscheidende Antwort einholen. Diese Reise lief, ungeachtet der
Gewandheit des Generals Thouvenot, fruchtlos ab, weil Camüs, dieser
grobe, aber dabey pedantische und falsche Mensch, sich die ganze Ehre
der Sendung zueignen wollte, das Wort führte, sich für das Dekret erklärte, über den Punkt des Proviantankaufs nachgab, und mit Thouvenot zurück kam, ohne das geringste ausgerichtet zu haben, und nachdem er die Sachen noch ärger gemacht, als sie vorher waren. Bis zu ihrer
Rückkunft, hielt sich der General Dümouriez im bischöflichen Palast
zu Lüttich eingeschlossen, überließ sich seinem Kummer und hielt um
die Erlaubniß an, nach Paris kommen zu dürfen. Er hatte <45> förmlich
erklärt, es sei ihm unmöglich die Armee fernerhin anzuführen, wenn
man die Proviantkommission, die im Grunde nichts weiter als eine
Rotte von Aufkäufern war, und alle Kontrakte wegen Lieferungen aller
Art mit den Belgiern frisch weg kassiret hatte, nicht aufhöbe; wenn man
das Kriegsministerium, welches die Armeen zu Grunde gerichtet hätte,
nicht erneuerte; und wenn man fortführe die alliierten Provinzen, deren Boden die Truppen der Republik betreten würden, als feindliche
und eroberte Länder zu tyrannisieren.

Dieses waren die bekannten Gründe, die er angab, um einen Urlaub
zu erhalten. Dabey hatte er noch einen geheimen Grund, den er aber
sorgfältig verborgen hielt: er wollte dem unglücklichen Ludwig XVI das
Leben retten, indem er die Aufmerksamkeit des Konvents auf die Gefahren von außen, und auf die Nothwendigkeit richten wollte, einen

wohlüberlegten Plan zum dießjährigen Feldzuge zu machen, der aller Wahrscheinlichkeit nach sehr früh angehen würde: er <46> hoffte, daß die Wichtigkeit dieser Vorstellung, und die mancherley Triebfedern, deren er sich bey den verschiedenen Partheyen des Nationalkonvents bedienen wollte, den Lauf dieses schändlichen Prozesses unterbrechen würden.

Während dieser traurigen Lage des Generals Dümouriez in Lüttich, während sich seine Seele mit diesen Gegenständen und Sorgen beschäftigte, bereiteten sich die Jakobiner ihrerseits, ihm den Prozeß zu machen, und gaben ihm Schuld, daß er seine ganze Zeit mit Aktrizen und Lohndirnen zubrächte. Es hatten ihm zwar die Minister eine Truppe Operisten zugeschickt, die aber in allem nur 24 Stunden in Lüttich blieben, und gleich wieder nach Paris zurückgingen. Diese Reise und die Sendung der Schauspielergesellschaft der Bürgerinn Montansier[26] hat dem Gouvernement über 100 000 Livres gekostet, und hatte zur Absicht, den Belgiern durch Vorstellung patriotischer und revolutionistischer Stücke, den Geist der französischen Revolution mitzutheilen; <47> der General hielt diese Sottise für was sie war, und hat nur ein einzigesmal die Operisten bey sich zur Tafel gehabt; übrigens muß er gestehen, daß sie sich mit vielem Anstande und vieler Klugheit betragen, und mehr Vernunft gezeigt haben, als die Minister, von denen sie abgeschickt waren. Der Urlaub, um welchen der General anhielt, war äußerst schwer zu erhalten. Pache und die Jakobiner fürchteten seine Gegenwart in Paris. Endlich sahe er sich gezwungen, den zerrütteten Zustand seiner Gesundheit und das Bedürfniß einiger Ruhe als einen Mitgrund vorzuschützen, und die Konventskommissare zu bewegen, in seinem Nahmen um die gesuchte Erlaubniß anzuhalten, wobey er ernstlich erklärte, daß wenn sie ihm abgeschlagen würde, er das Kommando der Armee niederlegen müßte. Bey allem Mangel an Disziplin und Ordnung in der Armee, blieb dem Soldaten doch noch immer ein Gefühl von Gerechtigkeit, ein gerader Sinn, der in seinem Herzen Anhänglichkeit für den General, unter <48> dem er immer siegreich gewesen war, und dem er seine jetzige bedrängte Lage nicht zuschreiben konnte, erwecken mußte. Die Kommissare berichteten frey; wenn man

---

[26] Bürgerin Montansier unterhielt in Paris ein anrüchiges Theater, in dessen Foyer Prostutierte ihre Dienste anboten. Nach G. F. Rebmann, Holland und Frankreich in Briefen, II, 1796.

dem General keinen Urlaub gäbe, würde er seinen Abschied nehmen, und alsdann würde auch die Armee auseinandergehen. Auf diese Weise kam endlich die Erlaubniß an. Der General eilte fort, ungeachtet ihm Lacroix, um ihn aufzuhalten, den Vorschlag that, vorher mit ihm die Posten bis nach Aachen zu bereisen. Allein Dümouriez, der schon damals den Entschluß gefaßt hatte, das Kommando der Armee nicht weiter zu übernehmen, wollte nicht durch diese Reise in die Kantonnirungsquartiere eine stillschweigende Verbindlichkeit gegen seine Truppen eingehen.

Er kam in Brüssel an, wo er den General Moreton zum Kommandanten gemacht hatte. Dieser Mann starb zur rechten Zeit in Douay, und hatte in den Straßen von Paris eine Rolle bei der Revolution gespielt. Er war, wenn man diesem Ausdruck <49> den gehäßigtesten Sinn geben will, ein übertünchter Aristokrat. Er war unter der vorigen Regierung, als Obrister beym Regiment de la Fere, wegen eines heftigen militärischen Despotismus kassirt worden. Hiernächst hatte er sich zu der Revolution geschlagen, und war ihr durch sein Ansehen und seinen Anhang in den Kaffeehäusern des Palais-Royal, von erwünschtem Nutzen gewesen. Als Sekretar der Jakobiner hatte er seinen Prozeß von neuem untersuchen lassen wollen; allein, weil es an Richtern fehlte, hatte die Sache ihr Bewenden. Nachher wurde er zum *Maréchal de Camp*[27] ernannt, und nach der Nordarmee geschickt. Da er viel Kenntniß vom kleinen Dienst der Infanterie, und überdieß vielen Verstand besaß, so hatte ihn der General Dumouriez zum Chef des Oberstabs der Nordarmee gemacht. Allein als der General die Armee verließ, um das Kommando in Champagne zu übernehmen, hatte sich Moreton, brav aber kurzsichtig, bey der Räumung des Lagers bey Maulde schlecht gezeigt, und wäre <50> beynahe von den Einwohnern von Valenciennes gesteiniget worden. Als Dümouriez wieder zur Nordarmee stieß, die itzt den Nahmen der belgischen erhielt, setzte er den General Moreton in seinen vorigen Posten ein. Allein da sich Thouvenot besser als er zu diesem Posten schickte, und jener sechs Monate länger im Dienste war {denn sechs Monate waren bey dieser revolutionistischen Armee ein hinreichendes Verdienst} so machte ihn Dümouriez zum Generallieutenant und zum Kommendanten in Brüssel und Brabant, und setzte

---

[27] Im deutschsprachigen Bereich wurde zeitweilig der Dienstgrad des Generalfeldwachtmeisters mit dem Maréchal de camp gleichgesetzt.

Thouvenot über den Oberstab. Moreton hatte um diese Zeit schon seine Larve abgeworfen, und um sich den Jakobinern, denen er bereits so viel zu verdanken hatte, gefällig zu erzeigen, hatte er in allen Stücken den Meinungen und den Absichten seines Generals entgegengehandelt. Er hatte das Dekret vom 15ten Dezember in Ausübung gebracht, und war aus diesem Grunde den Brabantern aufs äußerste verhaßt geworden. Der General Dümouriez fand ihn von jakobinischen Schaaren <51> umgeben, mitten unter einem Korps von Bösewichten, die er unter dem Nahmen der Sanscülottes errichtet hatte, und die ihn, den General Dümouriez, mit einer Anrede bewillkommten, die eben nicht seinen Beyfall hatte, weil sie ihn dutzten und schlechtweg mit der Benennung Bürger! anredeten. Er sagte ihnen ziemlich trocken, daß, da sie mehrentheils französische Soldaten wären, sie sich das duzen nicht erlauben sollten, welches eine Gleichheit voraussetzte, die sich nicht mit der Waffensubordination vertrüge; und daß sie ihn General oder Bürger-General, nicht aber Bürger schlechthin nennen sollten, weil dieses eine zu allgemeine Benennung wäre. Er erkundigte sich nach ihren Statuten, und sagte ihnen, daß er nach seiner Rückkehr aus Paris sehen würde, was er in Absicht ihrer zu thun hätte; denn dieses Gesindel wollte besoldet seyn, und ist es auch wirklich gewesen, ohne daß es der General Dümouriez wußte, aber mit Vorwissen der Konventskommissare, die sie auf diese Weise wegen der Dienste, oder <52> vielmehr wegen der schändlichen Erpressungen, deren Werkzeuge sie waren, belohnen wollten. General Dümouriez hatte von Lüttich aus eine Proklamation ergehen lassen, um die Belgier zu einer schleunigen Zusammenberufung ihrer Primairversammlungen und zur augenblicklichen Errichtung einer konstituierenden Nationalversammlung zu bewegen, weil ein Artikel des Dekrets vom 15ten Dezember besagte, daß, sobald die belgische Nation ihre Repräsentanten haben würde, der Beschlag eine Endschaft haben sollte. Allein die französischen Kommissare sahen ihrerseits wohl ein, daß diese Zusammenberufung der Primairversammlungen, indem sie den Beschlag aufhobe, den Belgiern ihre Freyheit wieder schenken würde, und sodann die Handhabung der öffentlichen Gelder und vorzüglich die Plünderung der Kirchen aufhören müßte; daher hielten sie erst den Druck dieser Proklamation des Generals auf, und widersetzten sich hiernächst der Ausführung derselben, indem sie die Zusammenberufung <53> der Primairversammlungen und des belgischen Nationalkonvents verhinderten, den der General zu Alost [=Aalst] hin beschieden hatte, um den Einfluß der Hauptstadt desto eher zu vermeiden, so wie Ludwig XVI den Einfluß von Paris vermieden haben würde, wenn er die Generalstaaten nach Tours, Orleans, Blois oder Bourges berufen hätte, anstatt Versailles zu wählen, welches viel zu nahe bei Paris lag. Als nun der General Dümouriez sah, daß das einzige Mittel, Belgien von der Tyrannei des Nationalkonvents zu retten, gescheitert war, setzte er, ohne sich aufzuhalten, seine Reise nach Paris fort.

Viertes Kapitel.

Dümouriez Aufenthalt in Paris.

Der General Dümouriez kam den ersten Januar 1793 in Paris an. Er erinnerte sich, daß bey seiner letzten Erscheinung in dieser Hauptstadt, nachdem er die Preussen <54> aus Champagne vertrieben, Marat und die andern jakobinischen Journalisten es ihm als ein Verbrechen ausgelegt hatten, daß er sich im Schauspiel gezeigt, und im Nationalkonvent erschienen sey, als wollte er sich das Ansehn geben, auf diese Weise sein Ansehn und seine Gewalt zu vermehren. – Er entschloß sich also, das strengste Incognito zu beobachten, sich von allen Schauspielhäusern, allen öffentlichen Spaziergängen, kurz allen Oertern zu entfernen, wo er die Aufmerksamkeit des großen Haufens hätte auf sich ziehen können. Er begnügte sich mit dem Umgange einer sehr geringen Anzahl von Freunden, und derjenigen, die er sprechen mußte, um den Zweck seiner Reise zu erreichen.

Fünf Tage verflossen, ohne daß er sein Zimmer verlassen hätte; er brachte sie mit Verfertigung von vier Memoiren zu, deren erstes die Nothwendigkeit der Aufhebung des berühmten Dekrets vom 15ten Dezember, welches noch ganz kürzlich durch zwei andre Dekrete vom 28sten und 31sten <55> bestätigt und ausgedehnt worden war, bewies. Das zweyte Memoire handelte von den Fehlern und dem Nachtheile der Proviantkommission, und von der Nothwendigkeit alle Lieferungen an Lebensmitteln, Fourage, Pferden, Kleidungsstücken, Waffen, Arzneyen u.s.w. wieder auf den alten Fuß zu setzen, und sie einsichtsvollen und rechtschaffenen Männern zu übertragen. Das dritte und vierte Memoire war militärischen Inhalts, und hatte den Operationsplan zum

Gegenstand. Jedes dieser vier Memoiren schloß mit der Betheurung, daß der General abgehen würde, wenn der Konvent nicht einen entscheidenden Entschluß faßte. Er legte ihnen einen Brief an den Präsidenten bey, worin er ihn bat, den Konvent dahin zu vermögen, daß er eine neue Kommitté niedersetzen möchte, um mit den Generalen, theils über die Bedürfnisse ihrer Armeen, theils über die Kriegsoperationen zu berathschlagen. Am 7ten Januar schickte er diese fünf Aufsätze an den damaligen Präsidenten und vormaligen Advokaten Treilhard, der gleich nach <56> Verlauf seiner Präsidentenzeit, mit einem andern Advokaten, Merlin von Douay, den vier ersten Kommissären in Belgien zugesellt wurde. Treilhard versäumte einige Tage des Generals Memoiren dem Nationalkonvente vorzulegen; ein neuer Brief, sehr kurz und sehr dringend, mußte ihn daran erinnern.

Endlich ward am 11ten ein kurzer summarischer Bericht von diesen Piecen abgestattet; der Brief wurde gelesen, die Memoiren mit Stillschweigen übergangen, und an eine Kommission von ein und zwanzig Mitgliedern, die damals unter dem Rahmen des Sicherheitsausschusses errichtet wurde, und aus den Kraftmännern der übrigen Ausschüsse bestand, zur nähern Untersuchung verwiesen. Dieser neue Ausschuß kam am 13ten Januar zum erstenmal zusammen, und der General wurde zur Sitzung eingeladen. Man las die vier Memoiren; man ließ sich in eine Menge theils läppischer theils unwissender Erörterungen ein. Alle sprachen zugleich, und <57> nach einer dreistundenlangen Sitzung ging man auseinander, ohne etwas entschieden zu haben. Der General ward ersucht, ein neues weitläufigeres Memoire einzureichen. Was den Operationsplan betraf, so waren alle Mitglieder einstimmig der Meinung, diesen Punkt nicht abzuhandeln, weil die Sache nicht vor sie, sondern vor die exekutive Gewalt, oder vor das Konseil gehörte. Der General stellte sich in der zweiten Sitzung, die am 15ten Abends gehalten wurde, mit einem zweiten weitläufigern Memoire ein. Kaum fand sich zu dieser Sizzung die Hälfte der dazu bestimmten Mitglieder, die noch dazu einzeln und nach einander kamen, das Memoire mit vieler Gleichgültigkeit lesen, hörten, zergliederten, und – nicht weiter daran dachten. Der General Valence, der gleichfalls um Urlaub angehalten, und den der General Dümouriez in diesem Anliegen unterstützt hatte, war in der Zwischenzeit auch angekommen, und wohnte der Sitzung bey. Er las ein von ihm verfertigtes Memoire <58> über die Rekrutierung und eine neue Eintheilung der Armee, nach welcher die Infanterie in Brigaden von drey Bataillonen abgetheilt werden sollte, so daß allemal zwey Bataillons Nationaltruppen zu einem Bataillone Linientruppen gehörten. Dieß Projekt, das der Nationalkonvent mitten im Feldzuge angenommen, hat der französischen Armee vollends den letzten Stoß gegeben, indem sie jetzt ohne den geringsten innern Gehalt ist, und mehrentheils aus Volontairen ohne Disziplin und Subordination besteht. Diese Neuerung, die man nur nach erfolgtem Frieden, oder wenigstens nach geendigter Kampagne hätte in Ueberlegung nehmen sollen, zog die ganze Aufmerksamkeit der Kommitté auf sich, deren Leichtsinn und Neugierde ihrer Unwissenheit und Sorglosigkeit gleich kam; und man hörte auf, sich mit den wichtigern Gegenständen, die der General Dümouriez vorgetragen hatte, zu beschäftigen.

Der General Biron, der damals von der Armee im Elsaß abging, um das Kommando <59> des Heeres in der Grafschaft Nizza zu übernehmen, wohnte einer dritten Sizzung bey, und las ein heftig abgefaßtes Memoire wider die neuen Lieferanten und die Proviantkommission ab. Der Kriegsminister ward vorgefordert, konnte auf die Beschuldigungen der drey Generale nichts antworten, und wurde von dem Ausschusse, dem es eine Freude war, einen Minister zu demüthigen, hart mitgenommen. Freilich war es dieses mal der Fall eines verdienten Verweises; denn statt aller Verantwortung, legte er Etats vor, die man für verfälscht angab. Der ganze Prozeß ward an den Kriegsausschuß verwiesen, der unter allen Kommittés des Konvents am schlechtesten zusammengesetzt war. Der General Dümouriez fand sich bei einer vierten Sitzung ein, wobey nur fünf Mitglieder zugegen waren, und nichts abgemacht wurde. Als man auseinander ging, sagte er zu ihnen: er würde sich stellen, so oft man für gut halten würde ihn rufen zu lassen, und begab sich nach Clichy, einem kleinen Landsitze, von wo aus <60> er alle Tage nach Paris kam, um für die Rettung des Königs zu arbeiten. Seitdem ist er nicht mehr vorgefordert worden, und hat auch nicht weiter von dem Sicherheitsausschusse reden gehört. Alle Angelegenheiten von der größten Wichtigkeit waren in dem einzigen Zeitpunkt, der Frankreich retten konnte, auf die Seite gelegt worden. Der ganze Konvent beschäftigte sich einzig mit dem Prozeß des Königs, der mit der größten Erbitterung und der unanständigsten Wildheit geführt wurde. Vom

Schicksal, den seine Memoiren[28] haben würden, erwartete der General Dümouriez das Heil oder den Fall seines Vaterlandes. Wären sie gebilligt worden, so wollte er sich vor den Konvent stellen, öffentlich erscheinen und mit lauter Stimme die Sache des unglücklichen Monarchen vertreten, weil er alsdann eines mächtigen Einflusses gewiß seyn konnte, und vermittelt dieses und anderer Mittel, unterstützt von einer Menge Offiziere und Soldaten seiner Armee, die ebenfalls auf Urlaub den Winter in Paris <60> zubrachten, einen hinlänglich starken Anhang gehabt haben würde, um der Parthey der Jakobiner und ihrer Trabanten, der Föderirten, zu widerstehen. Allein diese Hoffnung war vereitelt; und weit entfernt den König retten zu können, hätte der General Dümouriez, ohne Kredit und Ansehen, und in der öffentlichen Meinung ein Mann, für den man sich zu hüten hatte, weil er ein Feind der Staatsverbrechen war, Ludwig dem XVIten, anstatt zu helfen, geschadet, und die schreckliche und damals schon unvermeidliche Katastrophe, die ihm nachher so vielen Kummer verursacht hat, nur beschleuniget.

Der General Labourdonnaye, ein schwachköpfiger, unwissender Bösewicht, und dabei ein persönlicher Feind Dümouriez, aus Rache, daß dieser ihn im vorigen Jahre durch gerechte Beschuldigungen um das Kommando der Nordarmee gebracht hatte, sprengte in ganz Paris aus, daß Dümouriez bloß deßwegen nach Paris gekommen wäre, den rechtschaffensten Mann im ganzen <62> Königreiche zu retten, denn diesen Titel hatte Dümouriez wirklich und mit allem Rechte dem Könige in einem an ihn gerichteten Briefe, welcher 1791 geschrieben, und nachher mit allen übrigen Piecen, die Roland in der eisernen Büchse[29] gefunden und dem Nationalkonvent vorgelegt hatte, gedruckt worden war, beigelegt. Die Jakobiner stimmten in diesen Ton ein, zumal Marat und seine allezeitfertige Journalistenarmee. Man gab zu verstehen, der General hätte unausgesetzt nächtliche Zusammenkünfte mit Roland und den Girondisten. Diese, ihrerseits wider ihn aufgebracht, weil er ihnen eben so wenig als den Jakobinern, insgeheim Rede stehen wollte, sprengten das Gerücht aus, er sey mit Philipp Egalité, der des Nahmens Orleans so unwürdig war, heimlich – einverstanden.

---

[28] Nachlässige Übertragung des französischen „manifestes" = Denkschriften.
[29] Siehe Endnote n.

Damals kam Dümouriez alle Tage nach Paris, wohnte dem Konseil bey, und ging alle Abend nach Clichy zurück. Er speisete bloß bei den beiden Ministern Lebrün und Garat. Er war sogar vorsätzlich bei dem <63> Minister der Marine {Monge}, dem Minister des Innern {Roland}, dem Finanzminister {Claviere}, und am allerwenigsten bey dem Kriegsminister Pache gewesen. Das Kriegshotel war längst zu einer Schandgrube geworden, wo vierhundert Offizianten, worunter sich mehrere Frauenzimmer befanden, im schmutzigsten Anzuge und mit einer der alten Cyniker ganz würdigen Unverschämtheit, – nichts förderten und bey allem ihren Schnitt machten. Zwanzig von diesen Beutelschneidern, mit Hassenfratz und Meusnier an ihrer Spitze, sammelten Tag und Nacht falsche Zeugnisse und schmiedeten falsche Akten, um Hassenfratz's Klage wider Dümouriez bei den Jakobinern zu unterstützen, und beweisen zu können, daß der General eine Million und zweimal hundert tausend Livres bey den Lieferungen in Belgien gewonnen hätte. Man hatte die Föderirten wider ihn aufgehetzt; oft wenn er vor ihnen vorbeiging, hörte er sie mit lauter Stimme den Vorschlag thun, seinen Kopf auf einer Picke herumzutragen. Ja einmal, <64> als er in der Straße Montmartre auf ein Korps von ungefähr zwanzig Föderierten stieß, hatte er kaum noch so viel Zeit, eine Nebenstraße, die der Lachsgang heißt, zu erreichen, da ihn zu gutem Glück noch eine Ladenfrau, die ihn wieder kannte, weil er zwey Jahr in der Straße Montmartre wohnhaft gewesen war, gewarnt hatte. In allen Versammlungen der Stadtviertel, in allen Kaffehäusern bezahlte man Leute, die gegen ihn losziehen mußten. Mehr als einmal hatte man den Entwurf gemacht, ihn aufzuheben. Der abscheuliche Santerre, damals Kommendant von Paris, äußerte die größte Anhänglichkeit gegen ihn, und hatte ihn verschiedentlich bey seinem Schwager zu Gaste gebeten. Seine Absicht war, ihn mit Marat zusammenzubringen; der General hatte mit vieler Behutsamkeit und den höflichsten Entschuldigungen seine Einladungen ausgeschlagen, weil er diesen furchtbaren Mann, der ihn so leicht hätte umbringen lassen können, äußerst schonen mußte. <65> Ein andrer Umstand machte seine Lage noch kritischer, ungeachtet es nicht im geringsten seine Schuld war. Der Obrist Westermann hatte auf dem Pont-Neuf dem berüchtigten Marat Stockprügel gegeben, weil dieser ihm in seinem Journale geradezu vorgeworfen hatte, der Helfershelfer seines Generals, und das Hauptwerkzeug seiner Bedrückungen zu seyn. Marat wollte seine Rache an dem General selbst auslassen, und dieser, der von sichern Leuten gewarnt wurde, und alle Tage anonymische Billette erhielt, hatte es sich zum erstenmale in seinem Leben zum Gesetz gemacht, nicht ohne geladene Pistolen auszugehen. Dübois Crancé, der niederträchtigste und blutdürftigste von allen Jakobinern, war auch einer seiner bittersten Feinde geworden. Sie speiseten einst mit einander, und Dübois Crancé, in der Meinung, daß seine Riesengröße und sein barsches Ansehn dem kleinen Dümouriez in Furcht setzen sollte, war ihm ziemlich unsanft begegnet; allein Dümouriez hatte ihn mitten um den Leib gefaßt, und ihn so auf eine herzhafte Weise <66> zum Schweigen gebracht. Von dieser Zeit an sprengte Dübois Crancé alle Tage im Nationalkonvent aus, Dümouriez verachte alle Glieder des Konvents, und sehe sie für 400 Schwachköpfe an, die sich von 300 Bösewichten bei der Nase herumführen ließen. Auf diese Weise zog sich das gewaltigste Ungewitter über ihn zusammen, und man wartete bloß auf seine Dimission, um ihn zu arretiren und ihm den Prozeß zu machen. Er stand schon längst auf der Proscriptionsliste.

Fünftes Kapitel.

Der Prozeß des Königs.

Bey so bewandten Umständen setzte man den Prozeß des Königs mit der wildesten Wuth und einer kannibalischen Freude fort. Die Akten dieses Prozesses sind in allen Händen, sind gedruckt, und werden zur Schande der französischen Nation bis auf die spätste Nachwelt kommen. Nie ist ein <67> so großes Verbrechen mit so vieler Niederträchtigkeit, und so anhaltendem festen Willen verübt worden. Ueber hundert und funfzig unter seinen sogenannten Richtern hatten ihre Meinung noch vor Ansicht der Akten und Beweisthümer öffentlich in Druck ausgehen lassen; und dieses allein hätte ihre Stimme verdächtig und ihre Person verwerflich machen sollen; allein der unglückliche Ludwig XVI hatte nicht das Recht seine Richter zu prüfen. Es ist zu verwundern, daß die dreihundert und zehn Glieder des Konvents, die bei allen auf sie gerichteten Dolchspitzen den Muth hatten für des Königs Leben zu stimmen, nicht mit Nachdruck darauf bestanden haben, daß alle Richter die ihre Meinung vor dem Endurtheil von sich gegeben hätten, ihre Stimmen nicht geben dürften, oder daß diese Stimmen wenigstens nicht mitgezählt würden. Verzeihet, edle Männer, diese Betrachtung einem strengen Geschichtsschreiber, der weit entfernt, euch den geringsten Vorwurf machen zu wollen, im Gegentheil <68> wünschte euch eine Ehrensäule errichten zu können, die eure Nahmen, wie die der Sieger bey Marathon, enthielte und aufbewahrte. Ja, es haben sich in einer Versammlung, die schlechter als irgend eine auf der ganzen Welt zusammengesetzt war, dreyhundert und zehn Männer gefunden, welche einen wahren Heldenmuth bewiesen haben, und denen das königliche Haus ewige Dankbarkeit schuldig ist. Empfangt, edle Bürger, gefühlvolle Seelen, empfangt den Huldigungszoll eines Kriegers, der in euch mehr Muth entdeckt, als er je selbst gezeigt hat; mehr Muth, als alle Franken zusammengenommen, die er beständig zum Ruhm geführt, bewiesen haben.

Dieses Lob ist aufrichtig und uneigennützig; Dümouriez erwartet nichts von den Königen, ist ein Freund der Freiheit, und hat seinem Vaterlande, dem er die treusten Dienste geleistet, auf immer entsagt, es mag nun wieder unter das Joch des strengsten Despotismus gebracht werden, oder durch die Fehler oder die falsche Politik der <69> kriegführenden Mächte als Republik die Beute der grausamen herrschsüchtigen Jakobiner verbleiben. Denn seine Hoffnung, Frankreich unter dem Scepter eines konstitutionellen Königs, der, selbst dem Gesetze unterworfen, selbst die Stütze des Gesetzes, ohne dasselbe und wider dasselbe nichts willkürliches unternehmen kann, zu sehen, ist völlig verschwunden. Edle Männer, euer Verdienst wird um so mehr hervorleuchten, da es mit dem Betragen der Girondisten in Gegensatz gestellt werden wird, deren Bewegungen die Geschichte, diese Geißel großer Verbrechen, Schritt vor Schritt, so weit sie nämlich der General Dümouriez hat beobachten können, entfalten soll.

Wollte die Girondeparthey, oder wollte sie nicht dem Könige das Leben retten? Dieses Problem ist schwer aufzulösen, und man wird nie damit zu Ende kommen, wenn man nicht zwey sehr verschiedene Zeitpunkte, und folglich zwey entgegengesetzte Willensmeinungen bey diesen ehrgeizigen Politikern annimmt. So viel ist gewiß, daß diese Faktion, <70> die so lange im Konvent geherrscht und sich des Ministeriums bemächtiget hatte, vor der Zeit ihres sinkenden Kredits offenbar nach der Republik strebte. Sie hatte die Feuillants, die Gemäßigten, die Royalisten verdrängt und zerstört. Sie hatte fast alle Journalisten in ihrem Solde. Das JOURNAL VON PARIS, die CHRONIK, der MONITEUR, der PATRIOT, Gorsas's und Carra's Journale, der THERMOMETER, kurz alle Blätter die von einiger Publizität und Wichtigkeit waren, wurden von Mitgliedern aus dieser Parthey geschrieben, eingerichtet und durchgesehen. Die besten Redner im Konvent, Güadet, Vergniaux, Lasource, Brissot, Gensonné, Condorcet, trugen die Meinungen ihrer Parthey vor, und setzten sie durch. Sie hielt die meisten Ausschüsse besetzt. Sieyes und Condorcet standen an der Spitze des Konstitutionsausschusses. Brissot und Gensonné regierten den diplomatischen und allgemeinen Vertheidigungsausschuß. Cambon hatte den Finanzausschuß ganz in seiner Gewalt, wenn er sich gleich stellte, <71> als hinge er ganz von ihm ab. Und während daß Pethion Maire von Paris war, gehörte Paris den Girondisten.

Sie können füglich als die Jesuiten der Revolution angesehen werden. Sie haben dasselbe politische System eingeschlagen, haben Anfangs eben den Grad von Gewalt besessen, haben sich wie jene durch Stolz blenden lassen, sind in die nämlichen Fehler verfallen, und haben ein gleiches Schicksal gehabt. Während ihrer Regierung haben sie die königliche Familie nicht eben geschont. Als Pethion mit dem Könige und der Königinn von Varennes in einem Wagen zurückkam, sagte er ihnen unterwegens den ganzen Tag vor, daß sein Wunsch – die Republik sey; der General Dümouriez hat dieses aus dem eigenen Munde der unglücklichen Königinn, und Pethion, den er nachher darum befragte, hat es eingestanden. Aber seit dem Monat November 1792 hatte sich alles verändert. Der König Pethion, denn so nannte man ihn in Paris, hatte durch das wüthende Uebergewicht der <72> Jakobiner und der Föderierten, die sie durch patriotische Freudengelage an sich zu locken gewußt hatten, seine Popularität verloren. Ein ehrlicher, aber ganz unbedeutender Mann, Nahmens Chambon, war an Pethions Stelle Maire geworden; er war ohne allen Nachdruck, wurde verachtet; die Jakobiner waren die Tyrannen der Sektionen, und der pariser Gemeinerath machte eine von dem Nationalkonvent unabhängige konstituierte Gewalt aus, die es oft mit ihm aufnahm und ihm nicht selten überlegen war.

Barbaroux, Deputierter von Marseille und einer von den Girondisten, glaubte so viel über seine Vaterstadt zu vermögen, daß er den Vorschlag that neue marseiller Patrioten kommen zu lassen, um sie den sogenannten alten marseiller Föderierten, die ihre Tyrannei über Paris und den Konvent erstreckten, entgegegen zu stellen; und die Girondisten brachten es wirklich dahin, daß der Minister des Innern, Roland, alle Departements einlud, Föderierten einzuschicken. Diese unregelmäßige Maaßregel war äußerst <73> unbedachtsam, und mußte auf einen bürgerlichen Krieg in Paris abzwecken, wofern nicht die Neuangekommenen sich, wie die vorigen, von den Jakobinern einnehmen ließen, und ihre Parthey verstärken hülfen; und gerade dieses geschah.

Danton, Robespierre, Lacroix und Marat deckten bald den Plan der Girondisten auf. Selbst die Unpartheyischen im Konvent sahen in dieser Parthey nur einen Haufen ehrgeiziger und gefährlicher Köpfe. Damals war es für sie der wahre Zeitpunkt, Muth und Standhaftigkeit zu zeigen, die Unschuld des Königs zu verfechten, seiner Hinrichtung sich zu widersetzen; und wenn sie auch selbst das Opfer ihrer Treue geworden wären, so wären sie doch mit Ruhm gefallen. Allein es ist äußerst glaubwürdig, daß es ihnen gelungen seyn würde, den König und das Vaterland zu retten; die Departements würden sich in dieser Absicht fest mit ihnen verbunden haben, und die Parthey der Jakobiner wäre überwältigt worden. Allein sie betrugen sich mit Feigheit, begnügten sich <74> mit einer Art von Appell an das Volk, und schlugen vor die Primairversammlungen zu berufen, und Ludwigs XVI Schicksal von ihnen entscheiden zu lassen. Diese zweite Maaßregel war als ein zweites Signal zum bürgerlichen Krieg anzusehen. Nun fiel man über die Girondisten her, setzte sie in Furcht und Schrecken, und nur die Feigherzigkeit, mit welcher sie insgesammt ihre Stimmen für den Tod des unglücklichen Opfers der jakobinischen Wuth und der girondistischen Politik gaben, konnte sie retten. Pethion war niederträchtig und grausam genug, in einem Augenblick, wo das Mitleid zum Besten des Monarchen die Stimmen zu lenken oder wenigstens zu theilen schien, die gräßliche Scene vom 10ten August wieder ins Andenken zu bringen, und nachdem er durch diese schändliche Angabe das Scheinunrecht des Königs vergrößert hatte, schloß er damit, daß er für den Tod stimmte. Condorcet's auf Schrauben gesetzte Meinung lief am Ende auf ein Todesurtheil hinaus; dieser <75> Metaphysiker voll Verstand, aber ohne Herz, ohne Seele, hat während der ganzen Revolution die schwärzeste Rolle gespielt. Brissot, Güadet, Gensonné, Vergniaux, eilten alle wider ihr Gewissen und ihre Pflicht zu stimmen.

Der Prozeß enthielt keine einzige Beschuldigung, die das Todesurtheil verdient hätte. Der Auftritt vom 10ten August war kein Verbrechen, das man Ludwig XVI zur Last legen konnte. Carra hatte die Unverschämtheit gehabt öffentlich drucken zu lassen, daß diese Begebenheit lange vorher durch eine Kommitté von fünf Personen, zu welchen Pethion, Robespierre und er selbst, Carra, gehörte, und die sich in einem Weinhause in der Vorstadt St. Antoine versammelt hätte, vorbereitet und angelegt worden wäre; daß man das Vorhaben, den König zu bewaffnen und mit dem Volk handgemein werden zu lassen, schon zweimal, und am 10ten August beinahe zum drittenmale verfehlt hätte. Es ist unläugbar, wenn man dieses Aktenstück zu den <76> übrigen hätte legen wollen, die Ludwigs XVI Prozeß betrafen, daß Carra's Zeugniß allein den König im Punkte des 10ten Augusts gerechtfertigt haben würde, indem es die Nothwendigkeit bewies, worinn sich dieser Fürst befand, die Waffen zu ergreifen. Allein weder Gerechtigkeit, noch gesunde Vernunft, noch gesunde Politik sind bey diesem abscheulichen Prozeß um Rath gefragt worden.

Die Vorsehung hatte diesen für Frankreich so schändlichen und entscheidenden Zeitpunkt lange vorherbestimmt. Alles vereinigte sich wider das unglückliche und unschuldige Schlachtopfer. Die Emigrierten selbst mußten, durch eine unüberlegte und übel verstandene Anhänglichkeit für den König, gewagte und für ihn nachtheilige Schritte thun. Bertrand, Exminister der Marine, der nach England geflüchtet war und den König retten wollte, schickte dem Konvente verschiedene Schriften zu, wodurch die Chefs aller Partheyen mit in den Prozeß verwickelt wurden, wodurch bewiesen ward, daß <77> sie sich alle mit dem Könige einverstanden gestellt hätten, um ihn zu betrügen und Geld von ihm zu ziehen. Danton und Lacroix besonders waren so enge in diesen Handel verwebt, daß sie sich als verloren hätten ansehen müssen, wenn jener, Herr des Berges, das ist, der Jakobinerparthey, und dieser, Herr in der Plaine, das ist, der Unpartheyischen in der Versammlung, nicht ihr äußerstes gethan hätten, diese gefährlichen Papiere zugleich mit dem unglücklichen König zu – vertilgen. Also hat der Schritt des Ministers Bertrand, anstatt diesen Fürsten zu retten, seinen Tod beschleunigen helfen. Alles hat sich zu seinem Sturze vereiniget. Die Greuelthat wurde am Mittage begangen; und am Abend – waren alle Schauspielhäuser angefüllt. O ihr unglücklichen Franken! wenn ihr dieses Blatt lesen

werdet, welches von den Thränen dessen der es schrieb, und in diesem
Augenblick euch das schändlichste und größte eurer Verbrechen vor-
hält, durchnäßt ist, so wird euch Schauder ergreifen, ihr werdet über
euch selbst ächzen, und die <78> schreckliche Rache, die euer harret,
nur zu gerecht finden,

Sechstes Kapitel.

Fruchtlose Versuche des Generals Dümouriez.

Unter allen ungerechten oder schlecht ausgesonnenen Beschuldigungen der Emigrierten wider den General Dümouriez, hat keine so
vielen Eingang bei unwissenden oder unüberlegten Leuten gefunden,
als daß er sich den großen Einfluß, den ihm seine Siege bei seinem Heere
verschaft, nicht zu Nutze gemacht hat, um es gerade nach Paris zu führen, und so den König zu retten. Allein

1. dieser Einfluß ist immer nur sehr prekair gewesen, und die
   späteren Begebenheiten beweisen, wie wenig er darauf
   rechnen durfte.
2. Stand diese Armee hundert Lieues [=Meilen] weit von Paris;
   es fehlte ihr an allem; sie konnte das lüttichische Gebiet
   nicht verlassen, ohne ihre Kanonen einzubüßen, weil es ihr
   an Artilleriepferden mangelte, und ohne das Land <79>
   Land den Oesterreichern Preis zu geben, die ihr auf dem
   Fuße nachfolgten. Ein solcher Schritt, den man als eine Verrätherey gegen den Ruhm und das Interesse der Nation angesehen hätte, würde dem General und seinem ganzen
   Oberstabe, noch ehe sie Frankreich erreicht hätten, den
   Kopf gekostet haben.
3. war diese Armee außer Stande bis zum Rhein vorzurücken,
   der doch nur zwanzig Lieues, weit ablag; wie hätte sie also
   einen Weg von mehr als hundert bis nach Paris zurücklegen
   können?

Gleichwohl hatte der General Dümouriez wirklich den Entschluß
gefaßt, nicht mit der ganzen Armee, sondern mit einem ausgesuchten
Detachement von Linientruppen nach Paris zu gehen. Allein Lafayette's
Beyspiel mußte ihn über die Gefahr eines solchen Schrittes belehren; er
mußte suchen, ihm wenigstens eine legale Form zu geben, um das

Zutrauen seiner Soldaten nicht zu verlieren. Er hatte den Häuptern der Girondeparthey, und unter andern Barreren, der durch seine Unbeständigkeit so vielen Schaden <80> angerichtet hat, wiederholentlich gesagt und geschrieben, wenn der Konvent sich tyrannisiert fühlte, so möchte er nur ein Dekret von vier Zeilen abfassen; sogleich würde er ihm mit zwanzigtausend Mann zu Hülfe eilen. Sey es Furcht, oder Zuversicht in ihre eigene Hülfsmittel und Ränke; genug, die Konventsglieder, die man für die besten zu halten gewohnt war, haben zu diesem Mittel nicht schreiten wollen; freilich konnten sie bey ihren späterhin entdeckten, und damals geheimen Absichten kein völliges Zutrauen zu einem General hegen, von dem sie wußten, daß er der Konstitution und der Wiederherstellung der Ordnung gänzlich ergeben war. Da dieser nun kein Dekret ankommen sah, und überdieß seine Gegenwart in Paris so nothwendig war, wie es in den vorigen Kapiteln gezeigt worden ist, so reisete er allein ab, hatte aber dabey die Vorsicht gebraucht, verschiedene Chefs, Offiziere und Gemeine, theils von den Linientruppen, theils von den Nationalgarden, selbst von der pariser, vorauszuschicken, die ihm <81> versprochen hatten, für den König mitzuwirken. Dabei hat es auch seine Richtigkeit, daß bey Dümouriez Abreise, ungeachtet der Prozeß Ludwigs XVI schon angegangen war, noch nicht vorausgesehen werden konnte, zumal in einer Entfernung von hundert Lieues, daß er ein so schnelles und schreckliches Ende nehmen würde. Der General war freilich überzeugt, daß die strafbare Wuth der Jakobiner sie bewegen würde, diese schändliche blutige Katastrophe so viel als möglich zu beschleunigen; allein er hofte, daß die Girondisten, wenn gleich nicht aus wahrem Tugendgefühl, doch aus Politik und aus persönlichem Interesse, die Sache in die Länge zu ziehen und sie in eine bloße Drohung zu verwandeln suchen würden, und daß er sich selbst dieses Zaudern zu Nutze machen könnte, um den König zu retten. Nur als er in Paris ankam, fiel ihm die wahre Lage der Dinge, die Größe der Gefahr und die Schwäche der Rettungsmittel in die Augen.

Dümouriez hatte mit Gensonné, einem <82> der Girondedeputierten in genauer Verbindung gestanden, und ihm verschiedene falsche Schritte nachgesehen, die jener sich im vorigen Jahre gegen ihn erlaubte, wie er das Ministerium verließ. Er wußte, daß es ein gescheuter Kopf, ein Mann von richtiger Beurtheilungskraft und von gefühlvollem Herzen war; und hatte deswegen seine Verbindung mit ihm erneuert.

Izt theilte er ihm alle seine Besorgnisse über das Schicksal des Königs mit, allen Abscheu den er für die Schandthat hätte, dessen sich die Nation schuldig machen wollte, und bewies ihm, daß dieser letzte abscheuliche Triumph der Jakobiner die Parthey der Rechtschaffenen vollends unterdrücken, und die Anarchie in Frankreich unheilbar machen würde; bewies ihm, daß diejenigen Völker in Europa, die bisher unsre inneren Unruhen, unsern Krieg mit Oesterreich und Preußen, und vielleicht unsre Vortheile über sie, mit Gleichgültigkeit, oder wohl gar mit Vergnügen angesehen hätten, von nun an durch die barbarische Ermordung Ludwigs XVI empört seyn, <83> und sich aus Ehrgefühl für verbunden halten müßten, sich an die erklärten Feinde Frankreichs anzuschließen, so daß wir von diesem Augenblick an die ganze Welt wider uns, und nicht einen einzigen Bundsgenossen für uns haben würden. Diese und ähnliche Betrachtungen schienen auf Gensonné zu wirken; allein aus Blödigkeit oder natürlicher Kälte schritt er zu keiner Maaßregel, und entfernte sich sogar vom General, der nach der Zeit nur selten Gelegenheit fand mit ihm zusammenzukommen.

Dümouriez sah noch verschiedene andre Deputierten, theils von den Girondisten, theils von den Unpartheyischen, und gab allen zu bedenken, daß, seitdem die Republik gegründet sey, Ludwig in ihren Augen nur für einen bloßen Privatmann gelten könnte; und daß es unanständig, unweise und unzeitig wäre, eine so kostbare Zeit, die man ganz dazu anwenden müßte, sich gegen die allgemeine Gefahr zu sichern und sich zu dem bevorstehenden Feldzug zu rüsten, mit dem Prozeß eines einzelnen Mannes, der für die <84> Nation bey weitem kein so großes Interesse haben könnte, zu verschwenden; es wäre also schicklich, diesen unnützen Handel abzubrechen, und nach geendigtem Kriege wieder vorzunehmen. Die vernünftigsten gaben ihm zur Antwort, die Bösewichte vom Berge hätten längst ihren Entschluß gefaßt; würde dieser Prozeß, den man nie hätte anfangen sollen, nicht beendigt, so würden die Jakobiner eine Insurrektion veranstalten, den Tempel[30] angreifen und alle Gefangenen niedermetzeln. Dümouriez versetzte dann, er fände sie nicht von ihren Kommittenten hinlänglich berechtigt den König zu richten; in einer so wichtigen Staatsache schiene es ihm nothwendig, um sich einst vor allen Vorwürfen der Nation

---

[30] „Le Temple" war eine mittelalterliche Festung des Templerordens, nördlich des Viertels Marais. Im Turm wurde die königliche Familie festgesetzt.

sichern zu können, um einst keine persönliche Verantwortlichkeit auf sich zu laden, um einst der gegründeten Beschuldigung zu entgehen, daß dieser Prozeß gesetzwidrig und gewaltsam gewesen sey; daß sie zu ihrer eigenen Sicherheit, jeder von seinem Departement ein Mandat *ad hoc* vorher sich einholten. Sie erwiederten hierauf, <85> daß der Girondisten unweiser Vorschlag, an das ganze Volk zu appellieren, ihnen diese letzte Zuflucht benommen hätte, weil man mit Recht besorgen müßte, daß die Zusammenberufung der Primairversammlungen, die bey einer solchen Maaßregel wesentlich wäre, das Zeichen zum bürgerlichen Kriege geben würde.

Nichts blieb ihm nach diesem übrig, als sie auf eine Betrachtung zu bringen, die zwar auf alle den tiefsten Eindruck machte, allein wovon keiner unter ihnen Nutzen zog, weil die Furcht vor dem gezuckten Dolche ihnen die Besinnnungskraft raubte, und sie lieber Henker als Schlachtopfer seyn wollten. Diese Betrachtung war folgende: nach einem langen Kampfe zwischen dem Könige und der Nation, wäre das Schicksal beider am 10ten August entschieden worden; der König habe unterliegen müssen; er könne von nun an nur als ein Kriegsgefangener angesehen und behandelt werden, nicht aber als ein Verbrecher, weil beide Partheyen zugleich zu den Waffen gegriffen hätten; <86> der Krieg mit den auswärtigen Mächten sey in seiner völligen Kraft; man könne sich also glücklich schätzen, in der Person des gefangenen Königs eine unschätzbare Geißel zu haben, die man daher sorgfältig aufbewahren müsse; und wenn man, dessen allen ungeachtet, den König dennoch für schuldig halten wollte, so müßte man eine gerichtliche Kommission niedersetzen, die Akten des Prozesses sammeln, die Zeugen verhören, sie vergleichen u.s.w.; hierdurch würden die erbittertsten Feinde der Königswürde besänftiget, das Volk abgekühlt und inzwischen die Konstitution, der Hauptzweck ihrer Sendung, zu Stande gebracht werden; wenn als dann die Primairversammlungen zur Annahme der neuen Konstitution berufen wären, so würde man ihnen zugleich den Prozeß Ludwigs XVI ganz ausgearbeitet vorlegen können, und sie um ihre Meinung, wie man den König zu richten und was für ein Urtheil man über ihn zu ergehen lassen hätte, befragen.

Nachdem der General Dümouriez diesen <87> Vorschlag mündlich, und sogar schriftlich bekannt gemacht hatte, kam er mit Pethion zusammen, mit dem er schon vorher Umgang gehabt hatte, und stellte ihm vor, daß er für seine Person sich des Königs annehmen müßte, um dem Vorwurf einer Erbitterung gegen diesen Fürsten, die seines Karakters unwürdig sey, zu entgehen. Pethion schien durch diese Vorstellung gerührt zu werden; er antwortete: persönlich liebe er den König, und er würde in der Sache thun, was ihm möglich sey.

Der General bediente sich eines Freundes, um Robespierren ähnliche Vorschläge zu thun, und dieser ließ ihm antworten: ihm, dem General Dümouriez, käme es eigentlich zu, den König zu retten; hierdurch würde er sich unsterblich machen; sobald er diesen Entschluß fassen würde, könnte er sicher seyn, daß ihn alle Generale und Armeen für einen großen Mann halten und ihm die Diktatorwürde auftragen würden; wo nicht, so würde er sich eben so verächtlich machen als Marat, und mit ihm in eine <88> Klasse gebracht werden, welches ihm {Robespierren} höchst unangenehm sein würde, Der General ließ den Jakobinern, die den Konvent verachteten und die Girondisten haßten, unter der Hand sagen, wenn sie sich zu Herren von Frankreich und Europa machen, und die Stelle des Nationalkonvents ersetzen wollten, so möchten sie nur die Erklärung von sich geben: Sie wollten, daß man den Prozeß auf die Seite legen, und sich mit den weit wichtigeren Kriegsangelegenheiten beschäftigen sollte.

Der General hatte einen sehr treuen Kurier, einen rechtschaffenen grundguten Mann, einen gewissen Drouet, einen Bruder des bekannten Postmeisters zu St. Menehould, der den König in Varennes angehalten hatte, Konventsmitglied und Jakobiner war. Er bediente sich dieses Bruders, um den Konventsdeputierten auf seine Seite zu bringen, ließ ihn zu sich einladen, stellte ihm die Größe des Verbrechens, wenn Frankreich seinen König zum Tode verurtheilte, mit so lebhaften Farben vor, daß <89> Drouet versprach, bei den Jakobinern und beym Konvent um den Aufschub des Prozesses anzuhalten. Es bedurfte nur des Muths eines einzigen Mitgliedes, um diesen Antrag zu thun, so war der König gerettet; keiner hatte diesen Muth. Drouet war krank geworden, und stimmte nicht mit.

Täglich begab sich der General in die verschiedenen Viertel von Paris, ging in die Kaufladen, in die Privathäuser, brachte das Gespräch auf den Prozeß des Königs, meinte, es sei sonderbar, daß der Konvent sich in einen Gerichtshof verwandelte; meinte, wenn Ludwig noch König wäre, so müßte vor allen Dingen die Nation entscheiden, durch wen, und wie? er gerichtet werden müßte, und wenn er es nicht mehr wäre, so müßte man eine so theure Zeit nicht mit dem Prozeß eines einzelnen Partikuliers verschwenden; und setzte endlich einige rührende Betrachtungen über die guten Eigenschaften und das Unglück Ludwigs hinzu. Bisweilen hörte man ihn mit zärtlicher Theilnahme an; andre baten ihn eine so gefährliche <90> Unterredung abzubrechen; einige fanden es sehr übel, daß er sich in eine solche Materie einließe. Wodurch er sich aber der meisten Gefahr aussetzte, war, wenn er zum Schluß hinzufügte, er begreife nicht, wie in einer so großen Stadt, als Paris, sich nicht 5 bis 6 000 rechtschaffene und zugleich herzhafte Männer fänden, um 2 oder 3 000 Schurken, die sich unter dem Nahmen der Föderierten in diese Stadt eingeschlichen hätten und die ärgste Tyrannei darin ausübten, zur Räson zu bringen. Einst gab ihm ein vernünftiger Kaufmann erröthend und mit niedergeschlagenen Augen folgendes zur Antwort:

> Bürger, ich sehe du willst uns begeistern. Wir sind feige Memmen, und der König wird das Opfer davon seyn. Was läßt sich aber von einer Stadt erwarten, die achtzigtausend Mann wohlgeübter und bewaffneter herrlicher Nationalgarden zählt, und sich gleichwohl, in den sechs ersten Tagen Septembers, durch weniger als sechstausend Föderierten aus Marseille und Bretagne hat entwaffnen lassen?

Der <91> General verließ diesen offenherzigen Mann, und suchte einen einsamen Spaziergang, um – über den König und sein Vaterland zu weinen.

Einige Soldaten von seiner Armee, die ihm aufstießen, schienen ihm bloß damit beschäftigt, die Wuth und die Freudengelage der Föderierten zu theilen. Andre schlugen sich sogar zu seinen Feinden, und gaben bei verschiedenen Klubs oder in ihren Sektionen abgeschmackte Klagen gegen ihn ein. Alle Versuche, die der General täglich und unter allen möglichen Gestalten wiederholte, gaben ihm, bei vieler persönlichen Gefahr, die höchst traurige Gewißheit, daß des Königs Tod beschlossen, und seine Rettung schlechterdings unmöglich sei. Allenthalben traf er entweder große Bestürzung, oder große Gleichgültigkeit an. Während den zwanzig Tagen, worin er Paris über diesen wichtigen Punkt zu prüfen Gelegenheit hatte, hat er auch nicht die kleinste Bewegung, weder insgeheim noch öffentlich, zum Besten Ludwigs XVI gespürt; nicht die geringste <92> Veränderung in der Lebensart und im Gang der Vergnügungen bei den leichtsinnigen und zugleich barbarischen Parisern gefunden.

Siebentes Kapitel.

Des Königs Hinrichtung.

Am 18ten unterlag endlich unter dem Kummer die sonst so feste Gesundheit des Generals Dümouriez; es befiel ihn ein Fieber, und zwang ihn, sich bis zum 22ten auf dem Lande aufzuhalten. Am 22sten Januar kam er zum letztenmale nach Paris, in dem festen Vorsatz, in dieser verhaßten Stadt, nur so lange zu verweilen, als es die Vorkehrungen zu seiner Reise erforderten, und nicht eher den Fuß wieder in dieselbe zu setzen, als bis er sich im Stande sähe, den schändlichen Konvent, der niederträchtig und boshaft genug gewesen war, seinen unschuldigen König, einen König der sein Volk immer geliebt, nie einen persönlichen Fehler begangen, die Frohndienste und die Folter abgeschaft hatte, <93> der das Gute that so oft sich dazu Gelegenheit fand, der endlich von selbst die Nation zusammenberief, damit sie ihren Bedürfnissen abhelfen und den Mißbräuchen steuern möchte,– einen solchen König ungehört und mit dem unglaublichsten Leichtsinn und der unverantwortlichsten Uebereilung zum Tode zu verurtheilen, auseinander zu treiben. Alle Könige befinden sich in eben der unglücklichen Lage die für Ludwig XVI so verderblich gewesen ist; sie sind von Männern umgeben, die sie betrügen und irreführen; sie leben und wirken in beständiger Finsterniß. Es ist ihnen unmöglich durch den dichten Schleier, den der Hof um sie zieht, durchzublicken, und bis zu dem rechtschaffenen Weisen, dessen Einsichten ihnen wahrhaft nützlich sein könnten, dessen bescheidener edler Stolz aber die Verderbtheit und die Insolenz der Hofleute flieht, zu dringen. Allein nur eine gänzliche Auflösung des Staats kann eine ganze Nation dahin bringen, daß sie mit Gleichgültigkeit und kaltem Blute einen König hinrichten sieht, den sie so oft <94> gesegnet und angebetet, den sie mit den besten unter ihren Königen, mit einem Ludwig XII, mit einem Heinrich IV verglichen hatte. Bloß durch den Jakobinerklub hat sich Frankreich zu einem solchem Grade der Wuth und Barbarey verleiten lassen können.

Der 21te Januar, dieser Todestag Ludwigs XVI, ist zu gleicher Zeit in Frankreich das Ende der Republik, die Wiedereinsetzung der Monarchie, ja vielleicht der Triumph des Despotismus gewesen. Die Franken hatten in der Laufbahn der Freyheit die ersten Schritte mit stolzem Muthe gethan; man konnte und mußte die ersten Exzesse der Revolution entschuldigen, weil sie eine nothwendige Folge des Widerstandes und der auszurottenden Mißbräuche waren. Eine erhabene, wie wohl unvollkommene Konstitution, schien auf lange Zeit das Schicksal Frankreichs gegründet zu haben. Die Reisen des General Dümouriez hatten ihn überzeugt, daß England, Deutschland, die Schweiz und Italien dieser Konstitution Beyfall gaben. Der König, <95> von einem treulosen Anhang verleitet, hatte zu fliehen versucht, nachdem er sie auf das feierlichste beschworen; man hatte ihn wiederbekommen. Die Nationalversammlung hatte bey dieser kitzlichen Gelegenheit dem edeln Karakter einer großen Nation gemäß gehandelt; sie hatte ihn wieder eingesetzt. Seitdem war er nicht weiter gefährlich gewesen; er folgte der Konstitution, die er auswendig wußte, Schritt vor Schritt, und wenn seine Minister oder seine Hofleute ihn noch bisweilen vermögen wollten, sich wider das Gesetz aufzulehnen, so war in der Konstitution auch für diesen Fall gesorgt; die Person des Königs allein war unverletzlich, und die schwerste Verantwortlichkeit ruhte auf den Ministern und allen Agenten der ausübenden Macht. Allein die dritte Legislatur zweckte sichtbarlich auf den Republikanismus ab, sie wollte die Konstitution umstoßen, mußte dem zu Folge dem Könige neue Verbrechen aufbürden, um seiner los werden zu können; und dieß war Anfangs der fein angelegte treulose Plan der Girondisten <96> gewesen, wozu die Jakobiner mit der ihnen eigenthümlichen Frechheit und Wuth mitgewirkt hatten. Carra und alle jakobinische Journale gaben die deutlichsten Aufschlüsse über die schrecklichen Kunstgriffe, deren Folge die Katastrophe des 10ten August und schon das Vorspiel am 21ten Junius war.

Dieser Vorfall vom 21ten Junius hatte weiter keine Folgen gehabt, als eine grobe und die Natur empörende Beleidigung, die in der Person des Königs der ganzen Nation und der Konstitution selbst angethan worden war. Man hat folgende Worte aus dem Munde des wüthenden Santerre gehört: der Streich ist fehlgeschlagen; allein wir wollen ihn wiederholen. Der Nationalkonvent hatte diese Beleidigung weder geahndet, noch gerächt; im Gegentheil hatten die beiden Faktionen, die ihrer Erbitterung ungeachtet, so oft ein boshafter Streich auszuführen war, sich mit einander verbanden, alle Vorkehrungen getroffen, um bei einem zweiten Versuche ihrer <97> Sache gewisser zu seyn. Sie hatten von den beiden Enden des Reichs, Föderierte aus Marseille und Bretagne kommen lassen, die ihnen einen unfehlbar glücklichen Ausgang vergewisserten.

So war das schreckliche Gewebe angelegt worden, dessen Folge der blutige und entscheidende 10te August war. Freylich hatten ihrerseits auch die Minister und Generale das ihrige gethan, um dem Konvente und den Jakobinern entgegen zu arbeiten. Allein selbst in der Voraussetzung, daß jene strafbar waren, bedurfte es ja nur des schon bestehenden Gesetzes, um über sie zu sprechen, und das Schwert der Gerechtigkeit durfte nie das Haupt des Königs treffen, der allein unschuldig und unverletzlich bleiben mußte, und den man nur als den Anlaß, nicht aber als den Urheber dessen, was unter seinem Nahmen vorging, anzusehen hatte. Alle Welt war von dieser Wahrheit überzeugt, und wenn Ludwig nur einen festern und thätigern Karakter gezeigt hätte, so würde er nicht das Opfer der Revolution <98> geworden sein. Die niederträchtigen Bösewichte haben kein Bedenken getragen, seine Schwachheit mit dem Tode zu bestrafen, – eine Schwachheit, die ihm das Leben hätte erhalten sollen.

Uebrigens hat dieser grundgute aber schwache Fürst, in seinen religiösen Grundsätzen eine Stärke, eine Spannkraft gefunden, die ihn in seinem Märtyrertode {denn so kann man seine Hinrichtung wohl nennen} mit wahren Heldenmuthe bewaffnet hat. Man hat alle Umstände seines Todes, sogar die kleinsten und unbedeutendsten gesammelt; sie sind ein wichtiger Schatz für den Prüfer und Kenner des menschlichen Herzens. Sie machen die rasende Wuth der Pariser, die in zahlloser Menge, mit kannibalischer Freude oder stumpfer Neugierde in ihren Zügen, diesen Greuelscenen beywohnen konnten, noch unbegreiflicher, noch verhaßter. Keiner von allen Zuschauern, wer sollte es glauben? keiner hat den Muth gehabt, eine Thräne fallen zu lassen; und am nächsten beim Blutgerüste standen, – <99> noch einmal, wer sollte es glauben? – die meiste Erbitterung zeigten die eigenen Bedienten dieses guten Königs.

Als am 22sten der General Dümouriez nach Paris kam, war sein erster Gang zum Justizminister Garat, den er noch über den Tod des

Königs, und vorzüglich über den Auftrag, den er mit den übrigen Ministern vom Konvent erhalten hatte, ihm sein Todesurtheil vorzulesen, sehr betroffen fand. Der unglückliche Ludwig hatte dieses Urtheil stehend, und ohne einen Klagelaut von sich zu geben, angehört. Er hatte bloß versichert, man thäte ihm unrecht, wenn man ihn der Verrätherey beschuldigte; seine Absichten wären immer so rein wie die Sonne, und sein einziger Wunsch das Wohl seiner Mitbürger gewesen. Hierauf sagte er zu dem Minister, er wünschte, daß man ihm einige Zeit ließe, sich auf seinen Tod vorzubereiten, und schickte sie mit so vieler Würde und Gelassenheit zurück, daß es Garat nicht ohne Rührung wiedererzählen konnte. Der General und Cabanis, <100> Mirabeau's Arzt und Freund, theilten die Gefühle des Ministers. Hierauf lasen sie zusammen das Testament des unglücklichen Fürsten; es war ganz eigenhändig, mit einigen ausgestrichenen Stellen; die Hand war gesetzt und fest; es war auf vier Seiten Briefpapier geschrieben. Auf der ersten stand sein Glaubensbekenntniß, und dieser Zoll an die Religion war sehr natürlich, da er aus dieser Quelle seinen Trost, seinen Muth und seine Heiterkeit schöpfte. – Die andern drei Seiten sind ein Meisterstück von Großmuth, Vernunft und praktischer Philosophie. Dieses der ganzen Welt bekannte Testament ist eines der schönsten Denkmähler der leidenden Menschheit. Die Furien im Nationalkonvente haben behaupten wollen, daß diese Schrift seinen Tod rechtfertige, weil er, in einem Augenblicke, wo er mit der Welt nichts mehr gemein hatte, wo er als ein Opfer des Undanks seiner vorigen Unterthanen starb, an zwey oder drey Stellen, sich der Sprache der Könige bedient, und den Meinungen des Volks nicht mehr geschmeichelt hatte. <101> In dem vierzehnhundertjährigen Lauf ihrer Monarchie, haben die Franken verschiedene von ihren Königen ermordet[31]: allein es waren bloße Privatverbrechen gewesen; die Nation hatte jederzeit die einzelnen Ungeheuer, die sich in ihrer Mitte befanden, mit Abscheu betrachtet, und sie der gerechten Rache überliefert. Unserm philosophischen Jahrhundert blieb es aufbewahrt, im Nahmen einer ganzen Nation, eine solche Schandthat öffentlich zu begehen, sie mit dem Nahmen einer edelmüthigen Heldenthat zu belegen, und sich dabey auf den Beyfall des größern Theils dieser Nation berufen zu können. Kann man sich einbilden und hoffen, daß eine

---

[31] u.a. Heinrich IV. im Jahre 1610.

Republik, die sich auf eine solche Frevelthat gründet, Bestand haben und blühen könne? Nein; wahrlich nein! Die Ungeheuer haben Ludwig XVI ermordet; allein sie haben den König wieder eingesetzt. Sie bleiben nicht ohne König, er mag kommen, woher er will; eben dieses leichtsinnige, wetterwendische und in allen seinen <102> Gefühlen und Gesinnungen so übertriebene Volk, das seinen König richtete, wird dessen Richter, die verruchten rasenden Jakobiner, dem Schwerte überliefern, oder sie selbst hinrichten; es wird von einem Extrem ins andre verfallen, und bald neue Könige anbeten. Alles Vernünftige, was seit drei Jahren zur Wiederherstellung der Freyheit geschehen ist, wird verloren sein, und Frankreich wird den Anblick einer mit Verbrechen und Schande bedeckten, verstümmelten, zertrümmerten Monarchie gewähren, worin der eiserne Despotismus noch lange mit der verheerenden Anarchie zu kämpfen haben wird, ehe die Regierung der – aber nicht vom Volke gemachten – Gesetze wieder hergestellt werden kann. Dieses ganze Menschenalter, selbst die Kinder die es in sich schließt, werden für die aufgehäuften Greuel dieser vier Jahre der französischen Geschichte, denen die Nachwelt einst allen Glauben versagen wird, schrecklich büßen müssen. <103>

Achtes Kapitel.

Konferenzen mit Cambon.

Nach der ununterbrochenen Schilderung dessen, was den General Dümouriez in der blutigen Katastrophe, die er weder voraussehen noch verhindern konnte, am meisten und empfindlichsten beschäftiget hat, wird eine Beschreibung seiner übrigen Angelegenheiten in Paris, bis zu Ende des unseligen Monat Januars, hier keinen unnützen Raum einnehmen. Einer der wesentlichsten Beweggründe zu seiner Reise war die Abschaffung des Dekrets vom 15ten Dezember, oder wenigstens die stillschweigende Zusage, daß dieses tyrannische Dekret unausgeführt bleiben würde, gewesen. Der General hatte dargethan, daß Belgien durch dieses Dekret ganz von dem französischen Interesse abgezogen, und eine Empörung zu befürchten sey, wenn man es in Ausübung bringen wollte; alsdann würde man, sobald sich die Oesterreicher in hinlänglicher Menge zeigten, ausser <104> ihnen noch die Belgier zu bestreiten haben; diese würden unsere schwache Besazzungen mit leichter Mühe aus ihren Städten treiben, uns die Lebensmittel abschneiden, und den Rückzug vielleicht unmöglich machen. Allein der Nationalkonvent war zu unwissend und mit seinen innern Mishelligkeiten und dem Prozesse des Königs zu sehr beschäftigt, um auf diese Vorstellungen und Beweise seine Aufmerksamkeit zu richten.

Ein einziges Konventsmitglied beherrschte die Finanzen des Reichs mit unumschränkter Gewalt. Er hieß Cambon, ein wüthender, rasender Mensch, ohne Erziehung, ohne alle Menschlichkeit und Rechtschaffenheit, ohne Ordnung, ohne Kenntnisse und Besonnenheit. D'Espagnac, der das Fuhrwerk der Armee nach einem Plane des Kriegsministers Servan mit gutem Erfolg besorgt hatte, dieserhalb am 22ten November mit dem anordnenden Kommissar Malüs verhaftet worden war, und noch jetzt Stadtarrest hatte, und nur in Begleitung eines Gendarmen ausgehen durfte, <105> übrigens ein Mann voll Einsichten und Hülfsquellen, der in Absicht auf die Finanzen Cambons Zutrauen gewonnen hatte, schlug dem General vor, ihm mit diesem Despoten des Nationalschatzes eine Zusammenkunft zu verschaffen, und führte ihm denselben wirklich an einem Morgen beym Frühstück zu. Cambon hatte es nicht im mindesten Hehl, daß er das Dekret vom 15ten Dezember entworfen und aus allen Kräften unterstützt hätte. Er gab als Grund dazu die Leere des Nationalschatzes an; versicherte, er müßte monatlich für die Armeen zweyhundert Millionen aus der Extraordinarienkasse vorschießen, weil Frankreich sechsmal hunderttausend Mann auf den Beinen hätte. Der General bemerkte hier zwar, daß wenn die Armeen auch wirklich so stark wären, sie keine zweyhundert Millionen monatlich kosten könnten; daß aber diese Angabe sehr übertrieben sey, und die wirkliche Kriegsmacht Frankreichs keine dreymal hunderttausend Mann ausmache. Cambon öffnete ihm die Augen, und bewies ihm, daß alle Nationalgarden <106> auf der Gränze, und sogar ein Theil der pariser Nationalgarde, so gut wie die Armeen, im Solde stünden. Er setzte hinzu: er sähe gar kein andres Hülfsmittel vor sich, den Krieg zu endigen; das baare Geld koste schon 55 Prozent; man würde bald gar keines bekommen, nicht einmal zu hundert Prozent; es bliebe ihm folglich kein andres Mittel übrig, als sich alles baaren Geldes in Belgien, der öffentlichen Kassen und der Kirchenschätze zu bemächtigen; es wäre freylich ungerecht, aber ein nothwendiges Uebel; und wenn man einmal die Belgier ruiniert und sie den Franken gleich gemacht haben würde, so würde ihnen nichts weiter übrig bleiben, als sich auf das allergenaueste, und nach dem Beispiel der Lütticher mit Frankreich zu verbinden; diese hätten sich in ihrer elenden verschuldeten Lage nicht anders zu retten gewußt, als sich der Republik in die Arme zu werfen; eben so würde Frankreich die Belgier als Mitglieder der Republik aufnehmen, in der Hoffnung, immer neue Eroberungen zu machen, und nach eben <107> diesem politischen Grundsatze mit ihnen zu verfahren; das Dekret vom 15ten wäre in dieser Hinsicht ganz vortrefflich, und führe gerade zu diesem Zweck, weil es alle Staatsverfassungen umstieße, und eine solche Auflösung aller politischen Ordnung, und die daraus fließende allgemeine Anarchie das erwünschteste sey, was sich für Frankreich zu tragen könnte.

Der General machte ihm den doppelten Einwurf: sein Projekt sey eben so ungerecht als unausführbar; wir wären schon spät im Januar, die Armeen wären schwach, man beschäftige sich weder mit ihrer Versorgung, noch mit dem Operationsplan für den bei vorstehenden Feldzug, der sehr früh angehen würde; das belgische Volk habe ganz andre Grundsätze als wir, und wolle keine alles auflösende Revolution; es fehle uns an Zeit, ihre Vorurtheile, wie sie Cambon nenne, auszurotten, oder ihre Personen zu überwältigen; der Feind mache sich bereits fertig, schon im März vorzurücken und die zu schwachen und zu weitläufigen Kantonnirungen <108> der Franken längs der Maas anzugreifen; er sey im Besitz von Mastricht, und könne von da aus den Mittelpunkt unserer Armee zurückdrängen; sobald die Belgier Hülfe sähen, würden sie von allen Seiten zugleich die Waffen ergreifen, die in ihren Städten liegenden, und aus neuangeworbenen und schwachen Truppen bestehenden Besatzungen niedermachen; sie würden uns, da sie zwischen Frankreich und der Armee lägen, die Lebensmittel und den Rückzug abschneiden können; das Heer würde Mühe haben wieder nach Hause zu kommen, und unterwegens aufgerieben werden; auf diese Weise würde alles verloren seyn; überdieß könne diese allgemeine Plünderung dem Schatze nicht so viel einbringen, als wenn man das Land gehörig schonen und benutzen wollte; die belgische Klerisei mit einemmale ihrer Reichthümer berauben, hieße ja das Huhn, das die goldenen Eyer legt, schlachten; es sey tausendmal besser, ihnen einen Theil ihrer eingescharrten Schätze durch Anleihen, wodurch wir sie zugleich zwingen würden, sich <109> für unsre Sache zu interessieren, an uns zu bringen; was das baare Geld beträfe, so sey es gar nicht nothwendig, aus Frankreich dergleichen nach den Niederlanden zu schicken, wo es im Ueberfluß wäre; das beste Mittel es in Umlauf zu bringen, und durch Assignate zu ersetzen, sey, den reichen Kapitalisten zu Antwerpen, Gent, Brüssel u.s.w. die Lieferungen für die Armeen aufzutragen; alsdann würde diese Sache in Richtigkeit und im Gange seyn, die Kosten würden um die Hälfte erspart, die Entrepreneurs in Assignaten bezahlt, und durch diese Einrichtung gezwungen werden, sie um ihres eigenen Vortheils willen in Umlauf zu bringen; wenn man das Dekret vom 15ten Dezember aufhöbe, würden die Belgier in der That frey seyn, da sie jetzt nur aus einer Sklaverey in eine noch härtere gefallen wären; alsdann würden sie sich auch bald eine Konstitution geben, Truppen anwerben, sie zu unsern Heeren stoßen lassen; ihre militärische Verbrüderung mit uns, und die gegenseitigen daraus entstehenden Dienste, würden sie bald <110> bewegen, auch eine politische Verbrüderung mit uns zu wünschen, und uns die Vereinigung mit der französischen Republik anzutragen, wäre es auch nur auf dem Fuße der verschiedenen Schweizerkantons unter sich, oder Roms und seiner Bundesgenossen, oder der alten griechischen Republiken.

Cambon schien beinahe überzeugt zu seyn, besonders als der General ihm versprach, wenn man den Weg der Gerechtigkeit, der Güte und Weisheit einschlüge, ihm für den Unterhalt der belgischen Armee nichts weiter abzufordern, sondern sie einzig auf Kosten der belgischen Provinzen zu unterhalten, und noch überdieß einige Millionen, als Darlehn, dem Nationalschatze vorschießen zu lassen. Er durfte nicht zweifeln, daß die Belgier, um sich eines so verderblichen Jochs zu entledigen, gern alle Verheißungen, die er in ihrem Nahmen that, erfüllen würden. Nach dieser ersten Konferenz, begab sich Cambon in den Konvent, und in der Hitze des Vortrags entfuhr es ihm, auf der Rednertribüne <111> zu sagen: wenn das Dekret vom 15ten nicht durchginge, so käme es bloß das her, weil der General Dümouriez sein Veto darüber gesprochen hätte. Dieses boshaften Ausdrucks ungeachtet, wodurch Cambon, um ihn desto verhaßter zu machen, ihn mit dem Könige, dem damals der Prozeß gemacht wurde, in eine Klasse zu setzen schien, ließ Dümouriez es sich gefallen, ihn noch einmal zu sprechen, und lud ihn mit einem andern Deputierten, Nahmens Dücos, zur Mittagsmahlzeit ein. Diese zweite Konferenz, die über sechs Stunden dauerte, artete zuletzt in einen Streit aus; und weil Dümouriez erklärt hatte, daß Cambon, wenn er die Belgier einmal unterdrücken und zu Grunde richten wollte, sich nur nach einen andern General umsehen möchte, weil er sich nie entschließen könnte, der Attila eines Volks zu werden, das die Franken mit offenen Armen aufgenommen hätte; so hinterbrachte Cambon dem Konvent, daß nichts unanständiger sey, als einen General, bey jedem Dekret welches mit seiner Privatmeinung <112> nicht übereinstimmte, seinen Abschied fordern zu hören, die Republik könne ja nicht von einem Menschen abhangen, man müsse dem General Dümouriez Stillschweigen auferlegen und ihn zur Strafe ziehen. Auf diese Weise endigten sich die Konferenzen mit Cambon, dem der General alles vorausgesagt hatte, was hernach geschehen ist.

Uebrigens hatte Cambon Recht, wenn er sagte: alle seine Hülfsmittel wären erschöpft. Es befanden sich, im Monat Januar, in dem Nationalschatze nicht mehr als hundert zwey und neunzig Millionen in Assignaten, und funfzehn bis zwanzig Millionen baares Geld. Dieses reichte nicht zu, die Armeen bis zum Monat April zu unterhalten. Der angegebene Werth der geistlichen Nationalgüter war der Hypothek der in Umlauf gebrachten Assignate genau gleich.

Der General hatte diese Gewißheit bey seiner zweiten Konferenz mit dem Sicherheitsausschusse erhalten. Als in dieser Sitzung beschlossen wurde, die Armee bis <113> auf dreimal hundert und siebenzig tausend Mann zu bringen, wagte er die Vorstellung, daß der Konvent, wenn er diese Truppenvermehrung auch wirklich bestätigte, so lange der Kriegsminister seinerseits nicht einen ungefähren Etat der gleichfalls vermehrten Ausgaben für den Unterhalt dieser neuen Truppen, an Kleidung, Rüstung, Remonte[32] u.s.w. einreichte, und der Konvent ihm nicht sogleich die hinlänglichen Fonds zu Bestreitung dieser neuen Kosten anweise; – nur ein sehr unnützes Dekret geben würde, wie es die Erfahrung des vorigen Feldzugs leider! nur zu oft bewiesen hätte. Cambon, der bey dieser Sitzung zugegen war, gab dem General Recht, deckte aber zugleich bei dieser Gelegenheit den traurigen Zustand des Nationalschatzes[33] auf, und sagte: er wüßte nicht, welche Hypothek er zu neuen Assignaten nehmen könnte, man müßte denn die

---

[32] = Ersatzpferde.

[33] Dazu siehe (Flörken, Die Französische Revolution in dem Politischen Journal des G. B. von Schirach, 3 Teile, 2019) passim.

Nationalwaldungen und die Güter der Emigrierten angreifen. Sogleich riefen einige von den hastigen Köpfen der Versammlung aus: man sollte auf der Stelle den Verkauf <114> dieser Güter dekretiren. Es wurde ziemlich lange darüber gestritten.

Der General bat um Erlaubniß, seine Meinung sagen zu dürfen. Er gab dem Ausschusse zu überlegen, daß die Güter der Klerisei sehr schlecht abgegangen wären, daß noch ein Theil davon zu verkaufen sei, daß sie aber in solchen Miskredit gefallen, daß sich keine Käufer dazu fänden; er meinte also, wenn man in diesem ungünstigen Zeitpunkte die Güter des emigrierten Adels, deren Werth zu mehr als zwölf hundert Millionen angegeben sey, verkaufen wollte, der Werth der Grundstücke noch ansehnlicher fallen, und die Nation vollends zu Grunde gerichtet werden würde; der Miskredit der neuen Assignate würde noch größer sein, weil deren sichere Hypothek dem Publikum nicht sattsam einleuchtete; denn wenn man auf diese neue Hypothek zwölfhundert Millionen neuer Assignate in Umlauf brächte, wie es einige Mitglieder vorschlügen, und die Grundstücke zum Theil gar nicht, oder unter dem Drittel ihres angegebenen <115> Werths verkauft würden, so müßte ja die Nation die übrigen zwei Drittel einbüßen, und sich einem unfehlbaren Bankerott aussetzen. Was die Nationalwaldungen beträfe, so sei schon izt das Holz in Frankreich selten; und wenn man diese Waldungen verkaufte, würden die Käufer die vollends zu Grunde richten, um ihr Kapital wieder herauszuziehen; außer der ungeheuren Holzkonsumtion für Bauten und Werke aller Art, habe ja Frankreich nicht hinlängliche Steinkohlenminen, um den eingeführten Gebrauch des Brennholzes zu ersetzen; und wenn man sich auch diesen Nachtheil, der noch über ein ganzes Jahrhundert fühlbar sein würde, gefallen lassen wollte, so würde doch diese zu 800 Millionen angegebene Hülfsquelle, kaum zwey bis dreihundert Millionen, alles aufs höchste gerechnet, einbringen.

Alle waren des Generals Dümouriez Meinung, daß man sich an diesen beiden Gegenständen nicht vergreifen müßte, und er war so glücklich, noch für diesesmal die Güter der Emigrierten zu retten; ein Dienst, der, <116> wie so viel andre, ihm ihrerseits keine bessere Behandlung und nicht mehr Gerechtigkeit zugezogen hat. Es ward beschlossen, man sollte dem Nationalkonvent vorschlagen, eine neue Emission von sechshundert Millionen Assignaten auf die ganze solidarische

Hypothek der Nationalgüter, ohne nähere Bestimmung, zu dekretiren. Diese unsichere Assignatenschöpfung war eine äußerst gefährliche Maaßregel, die ganz in das Lawsche System von 1720 einschlug, und in dem Mißbrauch des öffentlichen Zutrauens ihren Grund hatte; dennoch war der Schritt noch zu entschuldigen, wenn man die Summe der neuen Assignate nicht zu hoch ansetzte. So aber hat man sie nachher bis auf zwölfhundert Millionen gebracht, und dieß ist ein schlüpfriger Weg, der allmälig zum Nationalbankerott führen muß. Auch ist ja dieser Bankerott, wie es Cambon gar nicht Hehl hat, seine letzte Zuflucht; er sieht ihn als unvermeidlich an. Freilich sieht der Nationalkonvent so weit nicht, und lebt in den Tag hinein, ohne für die Zukunft <117> zu sorgen; und dieß ist die wahre Lage, dieß sind die Aussichten des schönsten Reichs der ganzen Welt!

Neuntes Kapitel.

Konferenzen des Generals Dümouriez mit einigen Jakobinern.

Dümouriez war bey der ersten Stiftung ein Mitglied des Jakobinerklubs gewesen, als noch kein Marat, kein Camille Desmoulins dazu gehörte, als man die Bazire, die Merlin, die Chabot, die Bourdon, und alle Bösewichte noch nicht kannte, die in den Primairversammlungen wie um die Wette von allen Enden des Reichs aufgesucht und zusammenberufen worden sind, um das abscheulichste Kollegium von der Welt auszumachen. Dümouriez war nie ein fleißiger Anhänger ihrer Versammlungen gewesen, die er stets zu tumultarisch gefunden hatte; er hatte sich nie zum Sekretariat gedrängt; und was ihn allenfalls für einen eifrigen Jakobiner <118> gelten lassen konnte, war die Geschichte mit der rothen Mütze, womit er bey seinem Eintritt ins Ministerium, in dem Jakobinerklub erscheinen mußte.

Hier ist die wahrhafte Geschichte mit allen ihren Umständen. Dümouriez hatte dem Könige erklärt, er halte es für nothwendig, theils für die Sicherheit seiner Person, theils für die gute Wirkung die es im Allgemeinen thun würde, daß die neuen Minister, die das Volk vorgeschlagen, und er, der König, angenommen hätte, da sie vorher insgesammt zum Jakobinerklub gehörig gewesen, diesen wenigstens einmal nach ihrem Antritt besuchen möchten, damit man sie nicht der Aristokratie beschuldigte; er hatte denselben Morgen dem Könige gesagt, er würde in ihre Abendsitzung gehen; und der König hatte die Wichtigkeit dieses Schritts eingesehen, und ihn genehmiget. Seit einigen Tagen hatte die Faktion der Jakobiner die rothen Mützen eingeführt. Dümouriez und die Girondisten, die damals die gute Ordnung wieder einzuführen, und die Anarchie <119> bestreiten zu wollen schienen, und denen man im Grunde nicht vorwerfen kann, daß sie je den Jakobinern geschmeichelt hätten, gaben dem damaligen Maire von Paris Pethion zu bedenken, daß dieses äußere Zeichen die gefährlichsten Folgen haben, und an die rothe und weiße Rose in den bürgerlichen Kriegen Englands, oder auch an die Käppchen in Paris zur Zeit des Königs Johann von Frankreich, erinnern würde. Pethion beherrschte damals Robespierren und die Jakobiner unumschränkt; er versprach weitläufig an sie zu schreiben, und die rothen Mützen auf der Stelle abzuschaffen. Der dazu bestimmte Tag war gerade der, an welchem Dümouriez in den Jakobinerklub erscheinen wollte. Der Brief war wirklich geschrieben, allein noch nicht angekommen, als er in die Versammlung trat. Alle Jakobiner hatten noch ihre rothe Mützen auf; man bot ihm, wie er hereintrat, gleichfalls eine an; als er die Rednerbühne bestieg, mußte er sie aufsetzen, um sich nicht, zur Unzeit, der größten Gefahr auszusetzen; <120> er sprach nur einige Worte, versicherte, sobald der Krieg erklärt seyn würde, wollte er seine Feder zerstampfen und zum Schwerte greifen, und – verließ gleich nachher die Versammlung. Kaum war er fort, ungefähr um halb acht Uhr, als Pethions Brief ankam und die gewünschte Wirkung hervorbrachte; die rothen Mützen verschwanden; und so fehlte nur eine halbe Stunde daran, daß der Minister nicht nöthig gehabt hätte, diesen jakobinischen Schmuck aufzusetzen, woraus hernach die falschen Royalisten, d. i. die antikonstitutionelle Parthey, so viel Aufhebens gemacht und das Publikum verleitet hat, diese Geschichte, die auf einen bloßen Zufall hinausläuft, unrichtig zu beurtheilen.

Seitdem waren die Jakobiner Dümouriez' ärgste Feinde geworden, wie er das Ministerium verlassen hatte. Seine Siege in Champagne hatten ihn, aller Verwünschungen Marats ungeachtet, einigermaßen wieder mit ihnen ausgesöhnt; er war bei seiner Durchreise durch Paris im Oktober 1792 eine Viertelstunde lang in ihrem Klub <121> erschienen, allein er hatte nie, weder mit dem ganzen Klub, noch mit einzelnen Mitgliedern in eigentlicher Korrespondenz gestanden.

Hassenfratz, Audouin und alle andre Kommis vom Kriegsbüreau besuchten täglich den Klub, und hatten mehr als einmal den General Dümouriez als verdächtig angegeben; man hatte verschiedentlich den Vorschlag gethan, ihn vorzufordern, um ihn über verschiedene Klagepunkte zu verhören. Mitten unter diesen eingelaufenen Beschwerden war es doch der beständige Wunsch der Jakobiner, den General Dümouriez auf ihrer Seite zu haben; sie suchten ihn nicht allein zu schonen, sondern der große Haufe nahm gewöhnlicher Weise seine Parthey wider seine Ankläger, und als Hassenfratz eine große Angabe von den zwölfmal hunderttausend Livres auf den Büreau gelegt, und sie mit Belegen versehen hatte, hieß ihn alles schweigen, und es wurde einmüthig zur Tages-Ordnung, oder Unordnung geschritten.

Die Jakobiner hatten sogar verschiedene ihrer Emissare abgeschickt, um den General <122> dazu vermögen ihren Sitzungen beizuwohnen. Anacharsis Cloots war verschiedentlich in dieser Absicht zu ihm gekommen, und der General war der Einladung beständig ausgewichen, indem er sich entschuldigte, daß er in dem Jakobinerklub seine Erscheinung nicht machen könnte, bevor er dem Konvent seine Aufwartung gemacht hätte. Der Doktor Seyffert, der in der Folge einer der Generale der Anarchie geworden ist, hatte sich seinerseits dieselbe Mühe gegeben; in gleichen Proly, ein Ränkeschmieder aus Brüssel, der wenigstens eine Konferenz zwischen Dümouriez und einem gewissen Dessieux, einem der berüchtigten Jakobiner und der eifrigsten Herumreiser der Sekte, zu Stande bringen wollte. Dieser Dessieur war eben von Bordeaux zurückgekommen, wo er Mittel gefunden hatte, die Girondisten in Miskredit zu setzen, und den Pöbel dieser großen Stadt wider die rechtschaffenen Leute aufzuheizen. Ein gewisser Jean Bon St. André, eines der wüthendsten Mitglieder des Konvents und des Jakobinerklubs, der aber dabey <123> in dem Ruf eines ehrlichen Mannes stand, schätzte den General hoch, ohne ihn persönlich zu kennen, und bestand auf eine Konferenz der Jakobiner mit ihm, wobey er selbst gegenwärtig seyn wollte. Der General wollte sich nicht durch den verächtlichen Glücksritter Proly zu diesem Rendezvous führen lassen; nach langer Ueberlegung, entschloß er sich dazu; am bestimmten Tage überfiel ihn ein Fieber, und er mußte das Bette hüten, um eine überaus starke Transpiration abzuwarten. Weil er aber Dessieux, und St. André, die ihm völlig unbekannt, waren, sein Wort nicht brechen wollte, so gab er ihnen ein neues Rendezvous bey Bonne-Carrere, vormaligem Direktor der auswärtigen Angelegenheiten, der mit ihnen genau bekannt war.

Hier hielt sich die Zusammenkunft. Dessieux zeigte sich dem General als ein wahres unvernünftiges Vieh, als einen höchstmittelmäßigen Kopf. Jean Bon St. André hingegen kam ihm vernünftiger vor; allein man konnte nicht eins werden, weder über die <124> Art, wie sich der General im Jakobinerklub zeigen, noch wie ihn dieser aufnehmen sollte; so sehr wurde die Faktion durch den abscheulichen Marat beherrscht. Dümouriez sagte nicht, daß er hinkommen oder nicht hinkommen würde; er ließ die Sache unentschieden, und fand in diesen beiden Männern, als er von dem Prozeß des Königs mit der erforderlichen Behutsamkeit zu reden anfing, ohne zu viel Interesse hineinzubringen, um der guten Sache nicht nachtheilig zu seyn, eine so grobe Wuth, daß sie ganz der Wilden würdig gewesen wäre, und sich in die ärgsten und unzeitigsten Schmähungen ausließ. Er sah bald ein, daß mit ihnen gar nichts anzufangen sey. Was den Kriegsminister Pache und die Büreaux dieses Departements betraf, so fand der General Dümouriez, daß sie von den Jakobinern in Schutz genommen waren, daß diesen daran gelegen sey, die in ihren Stellen beyzubehalten; und Dessieux der das Organ des Klubs zu seyn vorgab, oder vielleicht auch war, äußerte den Wunsch, daß <125> der General Dümouriez seine Beschwerden wider sie fahren lassen und sich an die Jakobinerparthey anschließen möchte, um Lebrün, Garat, Claviere, und vor allen Roland, die sie für die Agenten der Girondeparthey hielten, zu stürzen.

Seit diesem Augenblicke nahm er sich vor, diese Konferenzen abzubrechen, und sagte es Bonne-Carreren. Zugleich sah er die ganze Gefahr ein, welcher er sich durch diesen Bruch aussetzte, zumal wenn er sein gemachtes und dem Konvent angekündigtes Projekt, eine Dimission zu nehmen, durchsetzte: in diesem Fall blieb ihm nichts übrig, als sich unter die Jakobiner einschreiben zu lassen, und ein Mitschuldiger ihrer Verbrechen zu werden, oder seines Kommando d. i. seines Schirms und seiner Aegide beraubt, sich den Klagen und Verfolgungen des verläumderischen Hassenfratz auszusetzen, der ihn bald gerichtlich belangt und dem abscheulichen Revolutionstribunal überantwortet hätte, wo man ihn unfehlbar für schuldig erkannt haben würde, und welches nachher <126> den General Cüstine, um weit geringerer Beschuldigungen willen, zum Tode verurtheilt hat. Es blieb ihm also nichts übrig, als seinen Plan nach den politischen Zeitumständen einzurichten, wie man es in den folgenden Kapiteln deutlich sehen wird. Er konnte fortan nicht mehr hoffen, den König zu retten; folglich beschäftigte er sich nur mit den Mitteln, dessen Tod zu rächen, dessen unglückliche Gemahlinn und Sohn zu befreyen, die konstitutionelle Monarchie wieder herzustellen, und der scheußlichen Anarchie, die das Maaß der Schande und des Unglücks in Frankreich häufte, ein Ende zu machen.

Zehntes Kapitel.

Der Staatsrath.

Während der sechs und zwanzig Tage, die der General Dümouriez in Paris zubrachte, hatte er vorzüglich mit dem Konseil oder mit den sechs Ministern denen die <127> vollziehende Gewalt übertragen war, zu konferieren. Bei dieser Gelegenheit muß man einen Druckfehler, der sich in eines seiner Memoiren[34] eingeschlichen hat, verbessern, und anstatt sechs und zwanzig Stunden, sechs und zwanzig Tage lesen; zumal da in die englischen Zeitungen ein Artikel über dieses Memoire eingerückt worden ist, worin man diesen Irrthum schwerfällig widerlegt, und sich erstaunliche Mühe giebt zu beweisen, daß der General in einer so kurzen Zeit unmöglich alles habe thun können, was er gethan zu haben vorgiebt, welches man ihm denn zur Prahlerey anrechnet.

Die damaligen Minister waren, Roland, der sein besonderes Kapitel bekommen soll; er war den fünf übrigen verhaßt, die alles was sie konnten vor ihm geheim hielten, und sich selbst in zwey ganz entgegengesetzte Partheyen heilten. Die eine bestand aus dem Minister der auswärtigen Angelegenheiten Lebrün, welchen Dümouriez zum ersten Kommis dieses Departements gemacht <128> hatte, zu welcher Stelle er sich sehr gut schickte, weil er ein fleißiger Arbeiter und ein fähiger Kopf war; allein zur Ministerstelle besaß er weder Würde, noch Selbständigkeit genug, und sein schwankender Karakter gab ihm den Anschein der Falschheit, selbst gegen seinen Wohlthäter, ungeachtet er ihn noch immer als seine Stütze betrachtete. Er hatte Maret und Noel, zwey

---

[34] Auch die französischsprachigen Ausgaben Hamburg (Dumouriez, Mémoires du Général Dumouriez (H), 1794, S. 89), sowie London und Frankfurt nennen diesen Setzfehler. – Im Original wieder „manifestes".

geschickte und ehrliche Männer, aus seinem Departement entfernt, hatte keinen Generaldirektor angenommen, um unter die verschiedenen ersten Kommis die Arbeit zu vertheilen, und hatte zum Privatsekretar einen gewissen Isabeau, von dem man nicht eben zum besten sprach. Uebrigens, gleich den vorigen Ministern, mit kleinen Intriguen und Ränken beschäftigt, um sich in seiner Stelle zu erhalten, schmeichelte er den Jakobinern weit mehr, als es ein Mann, den Brissot, Condorcet und die übrigen Häupter der Girondisten, in allem was die auswärtige Politik betraf, gänzlich leiteten, hätte thun sollen. Von eben dieser Ministerialparthey <129> war der Justizminister Garat, ein einsichtsvoller rechtschaffener Mann, dem man nur den einzigen Vorwurf machen konnte, daß er, mit einer kriechenden Schmeicheley, die Blutscenen vom 2ten September zu rechtfertigen gesucht hatte. Grouvelle, der zwar nur Sekretar des Konseils war, den man aber fast als einen Minister ansehen konnte, weil er die Verantwortlichkeit derselben über sich nahm, und im Konseil Sitz und Stimme hatte, war ein eigenlicher Gelehrter, durchfahrend und heftig, voll überspannter und dreister Ideen über die Revolution.

Diese drey Männer hatten zum erklärten Antagonisten den Kriegsminister Pache, einen sehr hellen Kopf, vielleicht auch einen rechtschaffenen Mann, der aber dabei unwissend und der Jakobinerparthey blindlings zugethan war. Seine Frau und Tochter, zwey häßliche gottlose Geschöpfe, liefen in alle Klubs und sogar in die Mördergruben der Föderierten, die Reihe herum, um des Königs Kopf zu fordern. Das Kriegsbüreau war in einen Klub verwandelt worden, <130> wo man nur auf Mord und Blut sann. Alle Arbeiter hatten rothe Mützen auf, alles wurde geduzt, selbst der Minister, der den schmutzigsten und nachlässigsten Anzug affektierte, und sich dem Pöbel von Paris im Aeußern gleich stellte, um ihm auf diese Weise den Hof zu machen. Man fand eben diesen widrigen Anblick in dem Marinebüreau, woraus man alle rechtschaffene Männer und geschickte Arbeiter verdrängt, und ihre Stellen mit unwissenden wüthenden Jakobinern besetzt hatte, die, bey allen ihren angenommenen Huronensitten, dennoch ihre Glücksumstände ansehnlich zu verbessern gewußt haben. Das Kriegs- und Marinebüreau hatte sich vereinigt, um dem Nationalkonvente eine Adresse zu überreichen, die, wie es hieß, auch von den beiden Ministern unterzeichnet war, und worin man den Tod des Königs verlangte.

Der Marineminister Monge[k], Mitglied der Akademie, war ein sehr guter Lehrer der Hyd[r]ographie gewesen, hatte ein simples und sogar finsteres Ansehen, war seinem Kollegen <131> Pache gänzlich ergeben, und unterstützte mit ihm die Parthey der Jakobiner im Konseil. Der Finanzminister Claviere[l], obgleich er mit den Girondisten in Verbindung stand, von ihnen unterstützt und mit Brissot verwandt war, vereinigte sich oft mit der Faktion der Jakobiner, aus einem Geist des Widerspruchs, und weil sie die mächtigste und thätigste war. Er dachte, wie jeder andre, nur daran, seine Stelle zu behalten, welche Cambon und der Finanzausschuß mit allem Fleiß eingehen zu lassen suchte.

So war das Konseil beschaffen, durch dessen Hände die öffentlichen Geschäfte in den schwierigsten und kritischsten Zeiten der Republik gingen. Eine sehr traurige und zugleich sehr gewöhnliche Bemerkung stellt sich ganz natürlich dar; nämlich, daß die französische Revolution, unter dem Vorwande alles gleich zu machen, alles erniedrigt hat. Die Jakobiner, größtentheils aus dem verworfensten und gröbsten Theile der Nation genommen, konnten nicht gehörig <132> gebildete Subjekte für die Stellen liefern, und haben diese daher erniedrigt, um mit ihnen gleich zu stehen. Von der Zeit an besaß der Herrschende weder Würde noch Ehre, und der Beherrschte weder Achtung noch Ehrfurcht, was doch wenigstens in dem demokratischen Athen war. Sie waren alle wie besoffene und barbarische Heloten[35], die sich unrechtmäßiger Weise der Stellen der Spartaner bemächtigt haben. Man hat die alte Regierungsform zerstört, um den Mißbrauch in Besetzung der Stellen abzuschaffen, welche bloß in den Händen der Aristokraten waren, die durch ihre Geburt, ohne auf ihre moralische Fähigkeiten zu sehen, dazu gelangten; und doch hat man sie hernach nirgends mit talentvollen Männern, sondern mit intriganten und kühnen Plebejern besetzt.

Diese in Saturnalien ausgeartete Regierung muß den gänzlichen Ruin der Nation nach sich ziehen, wenn sie die subalternen Tyrannen, die alles an sich gerissen haben, nicht zernichtet. Unglücklicherweise aber kann sie es nicht mehr durch sich selbst, weil <133> jene das Geld, die Waffen, alle Stellen und alle Macht in Händen haben. Da sie jedoch durch ihre Unwissenheit und Raserey alles in Verfall kommen lassen, so werden es die fremden Armeen sein, die, nicht etwa das

---

[35] In der Vorlage „Iloten", die unfreien Einwohner Spartas.

Gleichgewicht zwischen den Menschen und den Stellen, welches die Vollkommenheit der Regierungsverfassung seyn würde, sondern den Despotismus der Aristokratie wiederherstellen werden. Dieses wird aber auch nicht Bestand haben können, weil der Freyheitssinn zu sehr in Frankreich eingewurzelt ist, um gänzlich zu verlöschen, und der neue Zustand der Dinge wird wieder eine neue Revolution herbeiführen, sobald die fremden Truppen, welche nicht immer in Frankreich bleiben können, es werden verlassen haben, und den Adel, in kleiner Anzahl in diesem großen Reiche zerstreut, der Volksrache überlassen werden, welche er sich durch den Mißbrauch seines sehr kurzen Triumphs zuziehen wird.

Das Konseil bekümmerte sich ganz und gar nicht um das Schicksal des Königs. <134> Lebrün und Garat schienen den Ausgang des Prozesses zu fürchten, wagten es aber nicht, sich weder mit den Mitteln, noch mit dem Gedanken selbst ihn abzuwenden oder aufzuschieben, zu beschäftigen, und begnügten sich zu gestehen, es sei ein großes Unglück, daß er angefangen wäre. Roland schien am meisten davon bewegt zu seyn, weil er ohne Zweifel, beym Nachdenken über seine unbesonnenen und boshaften Anklagen gegen den König, fühlte, er sei die Hauptursach seiner Gefahr; er seufzte und schwieg. Claviere's bösem Karakter war es angemessen sich darüber zu freuen, auch hatte er stets einen persönlichen Haß gegen Ludwig XVI gezeigt. Pache und Monge kabalirten ganz öffentlich für seinen Tod. Grouvelle behauptete, es zieme der republikanischen Würde zu wünschen, daß er gestraft würde.

Was die Beschwerden der Armeen und die Lieferungen alles dessen was ihnen fehlte, betrifft, so konnten die lebhaftesten Streitigkeiten zwischen dem Kriegsminister und den <135> Generalen das Konseil nie bewegen, einen einstimmigen Entschluß zu fassen, und die geringsten Befehle zu geben. Die Minister hatten sich, jeder in seinem Departement, ein ausschließendes Ansehen vorbehalten; Pache zeigte dem Konseil wie dem Kriegsausschuß seine Etats vor, welche alle falsch waren, und denen beständig durch neue Klagen und Protokolle der beyden Armeen befindlichen Konventskommissare widersprochen wurde. Man hörte die Lesung dieser Stücke an, gab dem Einkaufsausschuß recht, welchen Claviere, Biedermann's, des Chefs dieses Ausschusses, Gehülfe, unterstützte, und alles blieb wie es war. Man sorgte weder für Kleidung, noch für Unterhalt, noch für Bewaffnung, noch für

Lazarethe, noch für Versorgung der Gränzplätze mit Lebensmitteln, noch für die nothwendigen Befestigungsarbeiten um sie in Vertheidigungsstand zu setzen. Von nun an wollten die Jakobiner einen ihnen ergebenen Mann, um Paris zu beherrschen, haben, und sie hatten Pache die Stelle eines Maire versprochen, der sich wenig <136> darum bekümmerte, was nach ihm aus dem Kriegsministerium, welches Hassenfratz und Meusnier zugleich mit ihm verlassen sollten, werden würde.

Je mehr man über das Betragen der Jakobiner nachdenkt, desto mehr verirrt man sich in Muthmaßungen, welche durch die Begebenheiten erregt werden, über den Geist der sie zum handeln trieb. Es ist gewiß, daß sie unaufhörlich gearbeitet haben, alle die unermeßlichen Mittel, welche Frankreich zur Vertheidigung seiner Freiheit darbot, unwirksam und unnütz zu machen. Sie haben die Armee und die Flotte vernichtet; alle Land- und Seegenerale verjagt oder gefänglich eingezogen; alle Geldhülfsquellen durch thörichte Ausgaben erschöpft; alle politische und Handelsbande mit andern Nationen, denen sie sämmtlich Hohn sprachen, zerrissen; man kam auch nicht bezweifeln, daß Engländer, Italiener, Niederländer und Deutsche, aus welchen wüthende Jakobiner geworden waren, und die als von fremden Regierungen bezahlte Spione bekannt waren, <137> auf sie gewirkt haben und noch wirken. Zu ihnen kann man Cloots, Marat, Chabot, Pio, den Juden Ephraim, Buscher und viele andre rechnen.

Weit entfernt, daß das Dekret vom 15. Dezember im Konseil hätte sollen gemißbilligt werden, wurde es von allen Gliedern unterstützt. Lebrün war Sekretar der lüttich-schen Revolution gewesen, welche er durch ein periodisches, ziemlich gut gearbeitetes Werk, das Journal von Europa genannt, unterstützt hatte, und durch dieses Blatt bewogen, hatte ihn Dümouriez bey dem auswärtigen Departement angestellt. Er glaubte, wie alle französische Revolutionärs, daß eine Revolution ohne eine gänzliche Auflösung keine Fortschritte machen könnte; folglich mußte er einem Dekret beipflichten, welches bey den Völkern die so unglücklich waren uns zu Hülfe zu rufen, oder uns aufzunehmen, alles desorganisierte. Der Grundsatz des Generals Dümouriez, der dahin abzweckte, die Freiheit, das Eigenthum und die Meinungen unter Nachbarn zu ehren, <138> konnte sich nicht mit Lebrüns Art vertragen. Dieß sagte dieser zwar nicht, allein er hatte, so wie Marat, Chepy und seine andern Emissare, in den Niederlanden eine zerstörende

Gewalt, unter dem Namen eines Revolutionsausschusses, eingesetzt. Der General hatte sich beim Minister über die Aufführung und Reden Chepy's beschwert, und ihn dringend gebeten, letztern, als einen in Belgien gefährlichen Mann, zurückzurufen; dessen ungeachtet unterstützte ihn der Minister nicht nur, sondern er schickte ihn, noch mit mehrerer Macht versehen, dahin zurück. Während der General also um die Zurücknahme des Dekrets vom 15. Dezember[36] anhielt, ernannte oder ließ das Konseil durch die Jakobiner 32 Kommissare der vollziehenden Gewalt ernennen, welchen es 10 000 Livres Gehalt bestimmte, die Reisekosten und ihren Raub ungerechnet; es setzte eine lächerliche Instruktion für sie auf, wodurch es sie in enge Gränzen zu halten glaubte, welche sie aber gar nicht befolgt, sondern ihre Macht aufs tyrannischste ausgedehnt haben. <139> Diese Elenden sind die Geißel der Belgier gewesen, und haben den Namen der Franken dort zum Abscheu gemacht. Es blieb noch der Plan des Feldzuges einzurichten übrig. Cambon hatte versichert, wir besoldeten 600 000 Mann. Wir waren schon in der Mitte Januars, und das Konseil wußte noch nicht wie viel Truppen wir hatten, und gegen wie viel feindliche Nationen wir in diesem Feldzuge würden fechten müssen. Der General behauptete, daß wenn auch ganz Europa gegen uns wäre, wir doch, da wir keinen bürgerlichen Krieg hatten, {und er war wirklich noch nicht ausgebrochen} mit 370 000 Mann, worunter ein Sechstel Kavallerie, die Garnisonen und Seetruppen umgerechnet, alle Gränzen besetzen könnten, wenn wir uns im Süden und an den Ufern des Rheins defensiv, und nur von der Maas bis Dünkirchen offensiv verhielten. Folgendes ist die Vertheilung dieser Truppen, wie er sie vorschlug.

Die belgische Armee	80 000 Mann
Die der Ardennen	40 000
Ein Korps an der Maas in <140> Verbindung mit der Ardennen- und Rheinarmee	20 000
Die Rheinarmee	50 000
Ein Reservekorps zu Chalons oder Soissons	20 000

---

[36] Siehe oben Anmerkung 13.

Ein Korps bey Lyon, um die Schweizer und Piemonteser zu beobachten, von	15 000
Die Armee in Savoyen, der Grafschaft Nizza und Provence	40 000
Die Pyrenäenarmee	25 000
Längs der westlichen Küste, von Bayonne bis Brest	40 000
Längs dem Kanal, von Brest bis Dünkirchen	40 000

Alle diese Armeen konnten einander leicht zu Hülfe kommen, und da ganz Frankreich unter den Waffen war, konnte man, wenn der Feind von der einen Seite hereindränge, hoffen, ihn zu überwältigen, und kein Terrein zu verlieren. Es war in seinem Plan, daß Cüstine's Armee, welche schon Frankfurt geräumt hatte, sich auf Landau zurückziehen und in Mainz nur eine hinreichende Garnison lassen sollte, um den König von Preussen zu zwingen, zwey oder drey Monate vor diesem Ort zuzubringen, eine kostbare Zeit, die man benutzen konnte, die Oerter <141> im Elsaß, in Lothringen und in den Ardennen in Vertheidigungsstand zu setzen, und die ganze Kampagne in dieser Gegend für den Feind verloren zu machen.

Diesem Plane nach wurde die größte Macht gegen die Niederlande offensiv gebraucht, weil es ein ebenes Land ist, ohne befestigte Plätze, und selbst ohne einige von der Natur, gemachte Befestigungen, die ihre Stelle vertreten. Das Schicksal dieser Provinzen mußte also durch Schlachten entschieden werden; gewann man sie, so konnte der stärkste Theil der Armee über den Rhein gehen; verlor man sie, so blieb das Mittel übrig, sich hinter die festen Plätze von Flandern und Artois zurückzuziehen, und die ganze Kampagne konnte verfließen, ohne daß die französische Gränze von dieser Seite berührt wurde.

So war der Plan beschaffen, den Dümouriez, bei allen nur erdenklichen Voraussetzungen, dem allgemeinen Sicherheitsausschuß und dem Staatskonseil vorlegte. Statt dessen schlug Laclos, der eben zum Kommendanten <142> in Ostindien war ernannt worden, vor, man solle ihn mit 15 000 Mann und 15 Kriegsschiffen abschicken, welches nothwendig den Krieg mit den Engländern und Holländern voraussetzte, der nicht erklärt war, und welchen zu vermeiden es sehr leicht und sehr nöthig gewesen wäre. Bey dieser Expedition des Laclos kam es darauf an, sich des Vorgebirges der guten Hoffnung und der Insel

Ceylon zu bemächtigen, um sich hernach mit Tippo-Saib zu vereinigen und auf Bengalen loszugehen. Kellermann hatte, als er vom Konvent Abschied nahm, um die ungefähr 20 000 Mann starke Armee in Dauphiné {die in der Grafschaft Nizza von 10 bis 12 000 Mann unter den Befehlen des Generals Biron ungerechnet} zu kommandiren, den Auftrag erhalten Rom einzunehmen, und im ganzen Ernst hatte er geantwortet: er marschire nach Rom. Diese Armee hatte man noch dadurch geschwächt, daß man 7 bis 8 000 Mann nebst der Flotte von Toulon davon trennte, die dazu bestimmt waren, Sardinien in der schlechtesten Jahreszeit, <143> und in dem engen mit Inseln und Klippen angefüllten Meere, zu erobern. Auch hat man einen Theil dieser Flotte verloren, und die Expedition ist gescheitert. Die Pyrenäenarmee war nichts, denn sie bestand mehrentheils aus Staabsoffizieren ohne Truppen. Und doch behauptete man Spanien einnehmen zu wollen, und bestimmte 40 000 Mann, welche man nicht hatte, und den General Servan dazu. Auf den West- und Nordküsten waren keine Truppen, kaum schwache Besatzungen zu Belle-Isle[37] und in zwey oder drei andern Plätzen dieser Küsten. Kein Reservekorps war da. Man brauchte mehr als 50 000 Mann, um die belgische Armee, vereinigt mit der ardennischen, vollzählig zu machen. Die Elsaßarmee belief sich nicht auf 20 000 Mann, die in Mainz eingeschlossenen 22 000 ungerechnet; und die Moselarmee war 10 bis 12 000 Mann stark.

Es fehlten also mehr als 150 000 Mann, um den Plan des Generals Dümouriez befolgen zu können; und alle Mittel diese Menge Truppen zu ernähren, zu bewaffnen und <144> zu kleiden, und vorzüglich ein Sechstel davon beritten zu machen, fehlten zugleich. An Kavallerie hätte man bey der belgischen, in Verbindung mit der Ardennenarmee, 20 000 Mann gebraucht, und die beyden hatten nicht 6 000 Mann. Funfzehn tausend Artilleriepferde waren für die beyden Armeen nöthig. Man mußte zwar vermuthen, daß, wenn der General durch eine überlegene Macht gezwungen würde die Niederlande zu räumen, und sich in das Norddepartement zurückzuziehen, er alle Zugpferde des Landes mit sich nehmen würde, so viel er könnte, um sie dem Feinde zu entziehen, dessen Zurüstungen, wie man wußte, ungeheuer waren, und dessen Angrifsplan auf den Elsaß und die Niederlande zugleich gerichtet

---

[37] Belle-Île-en-Mer liegt südlich von Lorient und ist die größte der bretonischen Inseln.

war. Des Generals Plan wurde angenommen; die 37 000 Mann wurden, mit einigen Veränderungen wegen ihrer Vertheilung, dekretiert, aber das war auch alles! Doch erhielt der General, wenige Tage vor seiner Abreise, daß man, bis das Dekret <145> wegen der Komplettierung würde ausgeführt seyn, in Seeflandern, und nach Mons und Gent zu, ungefähr 15 000 Mann neuer Bataillone, welche sich in der dritten Linie in der Pikardie, in Flandern und Artois befanden, und dort unnütz waren, wollte vorrücken lassen.

Außer dem Conseil, in welchem Lebrün und Garat nicht der Meinung waren daß man alle Projekte, vorzüglich was die Politik beträfe, entwickeln solle; wurden zwey besondre Versammlungen bey dem General Dümouriez gehalten, welche schienen über das Schicksal des Reichs entscheiden zu sollen, und doch zu nichts führten. Sie bestanden bloß aus den beiden Ministern Lebrün und Garat, den Girondisten, Condorcet, Pethion, Gensonné und Brissot. Vielleicht war ihr einziger Zweck der, daß ganz Paris wissen möchte, diese Versammlungen seyen gehalten worden, und den Glauben zu bewirken, der General sey ganz von ihrer Parthey, wodurch denn diese von allen seinen Anhängern würde verstärkt werden. <146> Lebrün bat selbst den General, alles was die Negoziation mit England und Holland beträfe, zu entfernen; auch war gar nicht die Rede davon. Brissot kramte seine Projekte zur Eroberung Spaniens und Italiens aus, welche der General leicht widerlegte.

Es war auch von der Schweiz die Rede. Claviere hatte soeben einen großen Sieg, dadurch daß er den General Montesquiou, um nicht in die Hände seines Anklägers, des schrecklichen Dübois de Crancé zu fallen, zu flüchten gezwungen, und sein Vaterland Genf desorganisiert hatte, davon getragen.

Brissot, und mit ihm eine zahlreiche Parthey, zum Theil durch die Agenten der fremden Mächte angetrieben, denen es wichtig war die Schweizer mit in die Coalition zu ziehen, behauptete, man müsse von ihnen eine Erklärung fordern, oder sie angreifen. Der General bewies durch militärische Räsonnements, die keiner von den Metaphysikern verstand, man müsse die helvetische Eidgenossenschaft schonen, und dennoch auf <147> jeden Fall ein Korps von 15 000 Mann bereit halten, um Lyon zu decken und zu beobachten: Der General war um so mehr für diese Neutralität, da während seines Ministeriums die Begebenheit mit dem Ernstschen Regiment, welches zu Aix entwaffnet wurde, sich zugetragen hatte, wobei er sein möglichstes gethan die Ungerechtigkeit seiner Landsleute wieder gut zu machen, dadurch, daß er beiden Chefs dieses schätzbaren Regiments das rothe Band zusandte, und den Rückzug desselben bis an die Gränze sicherte. Von der Zeit an hatte er stets alle Mittel, diese so gerechte und dem wahren Interesse bei der Nationen so angemessene Neutralität zu erhalten, versucht. Uebrigens haben seine dahinzweckenden Bemühungen in diesen schwürigen Zeitumständen weit weniger ausgerichtet, als die festen und abgemessenen Schritte des Obristen von Weiß, Mitgliedes des hohen Raths von Bern, bekannt durch seine Werke, die zugleich die Kraft seines Geistes, die Güte seines Herzens und die Ausdehnung seiner Kenntnisse <148> darstellen. Ohne einen anerkannten diplomatischen Karakter, hatte er die Achtung der Minister sich zu verschaffen, in den Kommittés angehört zu werden, und sich im Konvent eine Parthey zu machen gewußt. Ruhig mitten in Gefahren, und rein mitten unter den Bestechungen, hatte er sich nicht gescheut, zu einem der vorzüglichsten Häupter zu sagen:

> Ich weiß, Sie können mich arretieren, oder in diesem Augenblick erstechen lassen, aber die Beweise welche Sie anklagen sind bey einem dritten niedergelegt, und würden Sie in acht Tagen unter die Guillotine bringen; zur Belohnung für meine Verschwiegenheit verlange ich den Frieden mit meinem Vaterlande.

Bey einer andern wichtigen Gelegenheit, wo er auf eine geschickte Weise Drohungen mit Schmeicheleyen verband, unterbrach ihn ein Oberoffizier plötzlich, und fragte ihn, ob, um so sprechen zu dürfen, er 10 000 Mann zu seinem Befehl in den Vorstädten von Paris hätte?

> Nein, antwortete er ihm stolz, ich habe nur mich; <149> aber ich habe hunderttausend republikanische Gesinnungen im Herzen, und Sie nur tausend.

Man gab ihm Beyfall, und er fuhr lächelnd in seiner Rede fort. Sein ›Coup-d'oeil sur les relations politiques de la République Françoise et du Corps Helvétique‹, gerade zur rechten Zeit im Augenblicke des Ausbruchs ins Publikum hingeworfen, machte den feindlichen Projekten vollends ein Ende, und sehr wahrscheinlich ist's, daß, ohne ihn der Krieg vor dem Ende Februars würde erklärt worden seyn. Verschiedene geheime Zurüstungen waren schon in Thätigkeit, und richteten sich nach dem von Robert, Claviere und einigen Schweizeremigranten ziemlich schlecht ausgedachten Plan, welcher den Angriff auf drei Seiten zugleich bestimmte. Die aus einem Theil der verstärkten Armee des Oberrheins bestehende Division des linken Flügels, sollte Basel mit Sturm oder durch Ueberrumpelung einnehmen, und die Oesterreicher, die schon mit sich selbst genug zu thun hatten, beobachten: die des rechten <150> Flügels, zum Theil aus der Alpenarmee zusammengesetzt, sollte Genf, wo wir eine große Parthey hatten, bloquiren, und durch Versoy ins Waadtland eindringen. Die Division des Centrums, unterhalb Be[l]fort, aus dem Kern der Truppen der benachbarten Departements zusammengesetzt, sollte {durch das schon von den Franzosen besetzte Bruntrut[38]} schnell auf Bern losgehen, nach dessen Schatz, angefüllten Böden und Kellern, und beträchtlichem Zeughause man schon lüstern war. Man hatte den Ort rekognoszirt, und obgleich ihn ein tiefer Fluß zur Halbinsel machte, so schmeichelte man sich doch, vermittelt der Bomben, der glühenden Kugeln und der Anhöhen die ihn bestreichen, denselben zu erobern, ehe die Schweizermiliz sich würde gesammlet haben, und im Stande wäre, in Masse zu agiren. Ueberdies rechnete man auch auf eine starke Diversion von Seiten der sehr übertriebenen Anzahl der Mißvergnügten im untern Walliser Lande, in Neuchatel, im Waadtlande, in Solothurn, Luzern und Freiburg. <151> Diese letzte Stadt war zum Gegenstand einer vorzüglichen Rache, wegen einer Assignatengeschichte, ausgezeichnet werden. Man benachrichtigte die demokratischen Kantons zuvor davon, daß alles dies sie nichts anginge, und daß man den Frieden mit ihnen zu erhalten wünsche. In Absicht der andern Staaten sollten die Kommissare und Propagandisten[m] eilen, deren Konstitution über den Haufen zu werfen, die Armeen gegen die Reichen aufhetzen, sich des Raths und der vornehmsten Bürger bemächtigen, guillotiniren, einkerkern, deportiren, sich des baaren Geldes, der Lebensmittel, Pferde und Waffen bemächtigen, die Auswanderungen veranlassen um die Güter einzuziehen, die Religion schmähen, und, im Namen der Freyheit und des öffentlichen

---

[38] Pruntrut (französisch Porrentruy) ist eine Kleinstadt, politische Gemeinde und Hauptort des gleichnamigen Bezirks im schweizerischen Kanton Jura.

Wohls, dies glückliche Volk ruiniren und es zu Sklaven machen. Die Expedition sollte plötzlich und geschwind, und höchstens in einem Monat vollendet seyn. Aber die entdeckte Mine, die verhinderte Motion, und Claviere und Brissot, von Weiß im Zaume gehalten, <152> machten das Projekt scheitern, und retteten die Schweiz von einem Ueberfall, wobey, wegen der damaligen Umstände, die alles verlieren und nichts gewinnen konnte. Die Eroberung von Rom und Spanien wurde, auf die Zeit, wo man eine Armee, um in jedem dieser Theile zu agiren, haben würde, verschoben. Uebrigens waren diese beiden Versammlungen eben so unnütz als die Sitzungen des allgemeinen Sicherheitsausschusses und des Konseils, und Dümouriez konnte, durch kein Mittel, irgend eine Sache zu Stande bringen.

Eilftes Kapitel.

Roland verläßt das Ministerium.

Grade als der König starb, schickte der Minister Roland, nachdem er lange gegen die Jakobiner und selbst gegen seine eigene Parthey, um sich im Ministerium zu erhalten, gekämpft hatte, seine Dimission ein. Nie schien das Konseil froher zu sein, als an <153> dem Tage, wo es den Brief dieses Ministers erhielt, welcher seinen Kollegen den Entschluß, den er endlich gefaßt hatte, meldete. Es triumphierte wie eine Schulklasse, die von einem lästigen Pedanten befreit wird. Diese Abdankung, welche vorläufig zwischen den beiden Faktionen abgemacht war, um Paches Abgehen gewisser zu machen, hat einen sehr verschiedenen Ausgang für beide Minister gehabt; der letzte hat das sehr wichtige Amt eines Maire von Paris erhalten; der erste ist seit der Zeit unaufhörlich den Verfolgungen der Jakobiner ausgesetzt gewesen, und seine Gemahlinn ist sogar eingekerkert worden. Dies ist wieder ein Zug der feigen Politik der Girondeparthey, welche nie einen Mann, den sie ohne irgend einen Vorbehalt vorgeschlagen hatte, hätte in Stich lassen sollen. Wahr ist es, daß jeder Schritt Rolands, den er seit seinem Eintritt ins Ministerium that, so ungeschickt angelegt war, daß er ihn und seine Parthey in Gefahr setzte. Roland besitzt wenig Verstand, viel Kenntnisse <154> vom Handel und den Manufakturen, und hätte man die verschiedenen Theile des Ministeriums des Innern, welches zu ausgebreitet und für einen so schwachen Kopf zu verwickelt war, trennen können, so wäre er ein vortrefflicher Handlungsminister gewesen. Er besitzt Rechtschaffenheit, Sanftmuth und Gutherzigkeit; aber der eitle Ruhm für einen tugendhaften Mann angesehen zu werden, hatte ihn bewogen ein steifes Aeußere und den Ton des Rigorismus anzunehmen, welcher nicht in seinem Karakter lag. Er wollte Cato dem Censor gleichen, hatte sein trockenes, tadelndes und zurückstoßendes Wesen angenommen, aber sein Genie und sein Nachdruck fehlte ihm. Seine Tracht war geflissentlich altväterisch, doch war er wenigstens reinlich in seiner Kleidung, und hatte nicht den schmutzigen Cynismus der Jakobiner angenommen. Sein Gang war ernst und anständig, er vergab der Würde seiner Stelle nichts, und verschaffe sich selbst Hochachtung. Er arbeitete fleißig in den Theilen welche er kannte, aber immer nachgebend <155> gegen den Willen des Volkes, stets überzeugt, daß die Vorgesetzten unrecht hätten, betrug er sich, verleitet durch diese, wenn sie zu allgemein ist, sehr gefährliche Meinung, gewöhnlich unbedachtsam und übereilt. Er war nicht hartnäckig in seinen Meinungen in Absicht auf die Theile der Verwaltung, die er nicht kannte, z. B. den Krieg, die Marine und die Politik; er besaß in dieser Rücksicht einen sehr gesunden Verstand, und unterstützte mit vieler Gründlichkeit die richtigen und vernünftigen Vorschläge über die Angelegenheiten der andern Departements. Seit den Veränderungen mit den Ministern, welchen er wegen ihrer Unwissenheit, und vielleicht wegen ihrer Unredlichkeit nicht traute, ließ er nicht mehr die solidarische Verantwortlichkeit zu, welches ihn vorzüglich im Konseil verhaßt machte, und wollte ferner bloß für sich allein verantwortlich sein. Roland würde, seinem Karakter und Grundsätzen gemäß, in einer weniger stürmischen Zeit, und wenn die Republik ordentlich <156> eingerichtet gewesen wäre, {denn er war sehr republikanisch gesinnt} ein ziemlich guter Minister gewesen seyn. Eben diese Gesinnung hat ihn zu dem unschicklichen, treulosen und grausamen Betragen gegen Ludwig XVI verleitet, ihn bewogen denselben anzuklagen, und dem wilden und unvorsichtigen Konvent die unglückliche eiserne Büchse[n] zu überliefern, worin die ganze passive Korrespondenz dieses Monarchen befindlich war, in welcher diese Ungeheuer den Vorwand zu dem so ungerechten als gesetzwidrigen Märtyrertod dieses unglücklichen Fürsten gefunden haben.

Roland ließ sich unglücklicher Weise von seiner schöngeisterischen Frau leiten, die, seiner Aussage nach, seinen bändereichen Werken die

Politur gegeben hatte, und hatte eine gewisse Anzahl Broschürenschreiber um sich her versammelt, Schurken, oder Fanatiker, die unter seinen Augen den EISERNEN MUND[39], das THERMOMETER[40], und fast alle lange Anschlagzettel von allerley Farben schrieben, mit welchen die Straßen und öffentlichen <157> Plätze von Paris alle Morgen beklebt wurden. Die Jakobiner haben endlich gegen ihn und seine Parthey dieses Mittel den Dummen zu predigen, welches immer viel Geld kostet, angewandt. Der arme Roland hoffte die Rolle des Numa Pompilius zu spielen. Von seiner Nymphe Egeria[41], seiner Frau, der Madame Roland, müssen wir doch ein Wort sagen.

[39] La Bouche de fer est un journal parisien publié entre octobre 1790 et juillet 1791. Édité par Nicolas de Bonneville et supervisé par Claude Fauchet, La Bouche de fer est l'organe du Cercle social.

[40] Zwischen dem 01.08.1791 und dem 25.08.1793 erschien Le Thermomètre du jour, journal politique, herausgegeben von Jacques-Antoine Dulaure.

[41] Egeria ist in der römischen Mythologie die Nymphe der gleichnamigen Quelle. Egeria soll die Geliebte des sagenumwobenen zweiten Königs von Rom, Numa Pompilius, gewesen sein. Der Legende nach beriet sie ihn bei wichtigen Entscheidungen und wies ihm so den Weg zu weiser Herrschaft.

(de Lamartine, 1847)

Als sie vor den Schranken des Konvents wegen einer verläumderischen Anklage eines Abentheurers, Viard genannt, befragt wurde, antwortete sie: sie sey die Bürgerinn Roland, und stolz den Namen dieses tugendhaften Mannes zu führen. Sehr ehrenvoll zog sie sich aus dieser Art von Schimpf, und gewiß gehörte ganz die Erbitterung der Jakobiner gegen ihren Mann dazu, um sie den Verfolgungen und dem Gefängniß einige Zeit nachher auszusetzen. Unter allen Frauen, deren Namen in der Geschichte dieser Revolution künftig erwähnt wird, hat keine eine edlere und interessantere Rolle gespielt als Madame Roland. <158> Sie ist dreißig bis vierzig Jahr, lebhaft von Farbe, von einer sehr interessanten Gestalt, kleidet sich gut, spricht gut und vielleicht mit zu viel Beeiferung nach Witz, ist auf eine tugendhafte Art kokett, und hatte sich zum Haupt einer Gesellschaft von Metaphysikern, von Gelehrten, von Konventsgliedern und Ministern aufgeworfen, welche alle Tage ihre Befehle zu vernehmen kamen, und sich vorzüglich des Freitags bey ihr versammelten. Hier ward bei Tische die Politik der ganzen Woche aufgedeckt, und der Operationsplan für die folgende Woche verabredet. Keine von den Frauen der andern Minister wurde zu diesen politischen Mysterien zugelassen. Obgleich Madame Roland viel Verstand besaß, war sie doch unbesonnen und stolz, es war ihr lieb, daß man wüßte, sie beherrsche ihren Mann, und dadurch hat sie ihm mehr geschadet, als sie durch ihre Rathschläge ihm hat nützlich seyn können. Sie hatte ihm, für die kleinern Geschäfte seiner Stelle, Pache und Lanthenas zu Mitarbeitern gegeben. Jener <159> hatte das Zutrauen Rolands so sehr gewonnen, daß er durch ihn Kriegsminister wurde. Als Kollege, hat er nur gesucht, ihm zu widersprechen und ihn zu stürzen und um des Erfolgs gewisser zu sein, sich ganz auf die Seite der Jakobiner geschlagen. Ihr Kampf ist heftig gewesen, ohne einige Schonung haben sie sich angegriffen, und sind beide zugleich gefallen, aber Roland ist liegen geblieben, und Pache hat sich wieder aufgerichtet.

Mehrere andre Frauen haben sich auf der Schaubühne der Revolution, aber auf eine weniger anständige und edle Art als Madame Roland gezeigt, Madame Necker ausgenommen, die allein mit ihr kann verglichen werden, die aber, bei ihrem Alter und ihrer Erfahrung, ihrem Manne nützlicher und für die, welche um sie waren, weniger angenehm war. Alle andern, um bei der Demoiselle La Brousse[42], der Prophetinn des Karthäusers Don Gerle, anzufangen, Frau von Stael, von Condorcet, Pastoret, Coigny, Theroigne u.s.w. haben die <160> gemeine Rolle der Intriganten, wie die Hofdamen, gespielt, oder die der Rasenden, wie die Fischweiber[43]. Die einzige unglückliche Elisabeth[44] Corday hat ihren Namen für die Geschichte wichtig gemacht, indem sie die Erde von dem Ungeheuer Marat befreite, angetrieben von einem Fanatismus, der zum Glück für die Menschheit, wenig Nachahmerinnen finden muß.

Rolands Entfernung änderte nichts im Konseil. Schon seit geraumer Zeit war er bloß mit seinem Verdruß, seinen Gefahren und seiner eignen Verteidigung beschäftigt: Sobald ein Jakobiner gegen ihn eine Diatribe schleuderte, hielt er sich verbunden dem Konvent einen rechtfertigenden Brief zuzuschicken, und der Konvent, vielleicht mehr, der strengen Redlichkeit Rolands°, als seines aufrührerischen Geistes überdrüßig, sahe in seinen langen Schutzschriften nichts als einen unerträglichen Stolz. Seine Parthey selbst, da sie ihn nicht mehr in Ansehen sah, gab es auf, ihn zu unterstützen, und war unpolitisch genug, ihn aufzuopfern. <161> Roland bildete sich ein, man würde ihm die gesuchte Entlassung versagen, und verließ das Hotel der Minister nur, als er sein Schicksal nicht mehr bezweifeln konnte. Er schlief die letzte Zeit dort, denn die Jakobiner ließen, um ihn zu erschrecken, von Zeit zu Zeit nächtliche Ueberfälle durch die Föderirten machen. So wurden die Häupter der vollziehenden Gewalt behandelt. Lebrün und Claviere sind seitdem angeklagt und gefänglich eingezogen worden. Garat ist angeklagt und arretiert worden, nachdem er seine Stelle niedergelegt hatte. Diese Revolution trägt so sehr das Gepräge der Barbarei, daß keiner von denen die Theil daran genommen, und eine Rolle dabey gespielt haben, vor einem gewaltsamen Tode, oder vor der Landesverweisung, oder, der Flucht geschützt gewesen ist. <162>

---

[42] Clotilde-Suzanne Courcelle-Labrousse (1747-1821), Prophétesse auto-proclamée, proche des Jacobins qui aurait fait des prophéties sur l'avenir de la Révolution française.

[43] Die Poissarden oder „Fischweiber", eigentlich ein Demonstrationszug mehrerer Tausend bewaffneter Zivilisten und Soldaten, holten am 5./6. Oktober 1789 Ludwig XVI. vom Versailler Hof ins revolutionäre Paris.

[44] Richtig: Charlotte.

Zwölftes Kapitel.

Holländische Negoziationen.

Frankreich hatte damals bloß Oesterreich, Preußen und den König von Sardinien zu erklärten Feinden; es hatte während des ganzen vorhergehenden Feldzugs eine entschiedene Ueberlegenheit über sie gehabt, welche ganz entscheidend würde gewesen seyn, wenn Cüstine nach des Generals Dümouriez Plan, statt über den Rhein zu gehen, um die Expedition gegen Frankfurt zu machen, welche nur eine geringe, nur zu theuer erkaufte Kontribution bewirkt hat, sich der Stadt Koblenz, wo keine Garnison lag, bemächtigt hätte, und wenn man für die Bedürfnisse der Armeen so gesorgt hätte, daß die belgische ihre Winterquartiere längs dem Rhein von Kleve bis Köln herauf, die ardennische von Köln bis Andernach, die Moselarmee von Andernach bis Mainz über Koblenz, und die vom Elsaß von Mainz bis Landau über Speier, hätte beziehen können. <163> Diese Lage der Winterquartiere würde Luxemburg ausgehungert haben, welches ohne Kommunikation und eben dadurch genöthigt worden wäre, sich zu ergeben. Im Rücken würde man dann ein neutrales, oder feindliches Land gehabt haben, wovon man lange hätte zehren können, und, bei früher Eröfnung des Feldzuges, hätte man über den Rhein gehen und in den Mittelpunkt Deutschlands dringen können, wo man mit offnen Armen würde seyn aufgenommen worden, hätte man sich nicht durch ungereimte Dekrete, und durch räuberische Kommissare die Gewaltthätigkeiten, Beschimpfungen und Plündereyen befahlen, furchtbar gemacht. Diesen großen Plan hatte man verfehlt, doch konnte man sich noch sehr gut gegen die drey schon überwundenen Feinde halten, wenn man sich in Acht nahm, sich keine neuen zuzuziehen. Ein Mittel bot sich dar, Spanien neutral zu machen, und dieß Mittel hätte der Nation ein großes Verbrechen erspart. Der König von Spanien ließ dem Nationalkonvent, <164> durch das Konseil eine Adresse überreichen, in welcher er sich verbindlich machte, neutral zu bleiben, wenn man dem unglücklichen König Ludwig XVI das Leben lassen wollte. Dieser Schritt macht dem Monarchen Ehre. Warum haben die französischen Prinzen vom Geblüt es nicht eben so gemacht? Der grausame und unvernünftige Konvent verwarf die Adresse, mit Verachtung. Dieß ist ein Verbrechen mehr gegen die Nation, der man einen Feind mehr gab, ohne sie zu befragen.

Seit langer Zeit bezeigte der Hof von London und der vom Haag einen großen Abscheu gegen die französische Revolution, und der Tod Ludwigs XVI mußte diesen nur noch vermehren; aber in England war es der König allein, der den Krieg wünschte, und ihn zu einer persönlichen Angelegenheit machte; in Holland fürchtete ihn jedermann. Frankreich hatte es also in seiner Macht, diese beiden Feinde nicht zu bekommen.

Man hatte bis dahin Holland geschont, <165> denn wir zogen Geld und Lebensmittel daher; man durfte nur so fortfahren. Zu Ende Novembers hatte der General Dümouriez der vollziehenden Gewalt vorgeschlagen, ihn zur Einnahme von Mastricht zu berechtigen, ohne welches er die Maas und das lütticher Land nicht vertheidigen könnte. Er hielt es, nach vielen ähnlichen Beyspielen in andern Kriegen, für nützlich, diesen Platz zu erobern und zu behaupten, nachdem er sich in einem authentischen Manifest anheischig gemacht, ihn nach geendigtem Kriege wieder zurückzugeben. Damals war seine Armee siegreich und voll Feuer; er hatte, nach der Einnahme der Citadelle von Antwerpen, alles sein schweres Geschütz nach Tongern und Lüttich gebracht, nicht um die Pferde aus Mangel an Futter umkommen zu lassen, wie ihn die Jakobiner thörichterweise dessen beschuldigt haben, sondern um Mastricht zur Uebergabe zu zwingen. Dieser Platz hatte damals weder Garnison, noch Palisaden, noch hinreichenden Vorrath von irgendeiner Art, um eine Belagerung aushalten zu <166> können. Venlo befand sich in der nämlichen Lage. Es fehlte nicht an Beschwerden, diese Einnahme zu legitimieren, und man konnte, wenn die Holländer sich dadurch beleidigt fanden, sie leicht für den angreifenden Theil ausgeben. Sie hatten gegen die Neutralität schon oft verstoßen, denn noch ganz neuerlich hatten sie bei Lebensstrafe die Ausfuhr von Lebensmitteln für die Franken verboten, während man am Niederrhein große aus Holland gezogene Vorräthe für die kaiserliche und preußische Armee zusammenbrachte. Das Konseil verwarf damals die Vorschläge des Generals, und befahl ihm ausdrücklich, die genauste Neutralität gegen die Holländer zu beobachten, welches er auch pünktlich erfüllte. Man gab ihm damals noch einen andern Befehl, dessen Ungereimtheit er leicht bewies, und der unausgeführt blieb. Er sollte nämlich während des Winters Luxemburg belagern.

Da man die einzige Gelegenheit, sich Mastrichts, welches von der Seite der Maas als der Schlüssel zu den Niederlanden kann <167> angesehen werden, zu bemächtigen hatte entwischen lassen, war der General nicht mehr der Meinung von unserer Seite die geringsten Feindseligkeiten zu begehen, welche die Kriegserklärung der Holländer gegen uns rechtfertigen könnten; da er wohl wußte, diese Erklärung würde die engländische nach sich ziehen. Sein Rath war der, man müsse alle Mittel, die sich anbieten würden, benutzen, um sich der Neutralität dieser beiden Nationen zu versichern. Die holländische vorzüglich war unentbehrlich, wenn man die Niederlande behaupten wollte. Wenn die Holländer sich gegen uns erklärten und den Durchmarsch durch Mastricht und Venlo verstatteten, konnte man die Maas nicht mehr behaupten, man mußte das lütticher Land, Geldern, Limburg, Brabant und die Grafschaft Namur verlassen, sich hinter die Schelde zurückziehen und so die Defensionslinie zwischen Antwerpen und Valenciennes ziehen. Versammelten die Engländer und Holländer im holländischen Flandern eine Armee, so mußte man auch die <168> Schelde verlassen, und sich hinter die Lys, und unter den Schutz unserer festen Plätze in Flandern und Artois begeben.

Es befanden sich damals holländische Flüchtlinge zu Paris, welche Opfer ihrer Revolution und der falschen und kindischen Politik des Ministers Brienne gewesen waren. Mehrere unter ihnen waren angesehene Männer, und sie versicherten, daß ihre Parthey weit mächtiger als die des Erbstatthalters sey, welches sich auch so verhielt. Man hatte sie bis im Monat Januar abgewiesen: dann erst adressirte sie der Minister Lebrün, nachdem er sie angehört hatte, an den General Dümouriez, um seine Meinung über ihre Hülfsmittel, und vorzüglich über ein Projekt zu einer Expedition gegen Seeland, welches sie als unfehlbar rühmten, zu erfahren. Nach reiflicher Untersuchung schien dieß Projekt dem General unausführbar, aber er sagte dem Minister, er verschiebe sein Endurtheil bis er in Antwerpen würde angekommen sein, und genauere Erkundigungen wegen der untergeordneten Theile <169> dieses Projekts, das beim ersten Anblick ihm sehr schwer auszuführen schiene, würde eingezogen haben. Es wurde also beschlossen, die holländischen Flüchtlinge sollten sich mit ihrem Revolutionausschuß nach Antwerpen begeben, und die batavische Legion, ungefähr 10 000 Mann stark, bekam Befehl dahin in Garnison zu gehen, um den Vortrab des französischen Heeres, im Fall es zum Kriege mit Holland kommen sollte, auszumachen. Man stellte bei diesem batavischen Ausschuß einen Agenten an, um den Minister Lebrün von allem was im politischen Fach vorgehen würde, zu benachrichtigen. Man ließ sich übrigens auf nichts bestimmtes mit den Holländern ein, und alles wurde dem Erfolge einer Negoziation, die unter folgenden Umständen angefangen zu werden bereit schien, untergeordnet. Während Dümouriez die auswärtigen Geschäfte besorgte, hatte er den *Maréchal de Camp* Emanuel von Maulde als bevollmächtigten Minister nach den Haag geschickt; dieser hatte sich daselbst sehr fein und klug <170> benommen, hatte Waffen und Pferde verschafft, und die Vortheile der Flüchtlinge mit dem, was er der Landesregierung schuldig war, so gut zu verbinden gewußt, daß er die Achtung und das Zutrauen beider Partheyen in Holland erhielt. Dieses seinen Instruktionen gemäße Betragen war zu weise, um für die jetzige Zeit zu passen; auch hatte Maulde überdieß den Fehler ein Adlicher zu sein, und zwar von Range. Lebrün warf auf ihn einen vorzüglichen Haß, der Militärausschuß mißbilligte es, daß er Gewehre nach Dünkirchen schikte, man griff eine gemachten Kontrakte an, man verläumdete ihn, rief ihn zurück, und gab ihm Roel zum Nachfolger, welchen der General zum ersten Kommis der auswärtigen Geschäfte gemacht hatte. Dieser, obgleich ein grundehrlicher Mann, reisete von Paris mit Vorurteilen wider Maulde, mit einem großen Verlangen an seine Stelle zu kommen, mit weit weniger klugen Negoziationsprojekten ab, wurde sehr übel aufgenommen, maß dieß Maulden bei, schrieb gegen <171> ihn, und wurde sein Feind und sein Ankläger.

Als Maulde nach Paris kam, um sich zu rechtfertigen, ging er zum General und sagte ihm, es sei nichts leichter als die Neutralität mit England und Holland zu erhalten, sobald man es wollte: zwar wollten die Minister beider Höfe weder den Nationalkonvent anerkennen, noch mit dem Minister Lebrün unterhandeln; aber der Großpensionnär von Holland, van Spiegel, und der englische Gesandte, Milord Aukland, hätten ihm aufgetragen zu sagen, daß man gerne mit dem General Dümouriez unterhandeln würde.

Zu gleicher Zeit sagte Benoit, Agent des französischen Ministers, der eben von London kam, zu Lebrün, von Seiten des ehemaligen Bischofs von Autün, Talons und anderer konstitutionellen Emigrierten, die mit dem britischen Ministerio in Verbindung standen, der Minister Pitt und

das Konseil von St. James wünschte nichts mehr als die Neutralität bei-
zubehalten, wenn <172> nur dem General Dümouriez die Unterhandlungen aufgetragen würde, und er nach England überschifte, um sie zu
endigen, welches er sehr leicht vor Anfang des Feldzuges thun könnte.

Lebrün und Garat waren anfänglich die einzigen, die um diese Eröffnung wußten. Garat, dessen Absichten ehrlich waren, faßte sie mit Lebhaftigkeit auf, und schlug vor, dem General den Karakter als außerordentlichen Ambassadeur zu geben, ohne Chauvelin, der bevollmäch-
tigter Minister war, zu verdrängen, und ihm aufzutragen, eine kategorische Entscheidung für den Krieg oder für die Neutralität, zu verlangen.
Der Prozeß des Königs war noch nicht beendigt, aber man sahe nur zu
sehr die grausame Katastrophe desselben voraus. Dieser Umstand er-
regte bei Garat neue Betrachtungen, denn er fürchtete, die Engländer
möchten treuloserweise Dümouriez in London behalten, sobald er dort
würde angekommen seyn, um den Franken ihren besten General zu
nehmen. Dümouriez durfte nicht äußern, <173> daß er dasselbe Hinderniß vorhergesehen habe, mußte verhehlen, daß dieß alles sei, was er
wünsche, um sich den Händen der Pflichtvergessenen, die ihr Vaterland
tyrannisierten, zu entziehen. Er schien der Vorsichtigkeit Garats beizu-
pflichten, und folgendes wurde festgesetzt.

Die Sache sollte dem Konseil vorgetragen werden, und der Minister
Garat den Vorschlag thun, den General Dümouriez als außerordentlichen Ambassadeur der von Seiten Englands und Hollands gemachten
Eröffnung gemäß, nach London zu schicken. Der General sollte den Befehl erhalten, diese Negoziation mit Würde und Schnelligkeit zu been-
digen, und, welches auch immer der Erfolg davon seyn möchte, sogleich wieder zurückkommen, um sich an die Spitze seiner Armee zu
stellen. Man sollte vom englischen Ministerio alle mögliche Sicherheit
für die Person des Generals und für seine freie Rückkehr verlangen. Claviere, Pache und Monge widersetzten sich diesem Vorschlag aus allen
Kräften, gewiß durch <174> Feindschaft und Eifersucht bewogen, denn
alle drei kannten die bedrängte Lage ihrer Departements sehr wohl, so
wie ihre Ohnmacht einen allgemeinen Land- und Seekrieg auszuhalten.

Der General war sehr ungehalten über den schlechten Erfolg dieses
Projekts, in welchem er seine Befreiung und ein sicheres Mittel seinem
Vaterlande zu dienen gesehen hatte; jedoch gab er es nicht auf. Er ver-
abredete mit Lebrün und Garat, daß im Konseil nicht mehr die Rede

davon seyn sollte, sie wollten die Sache ohne Geräusch verfolgen, und warten, bis sie recht vorbereitet sey, um ihren glücklichen Erfolg zu sichern. Es wurde beschlossen, daß Maulde sogleich nach dem Haag zurückreisen sollte, unter dem Vorwande dort seine persönlichen Angelegenheiten ins Reine zu bringen; daß Noel sollte zurückberufen und anderwärts angestellt werden; daß der General Maulde einen Brief an Milord Aukland mitgeben sollte, worin er ihm schriebe, er würde den ersten Februar in Antwerpen sein, um die <175> Winterquartiere seiner Armee zu besuchen, und da er von Maulde, seinem Freunde, gehört habe, daß Milord mit Achtung und Zutrauen von ihm gesprochen hätte, würde er entzückt seyn, wenn sich die Gelegenheit darböte, ihn an der Gränze zu sprechen; denn vielleicht könne dieses Zusammentreffen beyden Nationen, so wie der gesammten Menschheit, nützlich sein. Es wurde beschlossen, daß, wenn Milord Auckland diese Art von Einladung bejahend beantwortete, wie es zu vermuthen war, der General den vorgeschlagenen Ort zum Zusammentreffen annehmen sollte, von wo aus er denn leicht nach England überschiffen könnte, wenn dieser Schritt nothwendig würde.

Es wurde ausgemacht, daß Maret, der schon mehrmals nach England gereist, war, wieder dahin geschickt werden sollte, um vom Minister Pitt zu erfahren, ob er in der That wünschte mit Dümouriez persönlich zu unterhandeln. Chauvelin, der mit dem ehemaligen Bischof von Autün, Talleyrand, den man ihm zum Mentor mitgegeben hatte, <176> über den Fuß gespannt war, hatte bei seiner Ambassade, die er ganz allein hatte besorgen wollen, nicht den gehoften Erfolg gehabt, indem er das Vorurtheil der Nation, den König von England, den despotischsten und unter allen Königen am meisten gegen die französische Revolution aufgebrachten Fürsten, die französischen Emigrierten von allen Klassen, seine Mitarbeiter, den Nationalkonvent und seine eigne Unerfahrenheit wider sich hatte. Im Fall des Generals Reise zu Stande käme, wurde beschlossen, Chauvelin aufzuopfern, das heißt, ihn anderswo anzustellen; dem Dümouriez, der ein genauer Freund seines Vaters gewesen war, und ihn deswegen in England angestellt hatte, verlangte von Lebrün daß er ihm Venedig oder Florenz zur Bestimmung anweisen möchte, um ihm eine günstigere diplomatische Laufbahn zu eröffnen.

Hier ist die Gelegenheit, ein Wort über den persönlichen Karakter Dümouriez's, welchen er im Laufe seiner politischen Existenz gezeigt hat, zu sagen. Sey es aus Nachgiebigkeit, oder aus <177> Grundsätzen, nie hat er jemanden unrecht gethan, vielen hat er gedient, und, unter der Menge, vielen die es gewiß nicht verdienten, welches er immer nur dann einsah, wenn er ein Opfer ihrer Undankbarkeit wurde. Chauvelin sollte also zurückberufen werden und Maret seine Stelle, bei der Abreise des Generals aus London, erhalten; er war also dabei sehr interessiert die Negoziation annehmlich zu machen, es so einzuleiten, daß der General in England gut aufgenommen würde, und vorzüglich es so einzurichten, daß dessen Sendung sehr leicht und kurz seyn möchte.

Dreyzehntes Kapitel.

Maulde's, Maret's und Dümouriez's Abreise.

Maude reiste nach dem Haag ab, obgleich der Tod des Königs, der in diesen Zeitpunkt fiel, dem Anschein nach alle Projekte zerstören mußte; aber die Gewißheit, welche man hatte, daß vorzüglich Holland das größte <178> Verlangen habe die Neutralität zu erhalten, ließ Garat und Lebrün vermuthen, daß der Unwille über diese schreckliche Begebenheit jenem großen Interesse weichen würde, und darin irrten sie nicht. Die Abreise Marets wurde zur ungelegenen Zeit aufgehalten, und erfolgte nur am Tage der Abreise des Generals, unter dem Vorwande, den Minister Pitt durch einen seiner Freunde über diese Reise auszuforschen, welcher Freund schon als Mittelsperson bei einer vorigen Reise Marets war gebraucht worden. In der That aber mußte der General vermuthen, daß es Lebrün, beleidigt darüber, daß der Hof von St. James weder mit ihm als Minister der auswärtigen Angelegenheiten, noch mit dem Konvent unterhandeln wollte, nicht unangenehm sei, diese Negoziation fehlschlagen zu sehen, ohne sich dabei zu zeigen, indem er bloß die Unbesonnenheit Brissots und die Dummheit des diplomatischen Ausschusses handeln ließe, welcher zu glauben schien, Frankreich hätte nicht Feinde genug, und ihre Anzahl <179> durch neue Schmähungen gegen alle Nationen zu vermehren suchte.

Maret's Mission war ohne Erfolg, weil er bei seiner Ankunft in Dover den Befehl vorfand, sich sogleich wieder einzuschiffen. Chauvelin war nie in England als Minister der Republik anerkannt worden; sobald der Konvent die königliche Würde abgeschaft hatte, war seine Sendung vom Hofe zu St. James als beendigt angesehen worden, und dieser hatte ihn in London nur als Privatmann geduldet. Auf die Nachricht von dem grausamen Tode Ludwigs XVI befahl der König von England, daß Chauvelin innerhalb vier und zwanzig Stunden London, und in Zeit von acht Tagen das Reich verlassen sollte. Gerade um diese Zeit kam Maret an, und erhielt den Befehl, oder den Rath, sich sogleich wieder einzuschiffen.

Dieser Umstand änderte aber in den holländischen Negoziationen nichts. Der General Dümouriez reisete am 27sten Januar voll Verzweiflung ab. Er hatte ein unnützes, schändliches und unglückliches Verbrechen <180> nicht hindern können; es war ihm weder gelungen das Dekret vom 15ten Dezember zu annullieren, oder wenigstens die Niederlande davon ausschließen zu lassen, um die französische Armee zu retten im Fall sie sich zurückziehen müßte, noch eine gute Administration für die Lieferungen zur Armee einrichten zu lassen, noch die Ergänzungen, die Remonte für die Kavallerie, die Rekruten, und alles was ihm, um ins Feld zu rücken fehlte, zu erhalten, noch, was ihn am meisten betrübte, worüber er sich ein Franke zu sein schämte, einen König zu retten, dessen Unschuld und Herzensgüte er kannte, weil er ihn drei Monate lang in der Nähe gesehen hatte. Er sollte sich an die Spitze einer desorganisierten Armee stellen, die ohne Kriegeszucht und dem Raube ergeben war, alle Ausschweifungen in den Winterquartieren beging, schlecht bewaffnet, ohne Kleider, in zu Grunde gerichteten Dörfern, wo es ihr an allem fehlte, längs der Maas und der Roer zerstreut war. Es kamen unaufhörlich neue Truppen aus <181> Deutschland an, um die Armee des Generals Clairfait zu verstärken, welcher sich das große Verdienst erworben hatte, zwischen der Erfel[45] und Roer, mit wenigen Truppen, die an allem Mangel litten, und über die schnelle Eroberung Belgiens noch bestürzt waren, sich zu halten. Er hatte ihnen dadurch den Muth, die Einigkeit und Kriegszucht, die sie bei ihrem langen Rückzuge verloren hatten, wiedergegeben.

Der Prinz Koburg, berühmt durch seinen glorreichen Feldzug gegen die Türken, eilte herbey um das Kommando dieser Armee, die alle Tage anwuchs, zu übernehmen. Ließ der General Dümouriez dem Prinzen die Zeit, ihn zuvorkommend anzugreifen, so war er sicher diesem General, und zugleich dem Prinzen von Hohenlohe, der ihn auf dem

---

[45] Eher wohl: Erft.

rechten Flügel oberhalb Namur, dessen Citadelle die Franzosen sehr langsam ausbesserten, würde angegriffen haben, nicht widerstehen zu können. Wenn die Holländer und Engländer Zeit hatten gegen seinen linken Flügel, nach Antwerpen und <182> holländisch Flandern zu, eine Armee zu sammeln, so hatte der General keine Hülfsquelle mehr, nicht einmal für seinen Rückzug, indem er Plainen von 50 Lieues vor sich hatte, mit einer in Unordnung gerathenen Armee, verfolgt und umgeben von drey stärkern Armeen als die seinige, beständig von den Bauern und den Städtebewohnern, durch die im Namen und auf Befehl des Konvents begangenen Exzesse zur Verzweiflung gebracht, angegriffen. Er hatte also keine andre Hülfsquelle um seine Gefahr zu vermindern, als die von Maulde angefangene Negoziation, welche er nun selbst betreiben sollte; auch konnte man einigermaßen wegen des großen Interesse Hollands, welches den Krieg fürchtete und gar nicht dazu vorbereitet war, darauf aufbauen.

Wir wollen jetzt hintereinander den Erfolg dieser Negoziation erzählen, welche, schon in den ersten Tagen des Februar, durch die wilde und unpolitische Heftigkeit des Konvents, abgebrochen wurde. <183> Die plötzlich darauf folgende Kriegserklärung warf auf Frankreich in dieser Negoziation den Schein der Treulosigkeit, welches uns auch die Engländer mit einigem Grunde vorgeworfen haben. Uebrigens haben diese ihrerseits gleiches Unrecht gehabt, und man könnte glauben, der Minister Pitt habe Dümouriez nur hinhalten, und sich und den Holländern Zeit verschaffen wollen sich zu rüsten, um mit ihren Bundsgenossen gemeinschaftlich zu agieren. Der Traktat des Kabinets zu St. James mit dem Turiner Hof, der von eben der Zeit ist, bestätigt diese Meinung. So wahr ist es, daß die Geschichte nur ein treues Gemälde der Verbrechen und Fehler der Minister darstellt.

Vierzehntes Kapitel

Die Unterhandlungen werden abgebrochen. Kriegserklärung.

Sobald Maulde in den letzten Tagen Januars im Haag angekommen war, übergab er Milord Aukland den Brief des Generals <184> Dümouriez.

Dieser Minister bezeigte die größte Freude darüber, sagte ihm, daß, da das Interesse Hollands und Englands gemeinschaftlich unzertrennlich wären, er dem Großpensionnär van Spiegel diese Eröffnung mitteilen würde, mit welchem er ihm auch eine Unterredung verschaffen wolle. Maulde nahm das Projekt zu einer Konferenz auf der Gränze, zwischen dem Ambassadeur, dem Großpensionnär und dem General Dümouriez sogleich an.

Milord Aukland schickte drei Postschiffe hintereinander an seinen Hof ab, und Maulde schickte seinen Sekretär nach Antwerpen, wo der General den 2ten Februar angekommen war, nachdem er die Küsten von Dünkirchen bis Antwerpen besichtigt hatte. In ganz Pikardie, Artois und Seeflandern hatte er das Volk wegen des tragischen Todes Ludwigs XVI niedergeschlagen gefunden. Er hatte bemerkt, daß schon der bloße Name Jakobiner es mit Abscheu und Furcht erfüllte; und doch waren alle Städte mit den Emissären dieser Sekte angefüllt, welche <185> den Pöbel gegen den ehrlichen Bürger aufhetzten, und wahre oder falsche Beschwerden gegen die Administratoren sammelten.

In St. Omer und Dünkirchen war nicht der mindeste Anschein zu Zurüstungen, und fast keine Truppen, weil der Kriegsminister, um die vom General im österreichischen Flandern verlangte Verstärkung von ungefähr 6 000 Mann Infanterie und 1 500 Mann Kavallerie zu Stande zu bringen, die Küste von Flandern von Truppen entblößt hatte. Er selbst hatte hernach noch andre Bataillone aus diesem Schauplatz des Krieges gezogen, um ein Korps von 10 bis 12 000 Mann bei Cherbourg zu formieren, von wo man sie, nach des Generals Meinung, zu einer Diversion nach England könnte übersetzen lassen, im Fall es nicht gelingen sollte, den Krieg mit dieser Macht zu vermeiden. Nieuport und Ostende waren eben so unbesetzt; nicht eine Batterie war daselbst, eben so wenig als in Dünkirchen errichtet, um die Schiffe zu verhindern mit Gewalt in diese Häfen zu dringen; nicht einmal Kanonen <186> waren da, um sie aufzupflanzen, und man mußte sie von Dünkirchen, welches zur Besetzung seiner Forts, seiner Linien und seiner Seebatterien kaum genug hatte, kommen lassen.

Der General Dümouriez, über die Unordnung die er überall sah, erstaunt, da noch dazu die Schwierigkeiten, immer unübersteiglicher wurden, und mit jedem Tage sich vermehrten, war mit dem ersten Erfolg von Mauldes Negoziation sehr zufrieden; sogleich schickte er einen Kurier an Lebrün, mit der Originalantwort Milord Auklands, welcher ihm meldete, er sey mit dem Großpensionnär von Holland übereingekommen, sich zusammen nach der Gränze hinzubegeben, um mit dem General zu konferiren; er habe mehrere Postschiffe an seinen Hof abgeschickt, um die Erlaubniß dazu, und auf diese Konferenz Bezug habende Instruktionen zu erhalten; er würde nicht lange auf die Antwort warten müssen, und seine Absicht sei nicht ihn hinzuhalten, und seine Zurüstungen und Projekte für den sich bald eröffnen den Feldzug zu verzögern. <187> Maulde's Depesche, welche Milord Auklands Brief begleitete, erläuterte, was vorgegangen war. Man hatte allen Abscheu, den er erwartete, gegen die barbarische Handlung, welche in Paris begangen worden, bezeigt; aber da er die beiden Minister fest versichert hatte, der General sei hierin ganz ihrer Meinung, und vom äußersten Unwillen durchdrungen, so hatte dieser schreckliche Umstand der Negoziation nicht geschadet. Man war also ohne Schwierigkeit übereingekommen, daß, sobald Milord Aukland die Antwort seines Hofes würde erhalten haben, die Konferenz am Moordyk auf den Jachten des Prinzen von Oranien, die man zum Empfange des Generals in Stand setzen würde, sollte gehalten werden, Maulde zweifelte nicht, daß diese Konferenz den besten Erfolg haben würde.

Der General hegte dieselbe Hoffnung, und folgendes war in diesem Fall sein gemachtes Projekt. Er wollte das Interesse seines unglücklichen Vaterlandes nicht verwahrlosen, im Gegentheil wollte er ihm durch <188> Verminderung seiner Feinde nützlich seyn, und also den Entwurf, die Neutralität zwischen Frankreich, Holland und England zu sichern, zu Stande bringen. Zugleich aber wollte er, nachdem er Frankreich diesen letzten Dienst würde geleistet haben, sich von dem Scheine das Verbrechen seiner Mitbürger zu heilen, losmachen, und aufhören für dumme Tyrannen zu streiten, welche er weit lieber hätte bestrafen mögen, als ihre scheußliche Tyranney zu unterstützen. Er wollte also nicht wieder nach Antwerpen zurückkommen, sondern sich nach dem Haag begeben, und von dort aus in einem Manifeste seine Auswanderung rechtfertigen. Er äußerte einen Theil seiner Gesinnungen in einem Privatbrief an Maulde, welcher beiden Ministern mitgetheilt wurde, die Maulden baten ihnen eine Abschrift davon nehmen zu lassen, welches dieser aber nicht erlauben wollte, da er von seinem Freunde nicht dazu berechtigt war. Er stellte bloß Milord Aukland eine Antwort des Generals zu, worin er ihn schrieb, er würde mit <189> Vergnügen die

Nachricht von dem Erfolg seines bey seinem Hof gethanen Schrittes erfahren.

Zu der Zeit da die Negoziation auf diesen Punkt gekommen war, und einen günstigen Ausgang versprach, da der General Dümouriez sich schmeichelte von dem für seinen Geist unerträglichen Joche, für Tyrannen zu kommandieren und zu fechten, mit der Gewißheit einst das Opfer ihrer Undankbarkeit, ihrer Ungerechtigkeit und Grausamkeit, so wie auch der Erfolg sein möchte, zu sein, befreit zu werden, erhielt er am 7ten durch die öffentlichen Blätter die Nachricht von der Kriegserklärung gegen England und Holland, die in der Sitzung des ersten Februar, auf Brissots im Namen des diplomatischen Ausschusses gemachten Bericht, war dekretiert worden. Diese Nachricht, benahm ihm alle Hoffnung, sie war unerwartet. Den 26ten Januar war er erst aus Paris gereist, und den 2ten Februar in Antwerpen angekommen. Lebrün hatte weder von ihm noch von Maulde's Negoziation Nachrichten <190> abgewartet, sondern es schien, daß dieser Minister mit dem Bericht über die auf Befehl des Königs von England erfolgte schimpfliche Zurücksendung Chauvelins nur so geeilt habe, um die Wuth des unvorsichtigen Konvents zu reizen, und seiner Verabredung mit dem General ein unübersteigliches Hinderniß in den Weg zu legen. Brissot benutzte die Gelegenheit, um, wie gewöhnlich, auf die Könige und Völker zu schimpfen, worin er durch Barriere und die Parthey der Jakobiner wohl unterstützt wurde. Die beiden Faktionen vereinigten sich, um ohne Nachdenken, ohne Berathschlagung, ohne Untersuchung, den heftigsten und verwegensten Entschluß zu fassen. Der Krieg wurde erklärt, aber Lebrün schickte keinen Kurier an Dümouriez, der doch die ganze Last davon tragen sollte, und man bekümmerte sich sehr wenig darum, zu wissen, ob man im Stande sey oder nicht, sich gegen diese neuen Feinde zu halten.

Den Tag nach dieser Nachricht kam Maulde vom Haag an, und brachte einen <192> zweyten Brief von Milord Aukland, der sich Glück wünschte, endlich von seinem Hofe zur Konferenz, welche auf den 10ten am Moordyk bestimmt blieb, bevollmächtigt zu seyn. Der General schickte einen Kurier an ihn, um ihm zu melden, es sei nicht mehr von Unterhandeln die Rede, die Kriegserklärung sey freilich ein wenig schnell, aber das englische Ministerium habe Anlaß dazu gegeben,

1. dadurch, daß es zwei mit Getreide beladene, in englischen Häfen angehaltene und vom französischen Ministerio vergeblich reklamierte Schiffe, nicht wiedergegeben;
2. das durch, daß es den französischen Minister auf eine schimpfliche Art, in dem Augenblick einer Negoziation, aus London und dem Reiche gewiesen;
3. dadurch, daß es durch ihn, Milord Aukland, am 2ten Februar eine, für das französische Volk beleidigende, und einer Kriegserklärung gleich geltende Adresse an die Generalstaaten, habe bekannt machen lassen.

Der General hatte dem Gr[oß]P[ensionnair] van Spiegel andre eben so wichtige Vorwürfe zu machen, da er ihn vergebens um die Freiheit des <192> Obersten Micoud, eines Franken, gebeten hatte. Dieser Mann hatte einen beträchtlichen Prozeß gegen einen Kaufmann gewonnen, war aber hernach durch den Kredit eben dieses Kaufmanns, auf die unerwiesene Anklage, zu frey über die Regierungsangelegenheiten gesprochen zu haben, ins Gefängniß gesetzt worden. Van Spiegel hatte die Truppe französischer Komödianten aus Amsterdam jagen lassen, ohne ihnen einmal die Zeit zu lassen, ihre Schulden einzukassiren. Er hatte zugelassen, daß die Emigrierten den französischen Minister Noel und den Gesandschaftssekretär Thainville beschimpfen, und sie selbst hernach schimpflich aus der Stadt gewiesen. Die Emigrirten gingen im Haag bewaffnet und in Uniformen umher. Ueberhaupt konnte man daselbst den ärgsten Haß gegen Frankreich ungestraft äußern. Die Aufführung der Höfe zu St. James und im Haag ist gewiß nicht zu entschuldigen, weil sie, mitten in einer angefangenen Negoziation, wozu sie selbst die ersten Vorschläge gemacht, und den General Dümouriez <193> zum Unterhändler sich ausgebeten hatten, die Empfindlichkeit und die unpolitische Ungeduld des Nationalkonvents reizten, welchen sie für unfähig erkannten, sich innerhalb der Gränzen der Vernunft und der Billigkeit halten zu können. Man kann ihnen also, eben sowohl als den Franken, alle die Uebel vorwerfen, welche aus diesem Kriege, der seinem Ende noch nicht nahe ist, und die Quelle andrer unaufhörlichen Kriege seyn wird, entstehen können.

Man kann sagen, daß die Vorsehung alle Völker Europens vereinigt hat, um die großen von dem französischen Volk begangenen Verbrechen zu ahnden, und vielleicht, um sie selbst durch das Ungemach zu strafen, welches sie erleiden werden, ehe sie zu ihrem Zweck gelangen, welches viel Zeit, Geld und Blut kosten wird. Die starken Geister im Konvent, und dieß sind grade die größten Ignoranten und Bösewichte, weil sie jenes nicht durch die Philosophie geworden sind, sondern nur um sich über ihre Verbrechen, indem sie ihren Verstand auf den Ton <194> ihres Herzens stimmen, zu betäuben, haben das was ihnen der General in seinem bekannten Briefe vom 12ten März über die Vorsehung gesagt hat, für eine Capucinade ausgegeben. Er kann ihnen darauf antworten, daß die Vorsehung es unsrer Willkühr überläßt, das Gute oder das Böse zu thun, eine gute oder schlechte Parthey zu ergreifen, daß aber aus dieser ersten Wahl, welche als Ursach zu betrachten ist, nothwendig die Folgen, gute oder böse, entstehen, daß das was gerecht ist allein wahr ist, und was ungerecht, auch der Beweis eines verirrten und falschen Geistes ist, daß also besonders in Absicht der Regierung, das was gerecht ist die Nationen zum Glück führt, das ungerechte aber zum Unglück; daß, wenn eine Nation vom Schwindelgeist befallen ist, wie die unsrige ein Beispiel davon giebt, alle ihre Projekte, alle ihre Handlungen zu ihrem Ruin abzwecken, daß dieselbe Wuth welche sie bewogen hat, das unnütze Verbrechen des Mordes Ludwigs XVI zu begehen, und seine Familie <195> eine Heerde elender Sklaven zu behandeln, ihr das eben so ungerechte als unweise Dekret vom 15ten Dezember eingegeben, wo durch sie sich alle Völker, die ihr vorher ergeben waren, zu Feinden gemacht hat, ihr die Spaltungen, die Anklagen, die Ermordungen, die Beraubungen, die übertriebene Demokratie, den Sanskülottismus, den Jakobinismus, die Sorglosigkeit über die Zahl ihrer Feinde und die zu ergreifenden Mittel um ihnen zu widerstehen, endlich die Anarchie und gänzliche Desorganisation, welche schon der Anfang ihrer Züchtigung sind, eingeflößt hat. Denn seitdem sich Frankreich für eine Republik erklärt hat, ist es das unglücklichste Land geworden, welches die ältern und neuern Jahrbücher der Welt darstellen.

Wir wollen dieses Buch mit einer schmerzhaften Bemerkung, über den Zustand worin sich Frankreich durch seine eigne Raserey versetzt hat, schließen. Es hatte in sehr kurzer Zeit eine unvollkommene aber sehr schöne Konstitution zu Stande gebracht, welche alle <196> Völker Europens bewundert, und viele beneidet haben. Alle Faktionen in Frankreich, uneins unter sich, vereinigten sich, sobald es darauf ankam sie zu zerstören; der Hof, in der Hoffnung seinen Despotismus und seine Mißbräuche wieder zu erlangen; die Jakobiner, in der Hofnung die Königswürde gänzlich zu vertilgen, die doch den Franken so nothwendig ist. Jedermann lobt diese Konstitution, bloß die Franken tadeln und verwerfen sie. Sie kennen sie nicht, weil sie noch nicht in Frankreich in Ausübung gebracht worden ist; sie können sie nicht beurtheilen, weil sie dieselbe nur durch die Wolken ihrer wüthenden Leidenschaften sehen. Franken, von welcher Parthey ihr sein möget, Emigrirte, Jakobiner, Royalisten, Republikaner! welches auch immer der triumphierende Theil sein mag, sein Glück wird nicht von langer Dauer sein, wenn er nicht zu der Konstitution wieder zurückkehrt, die der regierenden Macht zur Seite steht, und ihr ihre Pflichten vorzeichnet. Die Einen haben die königliche Würde vergöttern wollen, <197> die Andern haben sie zuerst erniedrigt und denn abgeschaft; sie wird wieder hergestellt werden; weil aber auch zwei Faktionen beständig um sie her thätig sein werden, die eine um sie durch Uebertreibung ihrer Macht irre zu leiten, die andre um sie durch Vernichtung ihres Ansehens zu stürzen, so kann man nur das schrecklichste Elend erwarten, auf welche Seite sich auch der Sieg hin neigen möge; es sei denn, daß der König selbst, durch die Katastrophe seines Vorgängers belehrt, diese heilsame Konstitution zu Hülfe ruf, um sie zu einer Stütze, zu seiner Aegide zu machen, und sich selbst Schranken zu setzen. Ein freyes Volk kann keine andre Macht als das Gesetz anerkennen, und der König eines solchen Volks muß, um glücklich zu seyn, der erste Unterthan dieser wohlthätigen Gottheit werden.

Inhalt.
[…]

Zweyter Theil. Berlin, 1794. Bey Fr. Lagarde und bey Joh. Fr. Unger.

Zweytes Buch.

Erstes Kapitel.

Plan der Kampagne.

Dieses Buch enthält die Darstellung eines Feldzuges, der an Kürze, an Mannigfaltigkeit, vielleicht auch an Wichtigkeit seinesgleichen in der Geschichte nicht hat. Der Plan dazu ist mit der größten Schnelligkeit am 7ten Februar entworfen worden; bereits am 22sten ist er eröfnet, und schon am 5ten April geendiget gewesen. Innerhalb dieses kurzen Zeitraums sieht man die unglaublichsten Begebenheiten sich häufen, unter Wasser gesetzte Festungen erobern, eine große Schlacht, mehrere Treffen <4> lieferen, und einen Rückzug bewerkstelligen, der selbst die feindlichen Generale in Erstaunen gesetzt, und ihren Beyfall verdient hat; man sieht den Krieg angriffs- und vertheidigungsweise führen; man sieht, mit einem Worte, Frankreichs und vielleicht Europas Schicksal zum Theil durch diese Kampagne entschieden.

Sie ist in den Augen des Philosophen nicht minder interessant, weil sie ihn in der Meinung bestärken wird, daß das Loos der größten Staaten oft von den kleinsten Begebenheiten abhängt, und daß ein Mann mehr oder weniger das Glück oder Unglück einer ganzen Nation ausmacht. Im vorigen Jahre hatte der General Dümouriez, als er das Kommando über Lafayettes Armee übernahm, Frankreich in den Ebenen von Champagne gerettet, und in den Ebenen Belgiens mit Ruhm gekrönt; weil damals die allgemeine Gefahr alle Gemüther um ihn vereinigt, und die ganze Nation, so zu sagen, gezwungen hatte, auf ihn zu hören, ihm zu gehorchen, ihn zu unterstützen. Mit <5> diesem Jahre hatten sich die Umstände geändert. Die Nation, oder, besser zu sagen, ihre Führer und Verführer, durch das Glück trunken gemacht, durch ihre Verbrechen verblendet, hörten nicht mehr auf die Stimme des Generals, der sie noch einmal gegen die Wuth des Feindes, und noch mehr gegen ihre eigene Wuth retten wollte; er wurde schlecht unterstützt, seine Befehle schlecht befolgt, man durchkreuzte seine Operationen, verrieth seine Anschläge, der Feldzug lief, bey aller Mühe die er sich gab, das Glück der Waffen auf eine Seite zu bringen, unglücklich ab; nachdem ihm Holland, welches er in Zeit von einigen Tagen erobert haben würde, aus den Händen gewunden war, entwarf er einen zweyten siegreichen Plan, den seine eigene Truppen vereitelten; mitten in einem eben so blutigen als geschickten Rückzuge, machte er ein drittes Projekt, welches seine Armee rettete, und den völligen Ruin der Niederlande verhinderte; dieses Projekt, das Frankreichs Heil zum Grunde hatte, ward nochmals durch die stolze und wilde <6> Unbesonnenheit des Nationalkonvents, und durch den Wankelmuth und Leichtsinn seiner Armee umgestoßen; er mußte es aufgeben, und zu seinen Feinden übergehen, die ihm ihre Achtung nicht versagen konnten.

Seit dieser Zeit sind sich die Franken nicht mehr ähnlich geblieben; eine rasende Wuth hat in dem Herzen des Soldaten die Stelle der kaltblütigen Tapferkeit eingenommen; man hat weder Plan in den Operationen, noch Talent in der Ausführung bemerkt; man tödtet und wird getödtet; es ist Erbitterung, nicht Krieg; und vielleicht wäre alles schon geendigt, wenn Frankreich es bloß mit einem Volke aufzunehmen hätte, und wenn die Verbindung der verschiedenen Kriegsmächte, die es angreifen, nicht oftmals durch die verschiedenen politischen Absichten dieser Mächte in ihren gemeinschaftlichen Bewegungen gehemmt würde.

Der General Dümouriez hatte die schreckliche Gewißheit erhalten, daß England und Holland seine Macht zu Frankreichs übrigen Feinden stoßen lassen würde. Wäre damals <7> die Republik durch vernünftige Männer geleitet worden, so hätte er ihnen sogleich den Vorschlag gethan, mit seiner Armee die Niederlande zu räumen, die man nicht ferner behaupten konnte, und sich ins Norddepartement zurückzuziehen, so daß man noch einige Zeit Namur und das Ufer der Schelde würde gedeckt haben; allein ein so vernünftiger Vorschlag würde ihm zur Feigheit oder zur Verrätherey angerechnet worden seyn, und ihm unfehlbar den Kopf gekostet haben.

Ueberdieß, wenn man ihn auch wirklich angenommen hätte, so hätte ihn diese Bewegung wieder in die Gewalt der blutdürstigen Tyrannen gebracht, die er, zur Rettung Frankreichs, einst zu unterdrücken sich schmeichelte. Kam er mit seiner Armee, vom Feinde verfolgt und mit dem Anschein der Flucht nach Frankreich zurück, so konnte er sicher darauf rechnen, daß sein Ansehen bei ihr verloren ging; nur durch glänzende Siege konnte er es zu erhalten hoffen, und dieser einzige Rückzug würde ihm mit <8> einemmale siebenzigtausend Mann genommen, und sie den Jakobinern in die Hände gespielt haben. Er konnte sich also bloß durch die kühnsten Maaßregeln und Schritte aus der höchstgefährlichen Lage ziehen, worin er sich befand. Sein Ruf und die Schnelligkeit seines Angriffs konnten allein den vielfältigen Mängeln einer Armee abhelfen. Waffen, Kleider, Pferde, Lebensmittel und Geld, alles war in Holland, mußte in Holland gesucht werden. Er machte also das Projekt – auf der Stelle Holland zu er obern. Hier ist sein Plan, und hier die Hülfsmittel, die sich ihm darboten.

Die holländischen Flüchtlinge hatten zu Antwerpen, wo sich auch die batavische Legion befand, einen kleinen Revolutionsausschuß errichtet. Sie besaßen mehr Eifer als Einsichten, und ungeachtet sie viel Geld verschwendeten, um mit den verschiedenen Provinzen der vereinigten Niederlande eine Korrespondenz zu unterhalten, so waren doch die Nachrichten, die der General durch sie erhielt, zumal im militärischen Fache, ziemlich <9> unbedeutend. Er konnte aus dem, was er von ihnen erfuhr, nur soviel abnehmen, daß ihr Anhang, vorzüglich in Amsterdam, Harlem, Dordrecht und in Seeland sehr ansehnlich sey. Er nahm den Vorschlag, den sie ihm in Paris gethan hatten, in Seeland einzufallen, wieder in Ueberlegung, und stellte sich, als fände er ihn sehr annehmlich, um einen kühnern Entwurf zu verbergen, der eben deswegen leichter auszuführen war, weil er unausführbar schien; diesen Entwurf theilte er bloß zweyen Männern, den Herren Koch und van Nuyß mit, die ganz seines Zutrauens würdig waren, und durch ihren Eifer, ihre Rechtschaffenheit, ihren Edelmuth und ihren Patriotismus verdient hätten, die Befreyer ihres Vaterlandes zu werden

Der Plan mit Seeland war folgender: Der batavische Ausschuß hatte in Erfahrung gebracht, daß der Statthalter den Vorschlag gethan hätte, die Insel Walchern zu befestigen, um sich im Fall eines Einbruchs der Franken in Holland, mit den Generalstaaten <10> und den übrigen Häuptern der Regierung dahin zu begeben, und sich vor dem Volke sicher zu stellen, wenn dieses, wie zu besorgen stand, sich zu der feindlichen Parthey schlüge. Der batavische Ausschuß war der Meinung, man sollte von Antwerpen aus ein paar tausend Mann absenden, die sich von einer Insel zur andern, bis nach Süd-Beveland hinstehlen, und von da aus nach Walchern übersetzen sollten, wo Middelburg und Vlissingen zu besetzen waren. Man konnte über Sandvliet, nachdem man über die verschiedenen Arme der Schelde gesetzt, bis zu den Untiefen von Süd-Beveland gelangen. Als dann hatte man einen schmalen Seestrich zwischen Süd-Beveland und Walchern vor sich; wenn man auch diesen glücklich hinter sich hatte, so war noch nichts gethan, wenn sich die Einwohner der Insel nicht für uns erklärten, sich nicht mit ihren Befreyern vereinigten, und die Garnisonen in Middelburg und Vlissingen, welche sich freilich nur auf zwölf bis funfzehnhundert Mann schlecht bewehrter Truppen beliefen, <11> nicht auf der Stelle entwaffneten. Allein bey dem geringsten Zeitverlust oder Aufenthalt war es dem Feinde leicht, auf der Insel zweymal so viel Hülfstruppen zu versammeln, als das angreifende Detachement stark seyn konnte; in diesem Fall schlug nicht allein das Unternehmen fehl, sondern das ganze Detachement ging verloren, der Rückzug war ihm abgeschnitten, verschiedene englische Fregatten stationierten schon bey Vlissingen, und die Holländer hatten bey der Insel Baats, in der Schelde, eine halbe Meile unterhalb Lillo, eine Flotille, die den französischen Truppen sogleich alle Kommunikation mit Flandern abgeschnitten haben würde.

Daher war zu dieser Expedition eine Schnelligkeit und eine Pünktlichkeit erforderlich, die sich der General weder von seinen eigenen Leuten, noch viel weniger von den holländischen Revolutionisten versprechen konnte; er hatte keinen einzigen Offizier in seinem ganzen Generalstabe, dem er die Ausführung eines so wichtigen und gefahrvollen Unternehmens hätte übertragen können; und <12> er selbst konnte das Generalkommando nicht ablegen, um sich damit zu befassen. Hätte er den Holländern Gehör gegeben und ihren vorgezeichneten Plan befolgt, so würde das Vorhaben unfehlbar gescheitert seyn; und diese schlechtgelungene Eröffnung des Feldzuges, bei wenigen und ungeübten Truppen, würde seine Armee vollends heruntergebracht haben, die, wie man in der Folge sehen wird, schon viel von seiner kurzen Abwesenheit zu leiden hatte, und bald nachher an den Ufern der Roer und Maas geschlagen, muthlos gemacht und auseinander gesprengt wurde.

Und wenn auch durch das größte Ungefähr und wider alle Wahrscheinlichkeit die Expedition gelungen wäre, so würde sie ihm, so glänzend sie auch schien, wenig wahren Vortheil gebracht haben; er würde fünf bis sechstausend Mann, die durch einen Meeresarm und die holländischen Festungen in Flandern von ihm getrennt waren, haben entbehren müssen, und auf diese Art nicht stark genug gewesen sein, auf einer andern Seite angriffsweise agieren zu können. <13> Gleichwohl stellte er sich, um seine eigentliche Absicht besser zu verbergen, als wenn er diesen Plan billigte, und machte einige Anstalten, die zu erkennen geben sollten, als beschäftige er sich mit der Ausführung desselben. Er hatte zu Antwerpen die Flotille des Kapitain Moulton, eines amerikanischen Offiziers in französischen Diensten, der die Citadelle von Antwerpen hatte erobern helfen, liegen; sie bestand aus der Fregatte Ariel von 24 Kanonen, aus einer Brig von 14 und drey Kanonierböten mit Vierundzwanzigpfündern; die vierte war gestrandet und unbrauchbar geworden. Er ließ diese Fahrzeuge in Stand setzen, und befahl ihnen, dem Fort Lillo gegenüber vor Anker zu legen. Er ließ auf jedem Kanonierbote einen Rost anbringen, um die Kugeln glühend zu machen, ließ die beiden Forts von Lillo und Liefkenshoek und die Citadelle von Antwerpen, in Vertheidigungsstand setzen und mit allem Nöthigen versehen. Alle holländische Fahrzeuge, die nach der Kriegserklärung in Beschlag genommen worden, <14> wurden in die Gegend von Antwerpen zusammengebracht und zu Brandern ausgerüstet. Er wollte sich das Ansehen geben, als habe er zur Absicht, die holländische Flotille, die unterhalb des Forts Baats lag, in Brand zu stecken, und das Fort selbst, welches durch vierzig Kanonen vertheidigt wurde, mit Sturm einzunehmen. Die Flotille zog sich gleich nach Ramekens zurück; und diese Bewegung sowohl, als alles übrige gab zu erkennen, daß es auf eine Landung auf Seeland angesehen wäre, und daß der Feldzug auf diese Weise würde eröfnet werden.

Dabey beschäftigte sich der General einzig mit seinem eigentlichen Projekte, welches überaus einfach, aber dabei so neu war, daß man es für unausführbar halten mußte; er wollte nämlich mit dem Korps welches er in der Gegend vom Moordyk gesammelt, gerade über diesen Arm des Meeres setzen, dessen Breite ungefähr zwei Lieues beträgt, die Festungen Breda und Gertruydenberg rechts, Bergen op Zoom, Steenbergen, Klundert und Wilhelmsstadt links <15> maskiren, und so geradezu auf Dordrecht losgehen, von wo aus er in das Herz von Holland eindringen, und ohne die geringste Schwierigkeit über Rotterdam,

Delft, Haag, Leyden, und Harlem, bis nach Amsterdam kommen würde. Er wollte alsdann die holländischen Festungen von hinten angreifen, während der General Miranda mit einem Theile der großen Armee Mastricht und Venlo maskiert und bombardiert haben, und sobald er die Ankunft des Generals Dümouriez in Dordrecht erfahren hätte, dem General Valence die Fortsetzung der Belagerung von Mastricht übertragen haben würde, und mit fünf und zwanzigtausend Mann selbst auf Nimwegen losgegangen wäre, wo sich der General Dümouriez mit ihm von Utrecht aus vereiniget hätte. Dieser Operationsplan, mit der größten Schnelligkeit ausgeführt, mußte wenig Hinderniß finden, weil der Statthalter weder eine Armee, noch einen Vertheidigungsplan hatte, und weil unter allen zu vermuthenden Angriffen, dieses der allerunwahrscheinlichste war, da es, so <16> zu sagen, hieß, eine Armee durch ein Nadelöhr defilieren lassen.

Gelang das Projekt, so war Dümouriez Absicht, sobald er Holland erobert haben würde, alle Nationalgarden in die Niederlande zurückzuschicken; bloß die Linientruppen und seine sichersten Generale bey sich zu behalten; den Generalstaaten den Befehl abzuzwingen, ihm alle Festungen zu überliefern; nur die aller wesentlichsten Veränderungen in der Regierung zu verstatten; den holländischen Revolutionsausschuß aufzuheben, dessen Gliedern er schon im Voraus erklärt hatte, im Fall die Sache gelänge, und sie das Zutrauen ihrer Mitbürger besäßen, sollte ein jeder von ihnen in der Provinz, zu welcher er gehörte, bei der Administration angesetzt werden; ferner, die batavische Republik vor den Konventskommissaren und dem Einfluß der Jakobiner zu schützen; auf das schleunigste zu Amsterdam, in Seeland und im Texel eine Flotte auszurüsten um die Besitzungen in Ost- und Westindien zu sichern, und die dortigen Besatzungen zu verstärken; den Engländern <17> eine vollkommene Neutralität anzudeuten; in Zutphen und Geldern eine Observationsarmee von dreyßig tausend Mann zu sammeln; Geld und Waffen zu liefern, um im Antwerpischen, in Flandern und Kempenland {denn auf diese Gegenden konnte er rechnen} andre dreyßigtausend Mann ins Feld zu stellen; die französische Armee ins Lüttichsche zu vertheilen; in ganz Belgien das Dekret vom 15ten Dezember abzuschaffen; dem Volke frey zu stellen, sich in Alost, Antwerpen oder Gent zu versammeln, um sich eine dauerhafte und seinen Wünschen entsprechende Regierungsform zu geben; als dann eine gewisse Anzahl belgischer Regimenter zu errichten, deren jedes aus 800 Mann bestünde, und die zusammen gegen vierzigtausend Mann ausmachen würden, sie mit der gehörigen Kavallerie zu versehen, und hierauf den Kayserlichen einen Waffenstillstand anzutragen; wenn diese ihn ausschlügen, sie mit einer Macht von mehr als hundert und funfzig tausend Mann über den Rhein zu jagen; wenn sie ihn annähmen, <18> die dadurch gewonnene Frist und Mittel zur gänzlichen Vollendung seines Projekts anzuwenden, welches darin bestand, entweder aus den siebzehn Provinzen eine Republik zu machen, wenn es der Wille beider Völker wäre, oder wenigstens, wenn die völlige Vereinigung nicht zu Stande käme, zwischen der belgischen und batavischen Republik eine Offensiv- und Defensivallianz zu schließen, und in beiden eine Armee von achtzigtausend Mann bis zu Ende des Kriegs zu unterhalten; Frankreich den Vorschlag zu thun sich mit ihnen zu verbinden, allein unter der ausdrücklichen Bedingung, daß es eine Konstitution von 1789 wieder annähme und der jetzigen Anarchie ein Ende machte; wo nicht, mit den französischen Linientruppen und vierzig tausend Holländern und Belgiern auf Paris loszugehen, um den Konvent auseinander zu sprengen und den Jakobinismus zu vernichten.

Dieses war Dümouriez Projekt; nur vier Menschen wußten darum; der Leser wird es für eine Chimäre halten, und dennoch <19> hat nicht viel an dessen Ausführung gefehlt; ja, nach der Stimmung der Gemüther und nach allen Berechnungen der Kriegskunst war der Erfolg unfehlbar, wenn die unglücklichsten Begebenheiten, die mit den Dispositionen und Operationen des Generals nicht in der entferntesten Verbindung fanden, alle seine Anstalten nicht umgestoßen und ihn gezwungen hätten seiner Hofnung zu entsagen, umzukehren, die Fehler seiner Unterbefehlshaber zu verbessern, und die große Armee, die im Begriff stand, gänzlich verloren zu gehn, zu retten. Wäre das Projekt geglückt, so hätte der Krieg ein Ende gehabt, und Frankreich wäre gerettet worden. <20>

Zweytes Kapitel.

Bildung der Armee – Befehle an die große Armee – Vorschläge an den Kriegsminister – Thouvenot und Petitjean zu Antwerpen – Befehl belgische Regimenter zu errichten – Valence zu Antwerpen – Darlehn – Manifest.

Nachdem das Projekt entworfen war, mußte erst alles geschaffen werden, um es in Ausführung bringen zu können. In Antwerpen lagen bloß zwey schwache Bataillone von der Nationalgendarmerie, jedes ungefähr 350 Mann stark, ohne alle Disziplin, zum Kriege untauglich, und für die Generale und den friedlichen Bürger allein gefährlich. Diese wüthenden Janitscharenhorden bekamen täglich vierzig Sols, in Gelde, ohne Abzug, wählten sich selbst ihre Offiziere und begingen allen möglichen Unfug. Als sie der General musterte, kündigte er ihnen mit vieler angenommenen Strenge an, daß er sie, bey der geringsten Widersetzlichkeit, oder wenn sie die Unordnungen, die man ihnen Schuld <21> gäbe, nicht nachließen, unverzüglich nach Frankreich zurückschicken würde. Diese Nationalgendarmerie bestand aus den vormaligen französischen Leibgardisten. Es lagen überdieß noch in Antwerpen 150 Mann vom zwanzigsten Kavallerieregimente, und drey Bataillone Nationalgarden, nebst der batavischen Legion, ungefähr 2 000 Mann stark, worunter 200 beritten waren. Ein Dutzend Bataillone neuangeworbener Nationalgarden, mehrentheils ohne Flinten, Patrontaschen und Schuhe, waren in den Städten und Dörfern von Westflandern kantonniert, und erwarteten die Eröffnung des Feldzuges nur im May.

Es war kein einziges Stück grobes Belagerungsgeschütz, keine Haubitze, kein Magazin, kein Geld, kein Kriegskommissar, keiner der übrigen Kriegsoffizianten da; und doch war keine Zeit zu verlieren. Die Uebereilung, mit welcher der Nationalkonvent am ersten Februar den Krieg erklärt hatte, war für die Holländer der günstigste Fehler gewesen; sie waren gewarnt worden; <22> sie konnten auf Vertheidigungsmittel denken; wofern der General nicht mit der äußersten Eilfertigkeit zu Werke ging, so wurde der Angriff unmöglich; und hätten sie ihre Zurüstungen mit derselben Schnelligkeit gemacht, so vereitelten sie gleichfalls das ganze Unternehmen.

Der General Miranda war den ganzen Winter an der Spitze der Nordarmee geblieben. Dieser General war aus Peru gebürtig, hatte vielen Verstand und viel Kenntnisse, besaß mehr Theorie von der Kriegskunst als alle übrigen Generale der Armee, hatte aber nicht selbst Krieg geführt; durch seine genaue Freundschaft mit Pethion war er im vorigen Jahre als *Maréchal de Camp* in französische Dienste getreten; er hatte sich im Lager zu Grandpré in Champagne an den General Dümouriez angeschlossen, ihm viel Anhänglichkeit gezeigt, und wider die Preussen, zumal in dem Rückzuge am 15ten September über St. Menehould wichtige Dienste geleistet. Dabey hatte dieser General aber einen widrigen, stolzen und <23> harten Karakter, der ihn allgemein verhaßt machte; er verstand sich gar nicht darauf, Franken anzuführen, denen man beständig mit Zutraulichkeit und Munterkeit begegnen muß.

Der General Dümouriez hatte ihn schon im Monat November 1792 zum Generallieutenant ernennen lassen, und ihm das Kommando über die Nordarmee übertragen, mit der Hoffnung, ihn bei der ersten Gelegenheit zum General *en Chef* erhoben zu sehen. Miranda war neidisch darüber, daß Valence, der doch älterer Generallieutenant war als er, nachdem er in dem Feldzuge von 1792 die Avantgarde des Generals Kellermann und verschiedene besondere Korps mit so großem Ruhm angeführt hatte, auf die Anfrage des Generals Dümouriez zum General *en Chef* ernannt worden war, und vergab dem General diese Hintansetzung nicht. Noch hatte er aber seine Empfindlichkeit, seine brennende Leidenschaft über dieses Scheinunrecht nicht geäußert; nur in der Schlacht bei Neerwinden hat er ihr, zum <24> größten Unglück von Frankreich, Luft gemacht. Bis dahin schien er voll Eifer und Ergebenheit für seinen Chef, der ihm von Paris aus geschrieben hatte, er möchte sein Belagerungsgeschütz in Bereitschaft setzen, um den Feldzug sehr früh mit der Belagerung von Mastricht eröffnen zu können, wenn sich die Sachen mit England und Holland nicht friedlich anließen.

Der General Lanoue führte die Armee des Generals Dümouriez in seiner Abwesenheit an; er war ein rechtschaffener tapferer Mann. Funfzig Dienstjahre hatten ihm Erfahrenheit und Achtung verschaft, aber zugleich sein Feuer gedämpft. Er hatte den General Thouvenot, Chef des Generalstabs bei der Armee, einen äußerst verdienstvollen Offizier, zum Gehülfen.

Die Armee des General Valence wurde in dessen Abwesenheit durch den Generallieutenant Leveneur kommandirt, der zwar viel persönliche Bravour, aber wenig Kopf und Geschicklichkeit besaß. <25> Der General Dümouriez befahl dem General Miranda sich mit einem Theil seiner Armee vor Mastricht zu zeigen, doch so daß er das Ufer der Niedermaas nicht bloß gäbe; sich auf Kosten der beiden übrigen Armeen zu 25 bis 30 000 Mann zu verstärken; diesen Befehl den andern Generalen mitzutheilen, damit sie ihre Kantonnirungsquartiere näher zusammen zögen, und ihre Truppen beständig wachsam und bereit erhielten, sich auf den ersten gegebenen Wink zu versammeln, wenn die Kaiserlichen, die sich längs der Erfel verstärkten, und die Preußen, die sich um Wesel setzten, sich zu vereinigen Mine machten, um Mastricht zu entsetzen, wie man es vermuthen müßte. Der General Dümouriez glaubte wohl daran zu thun, dieser Observationsarmee keine Sammelplätze im Falle der Zerstreuung anzuzeigen, und gesteht, daß er hierin einen sehr großen Fehler begangen hat.

In der Folge seiner Instruktion an den General Miranda, entwickelte er ihm mit der größten Zutraulichkeit seinen Angriffsplan <26> Holland. Er schrieb ihm, er möchte in einer so unschicklichen Jahreszeit auf keine förmliche Belagerung von Mastricht bedacht sein, sondern den Ort rasch einzunehmen suchen, ihn mit einem Hagel von Bomben und Feuerkugeln, gerade wie es der Herzog von Sachsen-Teschen mit Lille gemacht hätte, ängstigen, sich nicht zu lange dabei aufhalten, sondern bey dem ersten Kurier, der ihm melden würde, daß der General Dümouriez über den Moordyk gesetzt habe, die Fortsetzung der Belagerung dem General Valence überlassen, der unverzüglich aus Paris erwartet wurde, und mit der größten Schnelligkeit auf Nimwegen losgehen, so daß er längs der klevischen Gränze zu marschiren hätte, um die Preussen abzuschneiden, wenn sie gesonnen wären, noch vor ihm in Holland anzukommen; er befahl ihm ferner, die Festung Venlo durch den geschickten Ingenieurgeneral Champmorin angreifen zu lassen, während er selbst Mastricht belagerte, um Herr von der Niedermaas bis Genep zu seyn; er gab <27> ihm nur 25 bis 30 000 Mann, um die Niederlande und die Obermaas nicht zu sehr zu entblößen, empfahl ihm die größte Eilfertigkeit in seinen Zurüstungen, damit Mastricht gegen den 12ten und 13ten blokirt seyn könnte, und setzte ihm den vortrefflichen Ingenieur und Generallieutenant Bouchet an die Seite, um die Belagerung führen zu helfen.

Den Generalen Lanoue und Thouvenot schrieb Dümouriez ungefähr dasselbe; und trug ihnen auf, der Armee bekannt zu machen, er würde bald wieder zu ihr kommen, sobald er die Winterquartiere längs der Niedermaas bereitet haben würde. Dem General Moreton, Kommendanten in Brüssel, schrieb er, daß er unverzüglich nach dieser Stadt kommen würde, und dem General Harville gab er Befehl, seine kantonnirenden Truppen den 20ten bei Namur zu versammeln, weil er, Dümouriez, den 22ten über seine Division Musterung halten würde. Auf diese Weise täuschte er zugleich diejenigen von seinen Generalen, die nicht <28> mit ihm agiren sollten, und den Feind, der gar nicht errathen konnte, auf welcher Seite der Feldzug angehen würde.

Einige Tage nachdem der General Dümouriez Paris verlassen hatte, war Pache endlich vom Kriegsministerio abgegangen, und Maire von Paris geworden. Man hatte den General Beurnonville an seine Stelle ernannt, den Dümouriez in sehr kurzer Zeit zum Generallieutenant, zum General *en Chef* gemacht, den er so oft seinen Ajax[46], seinen Sohn genannt hatte, und der auch im Anfange mit der größten Arglosigkeit, so viel von ihm abhing, alles that und bewerkstelligte, was ihm sein Vater vorschlug oder empfahl, oder was er selbst für ihn nützlich zu seyn glaubte. Der General that ihm bloß zu wissen, daß er auf Holland losgehen wollte, ohne ihm seinen Plan zu entwickeln, aus Besorgniß, durch die Schwatzhaftigkeit oder den bösen Willen der Kommis im Kriegsbüreau verrathen zu werden.

Wenige Tage vorher, ehe Pache das Kriegsministerium verließ, hatte er Befehl <29> gegeben, die wenigen übriggebliebenen Festungswerke von Mons und Dornik zu schleifen. Ein so unschicklicher Befehl hatte die Einwohner dieser beiden Städte äußerst aufgebracht; der General, dem dieses nicht unbekannt blieb, hielt mit der Vollführung desselben ein, bat nicht allein den neuen Kriegsminister, die Ordre zu widerrufen, sondern rieth ihm auf das angelegentlichste an, die Festungswerke dieser beiden Städte unverzüglich ausbessern, und das Bergschloß bey Huy befestigen zu lassen; er schlug ihm vor, einen Erdwall um Mecheln aufzuwerfen, weil diese Stadt, im Nothfall, unter Wasser gesetzt

---

[46] Ajax bzw. Aias heissen zwei Helden im Trojanischen Krieg.

werden, und auf diese Weise den Feind aufhalten könnte; ferner, möchte man gute Batterien vor Nieupoort, Ostende und Dünkirchen anlegen, um die Defensionslinie unser Gränze auszumachen, damit sie, im sehr wahrscheinlichen Falle der Räumung der Niederlande nicht so leicht durchbrochen werden könnte; man möchte die Linien zwischen Dünkirchen und Bergen vollkommen wieder herstellen, ein befestigtes Lager bey Mont-Kassel <30> errichten, und, als Feldposten, die Stadt Orchies zwischen Lille, Douay und Kondé; Bavay, vor Quesnoy, zwischen Kondé und Maubeuge; und Beaumont, zwischen Maubeuge und Philippeville, befestigen.

So rieth der General Dümouriez, dem man jetzt Schuld geben darf, er habe sein Vaterland verrathen: ach! er diente ihm bis auf den letzten Augenblick mit der unverbrüchlichsten Treue; er wird ihm mit dem selben Eifer aufs neue dienen, sobald es einen König und eine Konstitution haben wird! Wäre ein Rath pünktlich befolgt worden, so würde die kombinierte feindliche Armee länger an der äußersten Gränze aufgehalten worden seyn, und bei ihrem Vordringen gegen Frankreich mehr Widerstand gefunden haben.

Dümouriez hielt auch beym Kriegsminister um Verstärkung an, und bat sich vorzüglich den General Arçon und ein Korps Ingenieurs aus, weil er viel Belagerungen zu führen haben würde. Beurnonville that gleich alles, was in seiner Macht stand, und <31> Arçon kam zur rechten Zeit an. Dieser *Maréchal de Camp* ist einer der besten Ingenieurs und der rechtschaffensten Männer in Frankreich; gleichwohl hatte ihn der Prinz von Hessen, ein verächtlicher Jakobiner, des Aristokratismus beschuldigt, und er war abgesetzt worden. Dümouriez, dem seit langer Zeit eine Verdienste und sein Patriotismus bekannt waren, ließ ihn wieder einsetzen, und das Vaterland hat sich wohl dabey befunden.

Der General Deflers kommandirte zu Brügge. Er war ein guter Soldat, allein voller Eigensinn und ohne Geschicklichkeit, Da er im Lager bei Maulde eine Wunde erhalten hatte, so machte ihn der General zum *Maréchal de Camp* und zum Kommandanten von Brügge und Westflandern. Hier sollte er die zehntausend Mann übernehmen, die der Minister Pache auf sein Verlangen in diese Gegend geschickt hatte. Wie der General nach Brügge kam, theilte ihm Deflers ein Projekt mit, die Stadt Sluys zu überrumpeln; Dümouriez stellte <32> sich, als billige er das Unternehmen, und schickte Deflers zu Beurnonville, mit der Bitte, ihm ein Korps von fünf bis sechs tausend Mann und etwas Artillerie in der Gegend von Brügge zu verschaffen, womit er das holländische Flandern bedrohen könnte, und er erhielt eben so schnell als genau, was er verlangte.

Dümouriez' Projekt war nicht, den General Deflers mit diesem Korps zur Eroberung des holländischen Flanderns abzuschicken, denn es war für die dortige Festung zu schwach; er wollte dieses kleine Korps zu seiner eigenen Disposition haben, um in der Gegend von Antwerpen und Breda die Armee zu ersetzen, mit welcher er nach Holland gehen wollte. Diese Truppenversammlung sollte ferner dazu dienen, die Holländer über den wahren Angriffspunkt zu täuschen, zumal da der General Deflers selbst im Irthum stand, und sehr in die Augen fallende Vorkehrungen zu seiner Expedition traf. <33> Der General Dümouriez hatte damals noch keinen einzigen Offizier vom Oberstabe bey sich; er hatte sie alle in Lüttich zurückgelassen: keiner seiner Adjudanten war ihm gefolgt, außer seinem getreuen Baptiste. Er hatte mit Fleiß seine Equipage und Adjudanten bei der großen Armee gelassen, um alles in dem Wahn zu erhalten, daß er bald wiederkommen würde, und sich nur einige von seinen Pferden nach Antwerpen nachschicken lassen, unter dem Vorwande, die Kantonnirungsquartiere längs der Maas bereisen zu wollen. Zu seinem Oberstabe hatte er vier Adjudanten beordert, und den Obersten Thouvenot, einen jüngern Bruder des Generals gleichen Nahmens, über sie gesetzt. Dieser Offizier, der beständig seines Generals Freund gewesen ist, verdient den Nahmen eines rechtschaffenen, einsichtsvollen, tapfern und gewandten Mannes. Er ist dem General während des holländischen Feldzuges, und seitdem beide die Armee verlassen, von dem größten Nutzen gewesen. <34> Der General Thouvenot war bey der großen Armee unentbehrlich. Er allein kannte die Winterquartiere und das Detail des Oberstabes vollkommen; er allein verstand die große Kunst, die Generale, die mit einander uneins waren, wieder auszugleichen. Man wußte, daß er des Generals Dümouriez ganzes Zutrauen besaß; man wußte, daß er es verdiente; dieses machte ihn zwar nicht beliebter, verschafte ihm gleichwohl die erforderliche Achtung, und man gewöhnte sich, seine Meinung, da er mit den Absichten seines Generals so genau bekannt war, für den Befehl des Generals selbst anzusehen.

Der anordnende Kommissar Petitjean hatte bey der Armee alles zur Belagerung von Mastricht, zu den Kantonnirungsquartieren längs der Maas und Roer, zu den Winterquartieren in Belgien, zu den Magazinen aller Art gehörige allein und ohne Hülfe zu besorgen. Man konnte ihn, so lange sein Kollege Malüs, den man noch beständig in Paris zurückbehielt, ungeachtet man dem General versprochen hatte, ihn wieder <35> nach den Niederlanden zu schicken, nicht lange von seinem Posten entfernt halten. Dümouriez ließ ihn mit dem General Thouvenot auf zwei Tage nach Antwerpen kommen, und in diesen zwei Tagen richtete er alles mit ihnen ein, so daß in einer so kurzen Zeit ein Korps zusammengebracht, bewaffnet, mit allem versorgt und ins Feld gestellt wurde.

Von Lüttich ließ er den General Labayette und den Oberstlieutenant Lamartiniere kommen, um seinen, freilich sehr unbedeutenden Artillerietrain in Ordnung zu bringen. Diese beyden Offiziere haben ihm mit einem Eifer und einer Einsicht gedient, die alles Lob verdient und übersteigt.

Er gab dem General Thouvenot und dem anordnenden Kommissar Petitjean bey ihrer Abreise eine Instruktion zur Errichtung von fünf und zwanzig gleichförmigen belgischen Bataillonen, jedes von 800 Mann mit; die Generale und Kommendanten der verschiedenen belgischen Provinzen bekamen den Auftrag, diese Bataillone einzeln zusammen <36> zu bringen, und der General Thouvenot war als Generalinspektor darüber gesetzt; Petitjean hatte ihre Mondierung, ihre Bewafnung, ihre Musterung, ihren Sold zu besorgen, weil ein Dekret des Nationalkonvents alle belgische Truppen in französischen Sold setzte. Bis dahin hatten die belgischen Provinzen willkührlich Legionen, Regimenter und Korps von ungleicher Stärke unter sich errichtet, mit einer überflüßigen Anzahl von Offizieren, die man nach der Angabe eines sogenannten belgischen Kriegsausschusses, der so unwissend als gewissenlos war, und von einem gewissen General Roziere, einem verabschiedeten französischen Offizier ohne Verdienst und Talente, beherrscht wurde, auf Treue und Glauben bezahlte.

Als der General Valence von Paris zurückkkam, ging er durch Antwerpen, um vom General Dümouriez seine Instruktionen einzuholen. Dümouriez theilte ihm seinen ganzen Plan mit, wiederholte ihm die Befehle, die er dem General Miranda gegeben <37> hatte, und die das Heer betrafen, welches er, der General Valence, kommandieren sollte, erst um die Belagerung von Mastricht zu decken, und hernach um sie fortzusetzen, wenn sie gegen die Zeit, da Miranda nach Nimwegen marschieren müßte, noch nicht zu Ende wäre. Er empfahl ihm die Winterquartiere seiner und der großen Armee zu bereisen, einen Sammelplatz zu bestimmen, über die Bewegungen der Feinde ein wachsames Auge zu haben, und sich immer bereit zu halten, sie zu observiren, und im Nothfall sich mit ihnen schlagen zu können, wenn sie einen Versuch wagten, Mastricht zu entsetzen, wie zu vermuthen war. Vor allen Dingen empfahl er ihm die größte Eilfertigkeit, und ein vollkommnes Einverständniß mit dem General Miranda. Er schickte zu gleicher Zeit dem General Lanoue den Befehl zu, dem General Valence in allen Stücken Folge zu leisten, dem er vorzüglich eingebunden hatte, mit dem General Thouvenot, der ihm von großem Nutzen seyn konnte, alle seine Maaßregeln zu verabreden. <38> Der Finanzausschuß des Nationalkonvents, welcher entweder den Generalen nicht traute, oder ihnen alles in den Weg legen wollte, hatte Befehl gegeben, daß die Rendanten den Soldaten bloß ihren Sold auszahlen sollten, ohne für die übrigen Ausgaben hinlängliche Fonds auszuwerfen, ungeachtet man wußte, daß die Truppen ohne Schuhe, ohne Kleider und Waffen waren. Folglich hatte der Hauptrendant der Armee für das Truppenkorps, welches zur holländischen Expedition bestimmt war, nur die Fonds zum Solde für vierzehn Tage gehoben, und diese Fonds beliefen sich auf zweymal hundert und vierzig tausend Livres. Diese mäßige Summe ist alles, was für die holländische Expedition bestimmt worden ist, und die Armee hat nicht einmal so viel gekostet, weil sie auf Kosten des feindlichen Landes gelebt hat. Gleichwohl hatte es eine Menge zufälliger und außerordentlicher Ausgaben gegeben.

Aller Plünderungen und Plakereyen der Franken ungeachtet, ließ die belgische Nation <39> jedoch dem General Dümouriez Gerechtigkeit widerfahren. Keine Stadt in Europa enthält in ihren Ringmauern so viel reiche Kapitalisten als Antwerpen. Seit der Zerstörung ihres Handels haben die Einwohner dieser Stadt durch die genaueste Wirthlichkeit diese für sie verstopfte Quelle des Reichthums zu ersetzen gewußt. Sie verzehren nur einen geringen Theil ihrer Einkünfte, und legen die übrigen Zinsen zu neuen Kapitalien an, die sie mit jedem Jahre vermehren und anhäufen. Der General versammlete die Magistratspersonen und die Vornehmen der Stadt; er schlug ihnen eine Anleihe von zwölfmal hunderttausend Gulden vor. Ein gewisser Kaufmann, Nahmens Verbroek, bekam den Auftrag das Geld herbeizuschaffen, und der anordnende Kommissar Petitjean erhielt die nöthigen Befehle zur Anwendung dieser Summe. Es sind nur zweimal hundert tausend Gulden herausgekommen, die der Armee vortrefflich zu Statten gekommen sind. Sie haben dazu gedient, die Nordlegion, die Husaren der <40> Republik und verschiedene andre belgische und französische Korps zu kleiden und zu bewaffnen. Der General Dümouriez, der nicht einmal so viel Zeit fand, die Anwendung dieser Anleihe in ihren verschiedenen Theilen nachzusehn, und während der Zeit, als sie gemacht und verbraucht wurde, in Holland war, ist auch in diesem Stücke verläumdet worden. Man hat im Jakobinerklub, und nachher im Konvent ausgesprengt, er hätte diese ganze Anleihe in seine Tasche gesteckt. Einem Manne, der eine so wichtige Angelegenheit über sich genommen hatte, als die Eroberung von Holland war, blieb wahrlich keine Zeit übrig, an Geld zu denken.

Vor seinem Einfall in Holland ließ er ein Manifest ergehen, welches, mit Recht, dem Hause Oranien beleidigend vorkommen mußte. In einem gewöhnlichen Kriege würde dieses Stück sehr unschicklich gewesen seyn, ungeachtet uns die Geschichte zeigt, daß den Feindseligkeiten zwischen den ausgebildetsten Völkern mehrentheils gegenseitige Schmähschriften, Beschuldigungen und Klagen <41> vorangeschickt werden. Allein man würde Unrecht thun, wenn man dem moralischen und persönlichen Karakter des Generals Dümouriez das beylegen wollte, was er seinem politischen und öffentlichen Karakter zu Folge thun mußte. Es kam darauf an, eine ansehnliche Parthey in Holland, die durch ihr vergangenes Unglück zaghaft geworden war, wieder aufzurichten; es kam darauf an, den Muth und die Hoffnung der Anhänger des Statthalters niederzuschlagen; es war nothwendig, die Sache der Nation von der Sache des Statthalters zu trennen, und sie ihm, so viel als möglich, persönlich zu machen; dieses war sogar der Gerechtigkeit gemäß, denn die holländische Nation begehrte den Krieg nicht, fürchtete ihn sogar, als ihrem Interesse zuwider. Folglich ist dieses Manifest eine Geburt der Zeit und Umstände, die den General Dümouriez überdieß vor dem Tadel und der Verfolgung des Nationalkonvents sicherte, von dem er alles zu befürchten hatte, bis es ihm geglückt seyn würde, in Holland einzudringen. <42> Alle diese Zurüstungen waren zur rechten Zeit gemacht, die Armee war in zehn Tagen marschfertig, und am 17ten rückten die ersten Kolonnen ins holländische Gebiet ein. Das allerwichtigste war, die Schwäche dieses kleinen Korps allenthalben zu verbergen: dieses gelang dem General so gut, daß die Truppen sich selbst dreyßig tausend Mann stark schätzten. Eben so ging es den Holländern; diese glaubten, sie hätten es mit einer ansehnlichen Macht zu thun, und viele Einwohner aus Antwerpen, die ihnen zu Spionen dienten, bestätigten sie in diesem Irthum, und gaben, weil sie selbst betrogen wurden, die Anzahl der durch diese Stadt defilierenden Truppen weit stärker an, als sie es in der That war. <43>

Drittes Kapitel.

Versammlung der Armee — Deren Stärke — Erste Bewegungen — Zusammenkunft mit dem schwedischen Gesandten — Einnahme von Breda, Klundert, Gertruydenberg — Belagerung von Wilhelmstadt — Blokade von Bergen op Zoom und Steenbergen — Heusden wird aufgefordert — Der General am Moordyk — Zubereitungen zum Uebergang bey dem Moordyk und Roowaert — Zweytes Projekt, bei Gertruydenberg — Der General bekommt den Befehl abzureisen — Verläßt die Armee — Seine hinterlassene Instruktion an den General Deflers.

Schon am 17ten stand die Armee jenseits Antwerpen, auf holländischem Grund und Boden, und erstreckte sich von Bergen op Zoom bis eine halbe Meile von Breda, in sehr gedrängten Kantonnirungen, wo sie den Befehl zum Haltemachen erhielt, damit die Artillerie nachkommen könnte. Der General, der noch sehr vieles, theils wegen dieser Expedition, theils was die große Maasarmee und die Angelegenheiten der Niederlande <44> betraf, zu berichtigen hatte, sahe sich genöthigt, länger in Antwerpen zu bleiben, und konnte nur am 22ten mit der Artillerie und den letzten Kolonnen ausrücken.

Seine Armee bestand aus einundzwanzig Bataillonen, worunter nur zwey Bataillone Linientruppen waren, nämlich das neunzigste Regiment, ehemals Conti, welches noch keinen Feind gesehen hatte, und die Nationalgendarmen. Wären diese einundzwanzig Bataillone vollzählig gewesen, so hätte ihre Stärke zwischen 12 und 14 tausend Mann betragen; so aber waren sie nicht zehntausend Mann stark. Drey Bataillone Freywilliger hatten die vorjährige Kampagne in Flandern mitgemacht; alle übrigen waren neulich angeworben, lauter Knaben von dreyzehn bis sechszehn Jahren. Nur acht Bataillone führten Kanonen bey sich. Die Kavalerie bestand aus hundert unvergleichlichen Leuten vom zwanzigsten Regiment, aus fünfzig Dragonern vom 5ten Regiment, aus dem achten Husarenregimente, welches ungefähr dreyhundert Mann stark war, die <45> schlecht beritten, schlecht bewaffnet und neu angeworben waren, ferner aus hundert ziemlich guten belgischen Husaren, aus achtzig batavischen Dragonern, und der Nordlegion von dreihundert Mann, die erst kürzlich angeworben, ohne alle Uebung und Disziplin waren, und vom Obersten Westermann angeführt wurden. Die leichten Truppen bestanden aus drey batavischen Bataillonen, die sehr gute Dienste geleistet haben, und ungefähr 1 500 Mann stark sein mochten, aus etwa tausend in Brügge und Gent angeworbenen Belgiern, worunter 200 Dragoner zu Fuß, und aus der Infanterie der schon benannten Nordlegion, die ungefähr 1 200 Mann betrug, und aus schlechten Soldaten und vielem Raubgesindel zusammengesetzt war. Die ganze Armee, wenn sie vollzählig gewesen wäre, hätte ein Korps von 18 000 Mann ausgemacht; so aber war sie nur 13 700 stark. Die Artillerie bestand aus vier Zwölfpfündern, acht Achtpfündern, vier Mörsern von zehn Zoll im Durchschnitt, zwanzig kleinen Granatenmörsern, und vier Haubitzen. <46> Der General theilte dieses kleine Korps in vier Theile. Seine Avantgarde bestand aus zwey Bataillonen Nationalgarden, zwey Bataillonen Bataver, dem Korps der Belgier, einem Theile der Nordlegion, den funfzig Dragonern des sechsten Regiments, den achtzig batavischen Dragonern und der Kavalerie der Nordlegion; dieser Vortrab stand unter dem General Berneron. Die rechte Division hatte den General Arçon und den Obersten Westermann zu Anführern; sie bestand aus neun Bataillonen Nationalgarden, den zwey Bataillonen der Gendarmerie, die nur für eins gerechnet wurden, und der Hälfte der französischen Husaren. Die linke Division stand unter dem Kommando des Generals Leclerc, Chefs des Regiments Bouillon, den der General Dümouriez von der großen Armee an sich gezogen hatte; sie bestand ebenfalls aus neun Bataillonen, worunter eins von Linientruppen, und 150 französischen Husaren; dieses Husarenregiment hat aus Mangel an Pferden und Waffen eine Zeitlang zurückbleiben <47>

müssen, und ist nur vor Breda zur übrigen Armee gestoßen; dabey war es in der größten Unordnung, so daß der General sich gezwungen sahe, den Obersten, mit Nahmen Dümont, einen Schneider aus Lille, der zugleich ein Dummkopf, ein Schelm und ein Säufer, aber dabey ein feuriger Jakobiner war, zu kassiren, und das Regiment dem Oberstlieutenant Morgan, einem seiner Flügeladjudanten, zu geben. Die Arrieregarde stand unter dem General Tilly, gleichfalls einem der Adjudanten des Generals, und war aus einem Bataillon Nationalgarden, einem Bataillon Bataver, zweyhundert Belgiern, hundert Reutern vom zwanzigsten Regimente und hundert belgischen Husaren zusammengesetzt. Jedem dieser Korps gab der General eine kleine Artilleriedivision zu.

Mit dieser unbedeutenden Armee unternahm der General Dümouriez die Eroberung von Holland, weil er wußte, daß er eine mächtige Parthey in diesem Lande hatte, die ihn mit Ungeduld erwartete, und sich <48> allmälig für ihn erklären würde, je tiefer er eindränge. Es fehlte ihm, wegen der Schnelligkeit seiner Bewegungen, an Zeit, und wegen Mangel an Staabsoffizieren, an Mitteln, diese Armee zu organisieren, ihr die gehörige Disziplin zu geben, kurz, sie zu einem Ganzen zu machen. Allein sie war voller Feuer und Zuversicht; die Expedition selbst war ein *Coup de main*, und folglich dem Geiste seiner Nation vollkommen angemessen. Der General hatte seine Truppen mit der Rauhheit und Feuchtigkeit des Landes, mit den vielen kleinen Festungen, die zu erobern wären und die man unter Wasser setzen könnte, mit den Kanälen und Meeresarmen bekannt gemacht, über die der Weg ginge; allein mit der Beschreibung aller dieser zu übersteigenden Hindernisse verband er die frohe Aussicht der Freunde, Lebensmittel, Waffen, Kleider und Schätze, die sie, nach einmal überstandenen Gefahren, in Holland finden würden.

Der französische Soldat hat einen hellen Verstand, er läßt vernünftig mit sich reden, und <49> sobald sein General gescheut und ehrlich genug ist, ihm die Schwierigkeiten einer Expedition vorzumahlen, so denkt er bloß daran sie zu übersteigen, und macht sich ein Spiel daraus. Verbirgt man ihm dagegen die Gefahr, und er merkt sie, so stutzt er, verliert den Muth, oder vielmehr die Lust, das zu thun, wozu man ihn maschinenmäßig brauchen will, setzt ein Mistrauen in seine Chefs, und alsdann ist es fast unmöglich, ihn wieder zu gewinnen, und ihn mit Vortheil zu benutzen.

Der General hatte schon am 16ten den General Berneron mit der Avantgarde vorausgeschickt, und ihm versprochen, ihn Echelonweise mit der übrigen Armee zu unterstützen. Seine schriftliche Instruktion besagte

1. daß er vor allen Dingen ein Detaschement von 800 Mann Infanterie und 100 Pferden unter dem Kommando des Oberstlieutenants Daendels, eines gebohrnen Holländers, nach dem Moordyk schicken sollte, um dort und zu Swaluve und Roowaert alle Kähne in Beschlag zu nehmen und für <50> ihn zu behalten;

2. daß er seine Avantgarde längs dem kleinen Flüßchen Merk, von Oudenbosch und Sevenbergen bis nach Breda postieren sollte;

3. daß er eine Brücke über die Merk schlagen sollte, um mit dem Oberstlieutenant Daendels eine sichere Kommunikation zu behalten, und ihn gegen die Ausfälle der umliegenden Garnisonen im Nothfall decken zu können.

In Bergen op Zoom, Gertruydenberg und Breda lagen drey Dragonerregimenter, die zusammengenommen stärker waren, als die ganze Kavallerie des Generals Dümouriez: dabey hatten die Holländer hinlängliches Fußvolk zum *Soutien*. So viel ist ausgemacht, wenn sich diese Truppen gesammelt hätten, wenn die Reuterey von Herzogenbusch und Heusden dazu gestoßen wäre, so hätten sie mit leichter Mühe unsre Avantgarde werfen und das ganze Unternehmen vereiteln können; allein der General Dümouriez wußte, daß kein einziger holländischer General, der den Auftrag hatte, das Land zu vertheidigen, im Stande war, diese <51> Kavallerie zusammenzubringen; es leuchtete ihm ein, daß so lange kein allgemeiner Vertheidigungsplan entworfen wäre, jeder Kommendant nur für seine Festung besorgt, keine Schritt außerhalb derselben thun würde, um nicht einen Theil seiner unterhabenden Besazzung gegen eine Armee zu wagen, die man für sehr stark hielt, und welche, nach der Weitläufigkeit ihrer Kantonnirungen zu urtheilen, verschiedene Städte zugleich zu bedrohen schien. Keiner von den Kommendanten war sich einen so schnellen Angriff vermuthen gewesen, und jeder von ihnen hatte, in dieser Jahrszeit, Mühe, seine eigene Festung in Vertheidigungsstand zu setzen.

Wie der General am 22ten bey seinem ersten Kantonnirungsposten ankam, fand er mit eben so vieler Befremdung als Misvergnügen, daß keiner seiner Befehle ausgerichtet worden war, daß keine Division der Avantgarde über die Merk gegangen, und folglich die Holländer Zeit gewonnen hatten, alle Kähne am Moordyk nach dem entgegenstehenden Ufer, bey Dordrecht zu bringen, <52> und sie da von drey Küstenbewahrern, die in dieser Gegend stationierten, bewachen zu lassen. Dieser erste Fehler erschwerte ihm den Uebergang ungemein, und würde ihn ganz unmöglich gemacht haben, wenn er nicht andre Kähne aufgebracht hätte, um den Mangel derer zu ersetzen, auf die er gerechnet hatte.

Er ließ die Generale Berneron und Daendels auf der Stelle vorwärts rücken, befahl dem General Arçon, mit der rechten Division Breda zu blockieren, und dem Obersten Leclerc mit der linken Abtheilung in gedrängten Kantonnirungen Bergen op Zoom und Steenbergen einzuschließen. Die Kommendanten dieser beiden letzten Festungen verließen alle Außenwerke, und der Oberste Leclerc bemächtigte sich des kleinen Forts, Blav-Sluys genannt, welches vor Steenbergen liegt, und ließ den Kommendanten der Festung auffordern. Aus Bergen op Zoom wagte der kommandirende General zwey oder drey kleine Ausfälle, welche sonst keine Folgen hatten, als daß einige Ueberläufer <53> bey der batavischen Legion Dienste nahmen.

Der General rückte mit der Arrieregarde zwischen den beiden Divisionen seiner Armee bis nach Sevenbergen, und ließ die Avantgarde ins Prinzenland, wo Klundert und Wilhelmstadt liegen, vordringen. Diese beyden Festungen mußten belagert werden, und der Oberstlieutenant Daendels sich bey der Nordschanze postieren, um die Kommunikation zwischen Wilhelmstadt und Klundert abzuschneiden. Hier fand er drei kleine Fahrzeuge mit Verdecken, die er in Beschlag nahm, um, sobald es Zeit wäre, den Theil der Expedition zu besorgen, der ihm persönlich aufgetragen war. Der General hatte die beiden Holländer Koch und de Nuys zu Obersten ernannt: jener, voller Kühnheit und Beredsamkeit sollte Daendels begleiten; dieser, voller Weisheit und Muth, mußte bey ihm bleiben.

Die Schwierigkeit, über den Moordyk zu gehen, schien dem General nicht klein; und sein erstes Projekt sie zu überwinden, <54> war folgendes. Nach der Instruktion, die er dem General Berneron mitgegeben hatte, sollte Koch und Daendels schon am 17ten mit 900 Mann am Moordyk seyn, und von der ganzen Avantgarde längs der Merk soutenirt werden. Zugleich sollten sie sich aller Kähne, die sie auf der Küste finden würden, bemächtigen. Am 21ten oder spätstens am 22ten sollten sie sich in diese Kähne so gut sie könnten hineindrängen, um den Uebergang von ungefähr zwey Lieues bis zur Insel Dort zu bewerkstelligen; sie sollten gleich in die Stadt Dordrecht rücken, worauf sie glaubten rechnen zu können, die Garnison von ungefähr 250 Mann, mit Hülfe der Einwohner, die sie auf ihre Seite zu bringen hoffen, entwafnen oder an sich ziehen, und so von Dordrecht bis zum andern Ufer des Moordyks über 100 ganz segelfertige Kähne mit Verdecken, die sich dort befanden, herüberbringen, die drei oder vier stärksten darunter mit Kanonen versehen, und sie als Avantgarde gegen die drei kleinen Küstenbewahrer gebrauchen, um sie zu <55> zerstreuen, oder vielleicht gar zu entern und wegzunehmen, da sie schlecht bemannt und schlecht ausgerüstet waren. Unterdessen wäre die übrige Armee bis nach Sevenbergen, Oudenbosch, Swalluve und dem Moordyk vorgerückt, würde auf diesen Kähnen in einer oder zwey Divisionen übersetzen, während daß die Arrieregarde ihr den Rücken gedeckt und die Brücke über die Merk abgebrochen hätte, um den Garnisonen, die sie durch Ausfälle beunruhigen könnten, den Uebergang über den Fluß desto leichter zu wehren. Wären nur einmal drei bis vier tausend Mann glücklich herüber, so wäre die Brücke nach Holland gebaut; war die Armee nur erst in Dordrecht, so wäre kein Hinderniß mehr zu befürchten gewesen.

An dem Tage, wo der General Antwerpen verließ, hatte er den Baron von Stael, vormaligen schwedischen Gesandten, der eben nach Paris reisete, in einem Dorfe zum Abendessen. Er erfuhr von ihm, daß der ganze Strich von Deutschland und Holland, wo er durchgekommen war, seiner Expedition <56> den glücklichsten Fortgang wünschte, und daß man ihm in Utrecht, wo er erwartet würde, bereits Wohnzimmer einrichtete. Er bestätigte ihm die Nachricht, die der General schon erhalten hatte, daß die Parthey des Statthalters in der größten Bestürzung wäre. Ohne das Geheimniß seiner Reise ergründen zu wollen, rieth ihm der General, den Erfolg dieses Unternehmens abzuwarten, bevor er sich mit dem französischen Ministerium in etwas einließe, damit er seinen Hof nicht kompromittierte und ihn zwänge, alles förmlich abzuläugnen; auf alle Fälle, setzte er hinzu, sollte er ja in Paris nichts sagen, als was er gedruckt und der ganzen Welt bekannt gemacht wissen wollte. Der Gesandte versicherte ihm, er ginge bloß in eigenen Angelegenheiten dahin. Schon vorher hatte der General einem vornehmen polnischen Magnaten, der ihn gleichfalls besucht hatte, denselben Rath gegeben. Sein Grundsatz war, die auswärtigen Mächte so wenig als möglich mit dem Sklavenministerium einer Versammlung von 700 Faktionisten, <57> die weder Erfahrung, noch Gerechtigkeit, noch Verschwiegenheit besaßen, zusammenzubringen, und zu verhüten, daß sie ihrer Würde etwas verschenkten.

Der erste Plan des Generals war durch die Nachlässigkeit, mit welcher die Anführer der Avantgarde seine erste Instruktion befolgt hatten, gänzlich umgestoßen worden; dessen ungeachtet verlor er nicht alle Hofnung, gab sein Vorhaben nicht auf und veränderte nur seine Maaßregeln. Er hatte in den Kanälen, zwischen Oudenbosch und Sevenbergen 23 Kähne mit Verdecken, von 20 bis 70 Tonnen gefunden. Er übertrug einem Kriegskommissar von vielem Eifer und vielen Einsichten, mit Nahmen Boursier, die Sorge, die zu 1 200 Mann einzurichten. Vier darunter sollten Kanonen führen, und die Avantgarde der Flottille ausmachen. Er gab Befehl, alle Zimmerleute und Matrosen aus den benachbarten kleinen Fischerhäfen aufzuheben, ließ sie für Geld arbeiten und bezahlte sie reichlich von den Geldern, die der holländische Revolutionsausschuß <58> aus den Gütern des Statthalters und seiner bekannten Anhänger zog.

Seit ihrem Eintritt ins holländische Gebiet, kostete die Armee der französischen Republik nichts weiter, als ihren Sold. Das Land lieferte freiwillig Lebensmittel und Fourage; die Einwohner boten und gaben Geld, um das Unternehmen zu begünstigen. Nie ist eine Armee mit mehr Herzlichkeit aufgenommen worden, und nie haben Soldaten eine so freundschaftliche Aufnahme weniger verdient; denn die Gendarmerie und die leichten Truppen erlaubten sich alle mögliche Ausschweifungen und Verbrechen. Nicht so die Linientruppen und Nationalgarden; diese haben sich beständig mit Menschlichkeit und Ehrgefühl aufgeführt.

Da die Zubereitung der Flottille einige Zeit erforderte, so veränderte der General noch etwas in seiner Anlage. Seinem ersten Plan zu Folge, sollte er die Festungen bloß maskiren, und sich, so zu sagen, zwischen denselben wegstehlen, um sich gleich am Moordyk einzuschiffen. Jetzt sahe er sich <59> im Stande, diese Plätze anzugreifen, und rechnete so sehr auf die Unerfahrenheit und Schwäche ihrer Kommandanten, daß er sich schmeicheln durfte, wenigstens eine dieser Festungen wegzunehmen, welches den Ruhm seiner Waffen erhöhen, und ihm zugleich Geschütz und Kriegsmunition verschaffen würde, womit er nur kärglich versehen war.

Er wollte keine regelmäßige Belagerung anfangen; denn

1. mußte er in diesem Falle eine ganze Armee in einen Punkt vereinigen, und auf diese Weise, ihre Schwäche dem Auge seiner Feinde bekannt machen;

2. wäre er nicht im Besitz des platten Landes geblieben, und es wäre hiernächst den Garnisonen der benachbarten freyen Festungen leicht geworden, sich von ihrer ersten Bestürzung zu erholen, ins Feld zu rücken, ihm die Kommunikation mit Antwerpen abzuschneiden, seine Arbeiter am Moordyk zu vertreiben und seine einzige Hoffnung, seine kleine Flottille, zu zerstreuen.

Ohne also seine ersten Kantonnirungen, wo durch der Oberste Leclerc Bergen op Zoom <60> und Steenbergen blokierte, im geringsten zu verändern, befahl er dem General Arçon, Breda zu berennen, und ging zu gleicher Zeit mit seiner Avantgarde auf Klundert los.

Breda ist eine bekanntlich starke Festung; damals wurde sie durch 200 Stück Kanonen vertheidigt; sie war mit Palissaden bepflanzt und unter Wasser gesetzt. Zweytausend zweihundert Mann Infanterie und ein Regiement Dragoner lagen darin zur Besatzung; aber der Kommendant Graf Bylandt, war zwar ein guter Hoffmann, nur kein versuchter Krieger. Der Soldat kaufte sein Brot beim Bäcker, sein Fleisch beym Metzger, und hatte keine Magazine. Die meisten holländischen Festungen können unter Wasser gesetzt werden, und haben fürchterliche und weitläufige Außenwerke; allein vielen darunter fehlt es an Kasematten. Ungeachtet die Einwohner von Breda gebohrne Unterthanen des Prinzen sind, waren sie gleichwohl der entgegenstehenden Parthey zugethan. Der General Arçon, ohne die Laufgräben zu öffnen, errichtete <61> ganz nahe bey der Stadt, von der Seite des Dorfes Hage, zwey Batterien von vier Mörsern und vier Haubitzen. Die Feinde unterhielten drei Tage lang ein sehr lebhaftes Feuer. Am vierten hatte der General

Arçon nur noch sechszig Bomben übrig und sah sich im Begriff, die Belagerung aufzuheben, sobald er diesen Rest verschossen haben würde; der Oberste Philipp Devaux, Flügeladjudant des Generals Dümouriez, wurde also bei einer zweiten Aufforderung des Ortes, mit Versicherung, der General Dümouriez sey mit seiner ganzen Armee in Anmarsch, und würde alsdann kein Quartier geben, abgeschickt, und war so glücklich den Kommendanten Grafen von Bylandt dahin zu bewegen, mit Zustimmung aller seiner Offiziere, zu kapitulieren. Die Garnison zog mit allen Ehrenzeichen aus, und erhielt, was sie nur verlangte. Die Franken hielten ihren Einzug in Breda, wo sie 250 Stück Geschütz, beynahe 300 000 Pfund Pulver, und 5 000 Munitionsflinten, die sie höchstnothwendig brauchten, vorfanden. Der Ort <62> war ganz und gar nicht beschädigt, und nur einige Häuser von den Bomben mitgenommen worden. Die ganze Belagerung hatte von beiden Seiten keine zwanzig Mann gekostet. Die Franken trieben während derselben die Keckheit so weit, daß sie einmal auf der nicht überschwemmten Seite des Glacis die Karmagnole[47] tanzten. Dreyßig Dragoner von Bylandt thaten einen Ausfall auf die Tänzer, hieben einige darunter nieder, und kehrten mit sechs Gefangenen nach der Stadt zurück, verloren aber auch ihrerseits einige Leute und Pferde. Die Belagerungsarmee war 5 000 Mann stark, wovon man noch einige Korps, die zusammen 1 200 Mann ausmachen konnten, detaschirte, welche sich verschiedener Forts längs den Schleusen, nach Heusden zu, bemächtigten.

Klundert wurde zwei Tage nachher erobert. Es ist ein kleines, überaus regelmäßiges Fort, mitten in einer überschwemmten Gegend. Man vertheidigte es mit vieler Tapferkeit, aber mit geringer Einsicht. Der Kommendant, ein braver westphälischer <63> Oberstlieutenant, hatte nur 150 Mann zur Besatzung. Berneron hatte eine Batterie von vier Kanonen und verschiedene kleine Mörser hinter den Ueberschwemmungsdeich in einer Entfernung von 150 Klaftern von der Stadt

---

[47] Die Carmagnole ist ein Rundgesang und Tanz der Republikaner, der 1792 zur Zeit der Französischen Revolution aufkam. Er wurde u. a. während der Hinrichtungen um die Guillotine gesungen und getanzt. Der von einem unbekannten Autor verfasste Text verspottet den zur Zeit der Entstehung des Liedes faktisch bereits entmachteten französischen König Ludwig XVI. und dessen Frau Marie Antoinette. Der Titel spielt auf den Ort Carmagnola im Piemont an, der Anfang 1792 von den Franzosen eingenommen worden war.

aufgestellt, so daß in kurzer Zeit alle Häuser durchlöchert waren; als sich der Kommendant aller Hülfe entblößt sah, faßte er, nach einem wohlunterhaltenen allein unwirksamen Feuer von einigen Tagen, den Entschluß, seine Kanonen zu vernageln und sich mit seiner Garnison nach Wilhelmstadt zu retten. Unterwegens schnitt ihn ein batavisches Detachement unter dem Oberstlieutenant Hartmann ab, dem er eine Kugel durch den Kopf jagte, aber bald darauf dasselbe Schicksal hatte. Man brachte ihn todt nach Klundert zurück, und fand die Thorschlüssel in seiner Tasche. Die Besatzung wurde zu Kriegsgefangenen gemacht. In dem Orte fand man 53 Kanonen, einige Mörser, viel Bomben und Kugeln, und ungefähr 80 000 Pfund Pulver. Nun erhielt Berneron vom General Befehl, die <64> Belagerung von Wilhelmstadt sogleich anzufangen; zehn Stück Geschütz von den Wällen zu Klundert wurden wieder in guten Stand gesetzt, und der General Berneron bediente sich der in diesem Städtchen gefundenen Kriegsmunition, um Wilhelmstadt zu beschießen.

Zugleich erhielt der General Arçon Befehl, Gertruydenberg unverzüglich zu belagern. Der Ort ist klein, und von der Seite von Ramsdonk schlecht befestigt, weil er bloß mit einer Mauer jenseits des Flusses versehn ist, und von der umliegenden Gegend bestrichen werden kann. Allein auf dem linken Ufer des Dongeflusses wird er durch eine gute Ueberschwemmung, und zwey Reihen sehr starker Außenwerke beschützt, so daß man ihn in keinen drei Wochen eingenommen haben würde, wenn er mit Einsicht und Muth vertheidigt worden wäre. Die Garnison bestand aus dem Regiment Hirzel von acht bis neunhundert Mann, und aus dem prächtigen Gardedragonerregimente des Statthalters. Der Kommendant war ein alter <65> achtzigjähriger Generalmajor, Nahmens Bedault. Der General Arçon pflanzte gegen die Festung einige Kanonen und Mörser auf die er aus Breda mitgenommen hatte. Alle Außenwerke wurden gleich am ersten Tage erobert oder verlassen. Arçon brachte zwey oder drei Tage mit Errichtung der Batterien zu; kaum waren aber einige Schüsse von beyden Seiten geschehen, als der Oberste Devaux in die Festung eingelassen wurde, die Kapitulation aufsetzte und der Garnison einen ehrenvollen Abzug gewährte. Zu Mittag kam der General Dümouriez an, speisete mit dem alten Bedault, der ihm gestand, er habe sich ergeben, weil er vergebens auf Kähne von Dordrecht oder Gorcum gewartet, um sich einzuschiffen, und den Ort von der Wasserseite räumen zu können. Es waren einige Bomben in die Stadt gefallen, und unter andern eine auf sein Haus.

Während der Tafel benachrichtigte man den Kommendanten, daß die Kapitulation durch die Insolenz eines betrunkenen Obersten von der Nationalgarde verletzt worden <66> sey, der aller Schildwachen ungeachtet in die Stadt habe dringen, und den Oberstleutenant vom Hirzelschen Regimente mit dem Pistol todtschießen wollen. Der General Dümouriez ließ ihn, so trunken, er war, vor sich führen, riß ihm das Offizierepaulett ab, und machte ihn zum gemeinen Soldaten, zur großen Verwunderung aller Offiziere von der Garnison, die sich vergebens für ihn vermittelten. Der General unterhielt sich lange mit dieser Garnison, welche das schönste Ansehn hatte, und wird nie vergessen, daß der Oberstleutenant vom Hirzelschen Regimente, als er mit ihm auf dem Marktplatze spazieren ging, diese merkwürdigen Worte zu ihm sprach: *hodie mihi, cras tibi*[48]. Der gute Schweizer hatte einen prophetischen Geist. – Diese neue Eroberung brachte uns wieder mehr als 150 Stück Geschütz, 200 000 Pfund Pulver und eine erstaunende Menge von Bomben und Kugeln, ingleichen 2 500 neue Flinten ein, und was unendlich mehr werth war, wir erhielten auf diese Weise <67> einen guten Hafen und 30 Transportkähne von verschiedener Größe. In Breda hatten wir auch fünf Fahrzeuge gefunden.

Man war in den ersten Tagen des März. Während dieser Belagerungen hielt sich der General am Moordyk auf, um im Mittelpunkt der Operationen zu bleiben, und von da aus die Belagerungen rechts und links, und die Ausrüstung seiner kleinen Marine beobachten zu können. Der Kommissar Boursier hatte, mit unglaublicher Mühe, Mittel gefunden, dreiundzwanzig Kähne in wehrhaften Stand zu setzen, und mit Lebensmitteln für 1 200 Mann zu versehen. Er hatte sie durch den sevenberger Kanal nach Roowaert gebracht, wo eine kleine Bucht, eine Viertelmeile westwärts vom Moordyk ist.

Den ganzen ersten Tag, wo der General mit 100 batavischen Jägern und fünfzig Dragonern sein Hauptquartier in dieses Dorf verlegt hatte, wurde er von den drey Küstenbewahrern kanoniert; doch seine Jäger, die er längs der Küste gestellt hatte, <68> schossen ihnen einen Mastwächter und einen Schaluppenpatron todt, und zwangen sie, sich zu

---

[48] = „Heute mir, morgen dir."

entfernen. Einige Tage nachher, ließ er von Breda zwölf Vierundzwanziger und Munition kommen, und legte verschiedene Batterien an, vorzüglich eine zu Roowaert, um das Auslaufen seiner Flottille zu begünstigen, und die übrigen am Moordyk, um das Einschiffen zu decken. Er wußte, daß sein Geschütz über die Hälfte des Kanals bestrich, und wirklich näherten sich die holländischen Fahrzeuge schon nicht mehr der von den Franken besetzten Küste.

Längs den Dünen, von Roowaert bis Swalewe, ließ er mit Stroh bedeckte Hütten bauen; der Soldat war munter, und brannte für Ungeduld zu landen. Der General verglich sie einmal scherzend mit Kastoren, und seitdem nannten sie ihr Lager nicht anders, als den Biberbau. An Lebensmitteln fehlte es ihnen nicht; das Wasser war nicht schlecht, und sie erhielten alle Morgen eine Portion Branntewein. Dabey gab ihnen der General das Beispiel der <69> Beharrlichkeit, und wohnte nicht viel bequemer als sie.

In dieser Expedition hat er sich ein Kriegssystem für die unter Wasser gesetzten Gegenden entworfen. Man kann, vermittelst aufgeworfener Dämme, in ganz Holland durch die gemachten Ueberschwemmungen kommen, das Geschütz fortbringen, und ganz nahe bei den Festungen oder Werken die man beschießen will, seine Batterien anlegen, wenn nur der Feind keine bewaffnete Fahrzeuge hat; in diesem Fall muß man auch dergleichen haben.

Der General hatte unter seinen Freywilligen eine Menge Soldaten aus Gascogne, Bretagne, Normandie und der Stadt Dünkirchen, die schon auf der See gewesen waren; er brachte, auf diese Weise, vier bis fünfhundert Matrosen zusammen, und gab ihnen täglich 20 Sous über ihre gewöhnliche Löhnung. Die Flottille zu Roowaert sollte seine Avantgarde übersetzen. Ein englischer Seeoffizier und ein holländischer <70> Schiffslieutenant, nebst einigen Lootsmännern, sollten seine Manövres dirigieren.

Inzwischen hatten alle diese Zögerungen den Holländern Zeit gelassen, ihre Marine im Bisbos, oder der sogenannten kleinen See am Moordyk, ansehnlich zu verstärken: sie bestand aus zwölf bewaffneten Fahrzeugen, worunter eines zwanzig Kanonen führte. Diese Fahrzeuge waren so stationiert, daß sie mit einander in Verbindung standen, und sich wechselseitig unterstützen konnten. Allein der General hatte berechnet, daß er bei seiner Ueberfahrt, sowohl zur Ebbe als zur Flutzeit, bei frischem günstigen Winde, nur die Hälfte der feindlichen Flottille, die den Wind hätte, zu bekämpfen haben würde, und daß die andere Hälfte unter dem Winde ihm nicht schaden könnte.

Die Holländer hatten ebenfalls längs dem Stry und der Insel Dort oder Dordrecht einige Batterien angelegt, und diese Gegenden mit 1 200 Mann von den englischen Garden, die in der Zwischenzeit zu Helvoet-Sluys angekommen waren, besetzt. <71> Was aber dem General bewies, daß man keine Gewißheit von seinem Projekte hatte, war die Stellung des Prinzen von Oranien mit seiner Hauptmacht bey Gorcum, um sich dem Angriffe der Franken zu widersetzen. Dennoch war diese Armee nicht ansehnlich, und die englische Verstärkung nebst den Emigrierten machte keine viertausend Mann aus.

Indessen ließ der General, um den Feind fortdauernd zu täuschen, die Blokade von Bergen op Zoom und Steenbergen fortsetzen. Der General Deflers war von Paris zurückgekommen, und hatte eine Verstärkung erhalten, die mit vieler Geschwindigkeit eintraf. Dümouriez befahl ihm, den Obersten Leclerc mit sechstausend Mann bei Rosendael und um Bergen op Zoom abzulösen, und dieses geschah mit der größten Schnelligkeit. Er zog hierauf die linke Division näher an Oudenbosch und Sevenbergen, schickte die Nationalgendarmerie und etwas Kavallerie zur Rechten ab, um gegen Heusden Miene zu machen. Ein Oberstleutenant mußte den Ort auffordern, und gab <72> auf eine lächerliche Weise dem Kommendanten der Festung den Nahmen Bürger-Kommendant, anstatt ihn Myn Heer zu nennen.

Die Belagerung von Wilhelmstadt dauerte noch immer fort, und hatte schlechten Fortgang. Der General Berneron hatte die Laufgräben zu weit von der Stadt eröffnet, verschoß viel Munition und machte keine Fortschritte. Der Ort kann nur an einer sehr schmalen Stelle angegriffen werden; und die Holländer versorgten ihn von der Seeseite mit allem Nothwendigen. Der General schickte zwei Ingenieuroffiziere dahin, Dübois de Crancé, nicht das abscheuliche Mitglied des Nationalkonvents, sondern dessen Bruder, und den Kapitain Marescot. Beides waren Männer von vielem Verdienst und Kenntnissen; sie wollten die Batterien näher bringen, und waren im Begriff, zweyhundert Klafter weit von der Stadt, eine zu errichten, als sie, bey einem Ausfall der Feinde, von ihrer Bedeckung verlassen und jämmerlich massakriert wurden. Dessen <73> ungeachtet wollte Berneron von der Belagerung nicht ablassen, und hob sie nur nach der Abreise des Generals auf.

Dümouriez hatte zu Gertruydenberg eine ansehnliche Marine gefunden; er wollte sie in guten Stand setzen und sich ihrer bedienen, seinen Uebergang zu erleichtern. Er hatte zu Roowaert Fahrzeuge in hinlänglicher Menge zu seiner Avantgarde liegen; im Besitz von Breda, Klundert und Gertruydenberg, hatte er nichts im Rücken zu besorgen, weil er das Korps des Generals Deflers hinter sich ließ, um Steenbergen und Bergen op Zoom blokiert zu halten; folglich hatte er seine Arriergarde an sich gezogen und bey Swaluve kantonniert, wo sich auch einige Kähne befanden die sie übersetzen sollten. Er hatte berechnet, daß die Fahrzeuge, die er in Gertruydenberg vorgefunden, zu seiner rechten Division zureichen würden.

Der Uebergang von Gertruydenberg zur Insel Dort ist etwas länger, als der vom Moordyk. Rechts hin, und selbst vor dem <74> Hafen, ist der Bisbos mit Untiefen und einem Archipelagus von kleinen Inseln angefüllt, die vom festen Lande bey Gorcum abgerissen zu seyn scheinen, und mehrentheils mit Holz und Gebüsche bedeckt sind. Man landet daselbst vermittelt der Kanäle die sich zwischen diesen Inseln hinschlängeln. Die holländische Marine konnte sich, aus Mangel an Wasser, diesen Untiefen nicht nähern. Indessen waren an verschiedenen Stellen drey Barken, deren jede vier Kanonen und dreyßig Mann Equipage trug, gestellt. Vor diesen Inseln, deren mehrere bei hoher See mit Wasser bedeckt sind, lag eine etwas hervorragende, worauf ein kleiner Meyerhof und eine Hütte zum wilden Entenfang, die einem Einwohner von Gertruydenberg zugehörte, war. Diese kleine Insel, von der sich die holländischen Fahrzeuge 7 bis 800 Klafter entfernt halten mußten, war von der Insel Dort bloß durch einen Kanal von 600 Klaftern getrennt. Am äußersten Ufer der Insel Dort hatte man auf einem morastigen niedrigen Boden eine Batterie von 6 Kanonen <75> aufgeworfen; unter dieser Batterie befand sich ein Fahrzeug mit vierzehn Kanonen.

Der General entwarf das Projekt, sechs Vierundzwanzigpfünder und zwey Bataillone nach der kleinen Insel hinzuschaffen, mit dieser Batterie die Fregatte, die nur Geschütz von kleinerem Kaliber führen konnte, zum Schweigen zu bringen, die leichtesten Fahrzeuge von Gertruydenberg aus zu bemannen und nachkommen zu lassen, und auf diese Weise die rechte Division glücklich herüber zu bringen. Da es möglich war, um zu der Insel zu kommen, daß man mit einem der Kanonenböte die in den Kanälen stationiert waren, sich in ein Gefecht einlassen müßte, so wurden verschiedene große Schaluppen dazu ausersehn, die man mit den besten Soldaten anfüllen und zum entern gebrauchen wollte; zugleich stellte man zwei Kanonen auf das Verdeck zweier Fahrzeuge, die die Avantgarde der Flottille ausmachen, und von einem englischen Seeoffizier, Nahmens White, und vom Oberstlieutenant Larüe, einem der Adjudanten des Generals, <76> der auch zur See gedient hatte, angeführt werden sollten. Alles wurde mit so großer Geschwindigkeit zu Stande gebracht, daß der Uebergang in der Nacht vom 9ten zum 10ten vor sich gehen sollte. Allein die Vorsehung hatte es anders beschlossen; unerwartete Begebenheiten haben das ganze Projekt vereitelt, und an die Stelle der ersten Siege eine so fortdauernde Kette von Unglücksfällen anzuschließen gewußt, daß kaum ein Streich den andern erwartete, und der letzte das Schicksal dieses Krieges entschieden hat.

Mitten unter seinen Projekten und schnellen glänzenden Vortheilen, war der General seit den ersten Tagen des März ein Raub der lebhaftesten Sorgen. Der General Miranda hatte am 10ten Februar die Belagerung von Mastricht angefangen; und ungeachtet es ihm gelungen, die Stadt an verschiedenen Orten in Brand zu stecken, vertheidigte sie sich dennoch immer, mit Hülfe der zahlreichen Emigrierten, die sie enthielt, und die unter dem Kommando des <77> Herrn von Autichamp standen. Diesem versuchten Krieger, der als Generallieutenant bey der Armee des Prinzen Condé stand, haben die Holländer, wie man sagt, die Erhaltung dieser Festung zu verdanken.

Der General Champmorin hatte sich zwar, ohne Widerstand, des Forts Stevenswert an der Maas und des Forts St. Michel, welches am linken Ufer dieses Flusses eine *Tete de pont*, Venlo gegenüber, macht, bemächtigt; allein die Stadt selbst konnte er nicht überrumpeln, weil ihm die Preussen zuvorgekommen waren, und sie besetzt hatten.

Der General Valence war nicht ohne kriegerisches Talent, hatte aber sein Ansehen noch nicht so zu befestigen gewußt, daß er die Abwesenheit des Generals Dümouriez völlig ersetzt hätte. Er blieb in Lüttich, und die Winterquartiere waren weder aufgehoben noch näher zusammengerückt. Die Generale waren unter sich uneins.

Der General Stengel kantonnirte in der Nachbarschaft von Aachen; er war ein vortrefflicher Anführer leichter Truppen, und ganz dazu <78> gemacht, eine Avantgarde zu kommandieren. General Dampierre lag in Aachen selbst, und ging seinem Hange zum Vergnügen und zu Raubereyen nach. Es war ein ehrgeiziger Narr, ohne Talent, kühn bis zur Unbesonnenheit, und dabey aus Unwissenheit blöde; übrigens mit allen seinen Vorgesetzten über den Fuß gespannt, und in der Hoffnung General *en Chef* zu werden, mit den Jakobinern in Paris einverstanden, Lügen und Verläumdungen gegen seine Kollegen zu schmieden.

Der Prinz von Coburg war unterdessen in Köln angekommen; ihm war die Uneinigkeit der Generale, und der schlechte Zustand der französischen Truppen nicht unbekannt; er versammelte seine Armee und ging auf Aldenhoven los, wo er ohne Widerstand durchdrang. Alle Korps zogen sich in der größten Unordnung und ohne Schwertstreich auf Lüttich zurück. Der General Leveneur, der die Belagerung von Mastricht nach der Seite von Wyck zu kommandierte, hatte die Zeit und das Glück sein Geschütz abzufahren, und es über die Maas zu bringen. Die <79> Kaiserlichen zogen ohne Schwierigkeit in Mastricht ein. Miranda hätte es noch vom linken Ufer der Maas beschießen, seine Armee sammeln, zwischen Tongern und Lüttich eine drohende Stellung nehmen und so den Prinzen von Coburg aufhalten können.

Eben dieses befahl ihm der General Dümouriez bey der ersten Nachricht, die er von diesem Unfall erhielt. Es war ebenfalls des Generals Valence Meinung, der einige Tage nachher eine Kolonne von sieben und zwanzig Bataillonen, die sich von Lüttich zurück zog, dadurch rettete, daß er in der Ebene von Tongern an der Spitze der Kavallerie einhieb, und den Feind abhielt. Der Generallieutenant Lanoue hatte in dem Rückzug von Aachen die größte Bravour gezeigt.

Allein Miranda verlor alle Besonnenheit, und nahm es über sich, das Ufer der Maas zu verlassen. Die Kaiserlichen verfolgten ihren Sieg, gingen über den Fluß, kamen nach Lüttich, und bemächtigten sich der Magazine, die die Franken anzulegen anfingen, und wo bereits viel Kleidungsstücke <80> vorräthig waren. Die Bestürzung war so groß in der Armee, daß ausser dem schweren Geschütz, welches nach Löwen, und von da nach Doornik gebracht wurde, nicht das geringste, nicht einmal das Gepäck der Truppen gerettet wurde. Die beyden Generale zogen ihre ganze Macht ins Lager bey Löwen zusammen.

Als Champmorin sah, daß er sich nicht mehr am linken Ufer der Maas halten konnte, räumte er Stevenswert und das Fort St. Michel wo er Garnisonen hätte lassen sollen, und zog sich mit dem General Lamarliere, der bey Roermonde stand, über Diest zurück. Diese *Retraite* gab die Niedermaas in die Gewalt der Preussen. Izt konnten sie durch Kempenland marschieren, und der Armee, die in Holland agierte, bey Antwerpen oder Herzogenbusch in den Rücken fallen. Der Herzog Friedrich von Braunschweig verlor hier den günstigsten Zeitpunkt, und der General Dümouriez machte sich den Fehler zu Nutze, um diesen Theil der Niederlande zu decken. <81> Die Armee hatte allen Muth verloren, und legte ihren Generalen, besonders dem General Miranda, der beinahe Thätlichkeiten ausgesetzt gewesen wäre, alle Schuld bey. Gleichwohl stellte der General Valence, unterstützt vom General Thouvenot, einigermaßen die Ordnung wieder her; allein die Desertion war unbeschreiblich. Ueber zehn tausend Mann liefen nach Frankreich zurück, und das Heer verlangte mit lautem Geschrei, den General Dümouriez an seiner Spitze zu haben. Die Konventskommissare schickten ihm einen Kurier über den andern, daß er kommen möchte. Er schrieb immer zurück: man könnte sich in der Stellung bei Löwen behaupten; die Armee sey beisammen; noch sei nichts verloren, wenn man ihm nur die Zeit ließe, seine Expedition auszuführen. Und dieses hatte Grund; die Generale Valence und Thouvenot waren davon überzeugt, Miranda hingegen, der vorher so zuversichtlich und seiner Sache so gewiß war, war durch die letzten Unglücksfälle ganz kleinlaut geworden, und bestätigte nun, was der <82> General Valence in allen seinen Depeschen vorausgesagt, und jener immer verneint hatte, daß von Seiten der Kaiserlichen alles zu befürchten sey, weil sie sich stark zusammenzögen. Freilich würde diese Vereinigung ihrer Truppen keine nachheilige Folgen gehabt haben, wenn der General Miranda, wie er gekonnt und gesollt hätte, ihrem Beyspiele gefolgt wäre, und sich ihnen gegenüber gleichfalls verstärkt hätte. Es ist zu vermuthen, daß sich der Prinz von Coburg der Gefahr einer Schlacht nicht ausgesetzt haben würde, und die Franken durften sie ohne Bedenken anbieten.

Die Konventskommissare begaben sich in der größten Eile nach Paris, statteten das selbst den traurigsten Bericht ab, und schilderten die Bestürzung der Truppen mit so lebhaften Farben, daß dort entschieden wurde, der General Dümouriez allein könnte die Sachen wiederherstellen, oder wenigstens die Armee retten. Man schickte ihm den gemessensten Befehl, von der holländischen Expedition sogleich abzustehen, und sich an <83> die Spitze der großen Armee zu stellen. Er erhielt diesen Befehl den 8ten am Abend, und reisete den 9ten früh mit Verzweiflung im Herzen ab.

Er überließ seine kleine Armee dem General Deflers, dessen Unfähigkeit ihm nicht unbekannt war, dem er aber nicht wußte, wen er vorziehen sollte. Der General Arçon war mit der Gicht behaftet, konnte den Feldzug nicht fortsetzen, und hatte sogar den Grad eines Generallieutenants, welchen Dümouriez nach der Eroberung von Breda für ihn ausgemittelt hatte, ausgeschlagen. Er begab sich nach Antwerpen. Der Generallieutenant Marasse, ein alter Kriegsmann voll Ehrgefühl und Muth, der Kommendant in Antwerpen war, konnte, seines hohen Alters wegen, kein Feldkommando übernehmen. Der Plan des Generals war, gleich nach seiner Ankunft bey der großen Armee, den General Miranda nach dem Moordyk zu schicken.

Er ließ unterdessen den Obersten Thouvenot zurück, welcher Chef des Oberstabes und <84> die Seele der Armee war. Er hatte ihm seine Instruktion an den General Deflers abschriftlich zugestellt, und empfahl diesem, nichts ohne Zustimmung des Obersten Thouvenot zu thun. Er hinterließ den Befehl, sogleich den Uebergang bey Gertruydenberg zu versuchen; wenn dieser glückte, in der Insel Dort Posto zu fassen, ihm einen Kurier zu schicken und neue Verhaltungsbefehle zu erwarten.

Allein Dümouriez Abreise lähmte den Muth seiner Krieger; die kühnsten und ungeduldigten fanden itzt das Unternehmen unausführbar. Einige Tage nachher fand es sich, daß sie Recht hatten; die Holländer verstärkten ihre Seemacht; die Preussen rückten über Herzogenbusch heran. Jetzt blieb dem General Deflers nichts übrig, als den zweiten Theil seiner Instruktion zu erfüllen, und sich, da der Uebergang unmöglich fiel, mit sechs Bataillonen und zweihundert Pferden in Breda zu werfen. Der Oberste Tilly schloß sich mit drey Bataillonen und fünfzig Pferden in Gertruydenberg ein. Das <85> übrige Korps zog sich nach Antwerpen zurück, und verdankte sein Heil dem kaltblütigen Muthe der beiden Obersten Devaux und Thouvenot, die mit der größten Beharrlichkeit alle Batterien vom Moordyk zurückzogen, ohne das geringste einzubüßen, und die niedergeschlagene und in völlige

Unordnung gebrachte Armee retteten. Thouvenot ließ die Festungswerke von Klundert sprengen, weil es ihm an Zeit fehlte, diesen Ort zu besetzen.

So endigte sich die Expedition gegen Holland, die in zehn Tagen ausgesonnen und in Gang gebracht worden war, und wahrscheinlich zu Stande gekommen wäre, wenn sich die große Armee nicht von Aachen hätte zurückziehen müssen. Sie hatte Frankreich keinen Heller gekostet. Zwey gute Festungen blieben in unsern Händen, die, im Fall man den Faden des Projekts wieder anknüpfte, zu Waffenplätzen dienen konnten. Von dieser Seite war lauter Vortheil, und keine Schande; allein alle Hofnungen des Generals Dümouriez waren verschwunden, <86> und er sah sich gezwungen, sowohl für Frankreich selbst, als für die Armee, auf neue Anschläge zu sinnen.

Viertes Kapitel.

Der General kommt nach Antwerpen – Entfernt die Kommissare – Kommt nach Brüssel – Spricht mit den Volksrepräsentanten – Schreibt an den Konvent – Läßt Chepy und Estienne arretiren – Verschiedene Befehle – Kommt den 13ten in Löwen an – Die Konventskommissare treffen mit ihm zusammen.

Alle Augenblicke des Generals waren, seit seiner Abreise von Paris, der holländischen Expedition und den militärischen Einrichtungen der großen Armee gewidmet gewesen; er seufzte eben so tief als die Belgier selbst, über die gehässige Tyrannei des Nationalkonvents gegen sie, und zumal über das Betragen der Kommissare der vollziehenden Gewalt. Die Insolenz dieser dienstbaren Geister des Geizes und der Unterdrückung, kam ihrer Boshaftigkeit gleich, und fiel überdieß <87> noch ins lächerliche. Die meisten unter ihnen verlangten alle militärische Ehrenbezeugungen, und ließen sich von einer Leibwache und von Ordonnanzen begleiten. Noch mehr: weil sie sich nicht zahlreich genug fanden, um ihre Erpressungen immer weiter auszubreiten, so fanden die Mittel ihre Anzahl zu vermehren, und eben so nichtswürdigen Menschen, als sie selbst waren, allerhand Aufträge zu geben. Wie der General nach Brügge kam, wurde Ball gegeben, und er ging auf einige Augenblicke hin; gleich trat ein junger Herr, einer der Tänzer, an ihn heran, und that ihm zu wissen, daß er Kommissar der vollziehenden

Gewalt wäre, und sich nach Nieuport und Ostende begäbe, um dort Batterien anzulegen und beide Oerter in wehrhaften Stand setzen zu lassen. Der General gab ihm kurz und bündig zur Antwort: er riethe ihm, sich in den Schranken seiner Civilgeschäfte zu halten, sie pünktlich auszuführen, und sich mit dem militärischen Fache nicht im geringsten zu befassen. <88> Ein anderer – ich glaube, er hieß Lieutaud – residirte zu Roermonde beym General Lamarliere, und schrieb von da aus an den General Dümouriez einen langen Brief, worin er ihn mit Du begrüßte, und ihm in ganzem Ernst befahl, alles stehn und liegen zu lassen, und der Festung Roermonde zu Hülfe zu eilen. Der General begnügte sich, diesen Brief an den Minister Lebrün zu schicken, mit diesem Zusatz von seiner Hand: Der Brief müßte von Charenton {dem Irrhause} datirt seyn.

Ein dritter, Nahmens Cochelet, residierte in Lüttich. Kaum hatte er die am ersten Februar dekretirte Kriegserklärung erhalten, als er sich ein Detachement geben ließ, sich damit auf holländischen Grund und Boden vor Mastricht begab, den Krieg öffentlich ankündigte, die Pfähle mit dem Wapen der Generalstaaten abreißen ließ, und im Nahmen der französischen Republik – ganz Holland in Besitz nahm. Dieser abgeschmackte und aberwitzige Aufzug gab dem Kommendanten von Mastricht Zeit seine Fourage <89> und seine Kavallerie die in der Nachbarschaft kantonnirte, und die der General Myazinsky aufzuheben im Begriff war, in die Stadt zu ziehen. Der General Miranda, dem diese Erklärung sehr zur Unzeit kam, weil er zum Angriff noch nicht eingerichtet war, und der sich die Freyheit nahm, es dem Herrn Kommissar zu sagen, erhielt von ihm eine schriftliche Antwort, worin er ihm aufgab, Mastricht vor dem zwanzigsten Februar wegzunehmen, wofern er ihn nicht als Verräther angeben sollte: dieser Brief wurde zu gleicher Zeit vom General Cochelet abschriftlich an den Konvent geschickt, und erhielt dort die lautesten Lobsprüche und das Gepräge einer römischen Standhaftigkeit. Gleichwohl ward dieser Cochelet einige Zeit nachher abgerufen, weil er, im Rausche seiner prokonsularischen Würde, das Ansehen der Konventsdeputierten aus den Augen gesetzt hatte.

Bey seiner Ankunft in Antwerpen, am 2ten Februar, fand der General Dümouriez die ganze Stadt noch voller Empfindlichkeit <90> über die Behandlungsart eines dieser subalternen Tyrannen, dessen Nahmen er vergessen hat, und dessen Zurückberufung er veranstaltet hatte. Alle

Städte Belgiens wurden durch einen oder mehrere dieser furchtbaren Prokonsuln beherrscht. Sie fingen allezeit dabey an, das Kirchengeräthe und die Einkünfte der Geistlichkeit und des Adels in Beschlag zu nehmen, und ihr Mobiliarvermögen zu plündern oder für ein Spottgeld zu verkaufen, die Auflagen abzuschaffen, um sich den Pöbel gefällig zu machen, die Volksobrigkeiten zu kassieren, Klubs zu errichten, und von der bewaffneten Macht, die ihnen blindlings gehorchte, unterstützt, sich eine willkührliche Gewalt anzumaßen.

Ganz Belgien fand diese tyrannische Anarchie unausstehlich. Dümouriez hatte sich darüber beschwert, erst beim Konvent, hernach bey den Kommissaren Camüs, Treilhard, Merlin und Gossüin, die er zu Gent getroffen hatte, allein diese wollten, oder konnten dem Uebel nicht abhelfen. Er hatte ihnen vorausgesagt, sobald sich der Prinz <91> von Coburg mit hinreichender Macht an der Gränze zeigen würde, hätte man einen allgemeinen Aufstand zu erwarten; alsdann würden unsere schwache Garnisonen erwürgt, und unsre Verbrechen von den Belgiern scharf geahndet werden; und überhaupt schiene ihm ein solcher Krieg weit gefährlicher, als der, welchen er mit den Kaiserlichen zu führen hätte.

Die Schlappe bei Aachen, der schimpfliche Rückzug unserer Truppen bis Löwen, die Desertion, die Unordnung, die Bestürzung in der Armee, alles schien diesen vom General vorhergesagten Aufstand beschleunigen zu wollen. Ein Umstand machte die Gefahr noch dringender. Die Kommissare hatten den Anschlag gemacht, sich von jeder Provinz eine Erklärung geben zu lassen, in wie fern es ihr Wunsch wäre, sich mit der französischen Republik zu vereinigen. Sie versammelten das Volk in die Kirchen, ohne dabey regelmäßig zu Werke zu gehen. Der Konventskommissar, vom militärischen <92> Kommendanten, von Soldaten, von französischen und belgischen Klubisten umgeben und unterstützt, las die Beystimmungsakte vor, die oftmals eben so wenig, wie seine dabey gehaltene Rede, von irgend jemanden verstanden wurde. Die Umstehenden unterzeichneten die Akte, mehrentheils mit zitternder Hand; man druckte die Verhandlung, schickte sie an den Konvent ein, und dieser machte gleich ein neues Departement mehr.

In mehrern Provinzen waren diese brüderlichen Verhandlungen mit einiger Gewaltthätigkeit vorgenommen worden, namentlich in Brüssel und Mons; es waren Flintenschüsse geschehen, es war zu Säbelhieben gekommen. Es erschienen Protestationen im Druck; es entstanden an vielen Orten Unruhen, wie zu Wavres, Hall, Braine, Soignies. Der gefährlichste Aufstand war zu Grammont. Zehntausend Bauern versammelten sich an diesem Orte, sie führten einiges Geschütz bei sich, warfen die Kommissare ins Gefängniß, schlugen ein Detachement der Garnison von Gent. Es hatte das <93> Ansehen, als würden diese Unruhen immer allgemeiner und bedenklicher werden. Die französische Armee, kaum stark genug, um den Kaiserlichen zu widerstehen, konnte sich unmöglich theilen, und einen grausamen ungerechten Krieg mit den Einwohnern Belgiens besonders führen. Wie leicht konnten sich einige flämische Offiziere von der kaiserlichen Armee detaschiren, sich vermittelt ihrer Sprache mit einigen ausgesuchten Soldaten durch die französische Armee schleichen, und auf diese Weise dem Aufstande in den Niederlanden und dem daraus erfolgten innerlichen Kriege eine regelmäßige Wendung geben.

Der General, der die Ungerechtigkeit des Konvents verabscheute, hatte sich nie zum Werkzeuge der Tyrannei und zur Geißel der Belgier gebrauchen lassen wollen. Er hatte bey seiner Verfahrungsart einen doppelten Zweck; erstlich wollte er dieses unglückliche Land, und zweitens seine Armee retten. Beides gelang ihm, und er beruft sich bei dieser Gelegenheit auf das <94> Zeugniß dieses guten Volks, von dem er die ehrenvollsten Beweise der Achtung und Dankbarkeit erhalten hat, als er seit seinem Unglück wieder durch die Niederlande gekommen ist.

Bey seiner Ankunft in Antwerpen, am 11ten, fand er die Stadt in der größten Bestürzung. Ein gewisser Chaussart, der sich mit vieler Bescheidenheit den Zunahmen *Publicola*[49] gegeben hatte, und Kommissar der vollziehenden Gewalt war, hatte eben alle Magistratspersonen kassiert und Befehl ertheilt, sie und andre Vornehmen der Stadt, 67 an der Zahl, zu arretieren. Der General Marasse hatte zwar bisher diesen Befehl des Herrn *Publicola* in die Länge zu ziehen gesucht; allein der Bischof und viele andre hatten bereits die Flucht ergriffen, oder hielten sich versteckt. Als der General Dümouriez dieses erfuhr, befahl er

---

[49] Publius Valerius Poplicola (auch Publicola; „Volksfreund") († 503 v. Chr.) war - angeblich - ein Konsul in der Frühzeit der römischen Republik. Poplicola zwang die Etrusker zum Rückzug. Er kehrte als siegreicher Feldherr nach Rom zurück und zog als Triumphator durch die Straßen.

seinerseits, daß Chaussart und seine Kollegen Antwerpen sogleich verlassen, und sich nach Brüssel begeben sollten; zugleich ließ er ihnen erklären, wenn sie nicht von <95> freien Stücken gingen, würde sie der General Marasse mit Gewalt abführen lassen. Sie kamen, und Chaussart hub an, sich mit vieler Würde, oder vielmehr Insolenz, über diesen Befehl zu beschweren, und meinte, es habe ihn ein Wesir gegeben. Der General gab ihm lachend zur Antwort: Mein lieber Herr Chaussart, ich bin so wenig ein Wesir, als Sie ein *Publicola*. Und der Kommissar mußte auf der Stelle fort. Hierauf stellte er die Ordnung und die alte Obrigkeit in dieser ansehnlichen Stadt wieder ein, verbot dem Klub, sich auf keine Weise mit politischen Angelegenheiten zu befassen, und befahl dem General Marasse, im Fall des Ungehorsams die Thür zum Klub zuzumauern, und die wiedersetzlichen Klubisten ins Gefängniß zu schicken. Diese Deklaration wurde in beyden Sprachen gedruckt, und öffentlich angeschlagen.

Hierauf reisete er nach Brüssel. Seit einigen Tagen hatte er, den Beschwerden die von allen Seiten bei ihm einliefen, zu <96> Folge, dem General Moreton das Kommando der Stadt genommen, weil er sich Unordnungen aller Art verstattet hatte, und der Generallieutenant Düval war an seine Stelle gekommen. Dieß war ein trefflicher Offizier, nur daß ihm seine schwächliche Gesundheit nicht erlaubte diesen Feldzug mitzumachen. Dieser Moreton weigerte sich anfangs abzugehen, und hatte sich nur auf einen Befehl des Kriegsministers entfernt, um das Kommando in der Festung Douay zu übernehmen, wo er noch vor seinem Tode viel Böses gestiftet hat.

Düval stattete dem General Bericht von der Unordnung und Bestürzung ab, worin er die große Armee bei Löwen, von der er eben kam, verlassen hatte. Man hatte beim Rückzuge fast alle Zelte und Gepäck verloren; kaum konnte die Hälfte der Armee kampiren; und doch war es nicht möglich, Ordnung und Zutrauen wiederherzustellen und sie in Bewegung zu setzen, wenn sie nicht kampirte. Es waren auch viel Bataillonstücke verloren gegangen. <97> Die Generale der Artillerie hatten bey der gewaltigen Verwirrung, die in diesem Rückzuge herrschte, keine Befehle erhalten, und eben so wenig darum angehalten, sondern unter sich einen Kriegsrath gehalten, und einmüthig den Entschluß gefaßt, den ganzen Artilleriepark wieder nach Frankreich zu bringen. Die Vierundzwanzigpfünder, die Sechszehnpfünder, die Mörser und

Pontons waren schon auf dem Wege nach Doornik. Zum Glück befanden sich noch die Zwölf- und Achtpfünder und die Haubitzen zu Anderlecht, so daß die Armee nur noch einige Bataillonstücke, aber kein einziges Stück Batteriegeschütz bey sich hatte. Der General gab Befehl, daß das schwere Geschütz in Doornik Halte machen, und der Park, der in Anderlecht fand, wieder zur Armee bey Löwen sollte.

In Brüssel wimmelte alles von Soldaten und Offizieren von allen Arten und Regiementern, die nach Frankreich zurück wollten. Der General ließ sie alle wieder umkehren; sie mußten ins Lager zurück; und <98> zugleich schickte er nach Doornik, Mons und nach allen Städten des nördlichen Departements die gemessensten Befehle, niemand durchzulassen, alles aufzufangen und wieder zur Armee zu schicken.

Der General Stengel hatte sich mit einer oder zwey Schwadronen Husaren unter die Kanonen von Namur begeben; Dümouriez befahl ihm, sogleich wieder zur Armee zu stoßen. Der General Neuilly, der in und um Stablo seine Winterquartiere gehabt hatte, war ebenfalls mit der Hälfte der Avantgarde der ardennischen Armee bis Namur gekommen; Dümouriez ließ ihm andeuten, die Stellung bey Jüdoigne einzunehmen, um die Kommunikation zwischen der großen Armee und dem Korps des General Harville frei zu behalten, dem er zugleich wiederholentlich anbefahl, seine Kantonnements zu versammeln, oder wenigstens sie enger zusammen zu ziehen, wenn es ihm an Gezelten zum kampiren fehlte, damit der Fürst von Hohenlohe und der General Beaulieu nicht über die Maas gehen, oder den <99> rechten Flügel der großen Armee tourniren, und so, bis nach Brüssel und Mons vordringen könnte. Die Garnison zu Brüssel war sehr schwach, und der General sah sich noch dazu genöthigt, die besten Bataillone aus dieser Stadt an sich zu ziehen, um seine Macht zu verstärken.

Man hatte ihm aus Frankreich ein Korps von zehntausend Mann zu Hülfe geschickt, die man in aller Eile aus dem nördlichen Departemente ausgehoben hatte. Diese Verstärkung war dem General als sehr wichtig angepriesen worden. Sie hieß das Korps der Hundertmänner {Centeniers}, weil es aus Kompagnien bestand, deren jede hundert Mann stark sein sollte; allein diese Anzahl war bei weitem zu hoch angegeben, und die Kompagnien selbst von sehr ungleichem Gehalt, und zum Theil aus Greisen und Kindern zusammengesetzt, die mit Piken, Hirschfängern, Jagdflinten, Pistolen u.s.w. bewaffnet waren, und täglich zwanzig Sous erhielten; dafür sollten sie, wie sie sagten, die Festungen Belgiens besetzt halten, aber <100> nicht sie verteidigen und ins Feld rücken. Diese Miliz war das Werk der Einbildungskraft der beiden Kommissare Gossüin und Merlin; sie hätte nur dazu gedient, die Bestürzung, die Unordnung und den Mangel an Mannszucht zu vermehren; deswegen schickte sie der General gleich wieder nach Frankreich zurück.

Was mitten unter diesen militärischen Einrichtungen und Anordnungen den General Dümouriez mehr als alles übrige beschäftigte, war, die Gemüther der Belgier für Frankreich wieder zu gewinnen, und der Tyranney, die sie drückte, ein Ende zu machen. Er wußte freilich, daß alle seine Versuche in dieser Angelegenheit ihm den Haß der Jakobiner und des Konvents zuziehen würden; allein die Bedrückungen waren so hart, die Beleidigungen so grausam, und der Augenblick der Rache so nahe und so furchtbar, daß er glaubte, eigenmächtig zu Werke gehn zu müssen. Chepy hatte einige Tage vor seiner Ankunft vom General Düval verlangt, daß er in Brüssel vielen der <101> Vornehmsten die Köpfe abschlagen ließe; er drohete, in dieser Stadt alles mit Feuer und Schwert zu verwüsten; er hatte viele angesehene reiche Leute verhaften und nach den nördlichen Gränzfestungen Frankreichs bringen lassen. Durch dieses alles bewogen, ließ ihn der General auf seine eigene Verantwortung gleichfalls arretieren, und durch die Maréchaussée [Gendarmerie] nach Paris abführen.

Die Legion der Sanscülottes, die der General Moreton errichtet hatte, und die aus dem niederträchtigsten Gesindel bestand, setzte Brüssel in Furcht und Schrecken, und übte täglich in dieser Stadt die größten Grausamkeiten und Erpressungen aus. Ein Franke, dieses Nahmens unwürdig, ein Mann von dem schlechtesten Karakter führte sie, mit Generaltitel, an; er hieß Estienne. Der General Dümouriez ließ ihn in einen Kerker werfen, und erließ zu gleicher Zeit eine öffentliche Proklamation, wodurch diese schändliche Legion kassiert, und es jedermann auf das strengste untersagt wurde, sich zu derselben zu bekennen, und diesen Nahmen zu führen. <102> Er ließ zu gleicher Zeit die obrigkeitlichen Personen versammeln, bat sie in Gegenwart des ganzen Volks, die Verbrechen einzelner Tyrannen der französischen Nation nicht zuzuschreiben, versprach die Schuldigen zur Strafe zu ziehn, gab ihnen die Versicherung, daß er bereits die nöthigen Befehle ergehen lassen, die, unter dem Vorwande als Geißel zu dienen, ihren Familien entrissenen Häupter zurückzuberufen. Die Volksrepräsentanten vergossen bey dieser rührenden Scene Thränen der Dankbarkeit, und ließen eine ausführliche Beschreibung alles Vorgegangenen in Druck ausgehen.

Zugleich gab Dümouriez eine Verordnung heraus, vermöge welcher jeder Bürger berechtigt wurde, bey der Obrigkeit eine Beschwerden gegen die französischen Kommissare, oder jeden andern Franken, der seine Gewalt gemißbraucht hätte, einzugeben, und wies die Obrigkeit an, diese Klagen anzunehmen, zu untersuchen und ihnen eine legale Form zu geben. Eine zweite <103> Verordnung untersagte allen Klubs sich in politische Angelegenheiten zu mischen. Eine dritte befahl, daß alle heilige Geräthschaften, die man aus den Kirchen genommen, wiedergegeben werden sollten, und berechtigte die Obrigkeit und das Militär, dieses Geschäft mit Nachdruck zu betreiben. Alle diese Verordnungen[p] wurden in beiden Sprachen gedruckt, und in ganz Belgien umhergeschickt. Die Wirkung, die sie hervor: brachten, war überaus schnell und groß. Die Einwohner von Grammont schrieben an den General: „sie legten die Waffen nieder." Der Friede zwischen Frankreich und Belgien wurde hergestellt; diese achtungswürdige Nation vergaß alle erlittene Leiden, und sah unsre Soldaten als Brüder und Freunde an. So viel ist aber auch wahr; die Garnisonen betrugen sich, zumal in den großen Städten, mit vielem Anstande und vieler Schonung, und wäre das verhaßte Dekret vom 15ten Dezember und die Sendung der Kommissare nicht gewesen, so würden sich die Franken in den Niederlanden viel Liebe verschaft haben. <104> Dümouriez schrieb den 12ten März einen Brief an den Konvent, der so fürchterliche Wahrheiten enthielt, daß der Präsident und der Ausschuß, an den er verwiesen wurde, ihn nicht öffentlich ablesen lassen durfte. Eine Abschrift dieses Briefs schlich sich ins Publikum, und ward zu Antwerpen gedruckt. In diesem Schreiben beschrieb der General alles, was er hatte thun müssen um Belgien und die Armee zu retten, und berief sich wegen der besondern Umstände auf den Bericht des Kriegsministers, dem er alle Belege und Beweise, mit dem ausdrücklichen Verlangen, daß er sie ohne Scheu und Zurückhaltung dem Konvent vorlegen möchte, zugeschickt hatte.

Hierauf berief er den anordnenden Kommissar Petitjean und alle Chefs der Administration zu sich, und erklärte ihnen, er sey im Begriff, eine große Bewegung vorwärts zu machen; er überzeugte sich, daß in keinem Theile ihres Dienstes und ihrer Besorgungen etwas fehlte, so daß er auf Lebensmittel auf vierzehn Tage rechnen konnte, ließ <105> vor allen Dingen das Feldhospital aufs vollständigste einrichten, und nun erklärte er, er würde in wenig Tagen eine Schlacht liefern.

Der Kriegszahlmeister war schon vorher mit seiner Kriegskasse von zwei Millionen baarem Gelde nach Lille gegangen; der General schickte dem Kommendanten von Lille den Befehl zu, ihn unverzüglich mit seinen zwei Millionen, unter einer hinlänglichen Bedeckung wieder zur Armee zu senden. Er hielt an die Garnison von Brüssel eine Anrede mit so gutem Erfolg, daß alle Korps einmüthig verlangten, mit ihm auszurücken. Hierauf ging er endlich den 12ten nach Löwen ab.

Um hernach alles was zu den militärischen Operationen gehört, hintereinander vortragen zu können, wird es schicklich seyn, von dem Besuch, den die Konventskommissare beym General in Löwen ablegten, hier ein Wort zu sagen. Der erste Schritt der Herren Camüs, Gossüin, Treilhard und Merlin, als sich die Armee von Aachen zurückzog, war gewesen, sich nach der französischen <106> Gränze zu begeben, während Danton und Lacroix gerade nach Paris gegangen waren. Sobald sie aber des Generals Ankunft erfuhren, kamen sie ihm in Löwen nach, weil sie ihn in Brüssel verfehlt hatten. Hier warf ihm Camüs und Treilhard seine Verordnungen vor, zumal diejenige die alles silberne Kirchengeräthe zurückgeben ließ; sie sagten ihm, er hätte ihre Ankunft erwarten, und nicht so vorschnell handeln und sich um Civilangelegenheiten nicht bekümmern sollen. Allein der General gab ihnen zur Antwort: das allgemeine Wohl sei das erste Gesetz; der Nationalkonvent könnte durch seine Emissare, von weitem, in Absicht auf die belgischen Angelegenheiten betrogen werden, und so wäre es geschehen; er {Dümouriez} hingegen, wäre an Ort und Stelle, habe die ganze Last des Krieges, der Nationalehre und der Armee zu tragen, und wäre nicht seinen Vorgesetzten allein, sondern der Nachwelt dafür verantwortlich; er habe nichts mit Uebereilung, sondern alles mit der größten Ueberlegung gethan; und <107> wenn sie wirklich damals zugegen gewesen wären, so würde er sie nicht um Rath gefragt, sondern dahin zu vermögen gesucht haben, gemeinschaftlich mit ihm, den Verbrechen und der Tyrannei, die schon zu lange Belgien unterdrückt hielten und Frankreich verunehrten, ein Ende zu machen; und hätten sie sich dieser heilsamen Maasregel widersetzen wollen, so würde er seinen Verordnungen selbst wider ihren Willen ihren Lauf gelassen haben.

Er wandte sich besonders an Camüs, der für einen gottseligen Heuchler galt, und sagte ihm: es wundre ihn, wie er, als ein Mann der so viel Religion zu haben vorgäbe, behaupten könnte, es sei recht einem verbündeten Volke die heiligen Gefäße und übrigen Kirchengeräthschaften zu rauben.

> Gehen Sie {setzte er hinzu} in die St. Gudula's Kirche; sehen Sie die mit Füßen getretenen und auf den Boden gestreuten heiligen Hostien, die zerstückten Behältnisse derselben, die zerbrochenen Beichtstühle, die zerrissenen Kirchengemählde; <108> rechtfertigen Sie, wenn Sie können, diese Entweyhung, und sagen Sie mir, ob Sie ein ander Mittel auffinden können, als das noch nicht eingeschmolzene silberne und goldene Geräth wieder herbeizuschaffen, und die gottlosen Werkzeuge Ihrer grausamen Befehle exemplarisch zu bestrafen. Wenn der Konvent solchen Befehlen seinen Beyfall giebt, wenn sie ihn nicht empören, wenn er sie nicht auf das strengste ahndet; denn wehe über ihn und mein unglückliches Vaterland! Könnte ich es durch ein Verbrechen retten, sicherlich, ich beginge es nicht. Hier aber steht es in Gefahr, durch fremde Verbrechen unglücklich zu werden, und ich suche es zu retten und ihm zu dienen, indem ich die Spur derselben wegwische.

Camüs meinte, die größte Schwierigkeit, das geraubte Silberzeug den Kirchen wiederzugeben, käme daher, weil man es in Stücke geschlagen hätte, um es desto leichter in die Kisten zu packen. Ey! sagte der General, schön, daß wir die Materie <109> selbst noch haben, und es uns nur die Façon kosten wird! Camüs und Treilhard behaupteten dagegen immer, der General habe dem Konvent den gebührenden Gehorsam und Respekt nicht bezeigt. Merlin und Gossüin waren ehrlicher, und meinten: er habe recht gehandelt; so daß ein lebhafter Streit zwischen ihnen entstand. Endlich erklärte Camüs: er könnte nicht umhin, seinen Bericht an den Konvent abzustatten, und über den General Klage zu führen; wozu ihn dieser einlud, und ihm dabey sagte: er selbst habe schon seinen Bericht eingeschickt; wobey er ihm sein Schreiben vom 12ten wies, worüber sich ein neuer Streit erhob.

In eben dieser Konferenz entfuhr es dem Brausekopf Camüs, halb lachend und halb wüthend zu sagen:

> General, man beschuldigt Sie, ein Cäsar zu seyn; wäre ich dessen gewiß, so würde ich Brutus werden, und Ihnen einen Dolch ins Herz stoßen. – Lieber Camüs, antwortete dieser, ich bin nicht Cäsar, Sie sind nicht Brutus, <110> und die Drohung von Ihrer Hand zu sterben, ist für mich ein Patent zur Unsterblichkeit.

Die Kommissare reiseten in eben der Nacht, nach einer drey oder vierstündigen Unterredung, nach Brüssel ab; Camüs blieb seinem Versprechen treu, stattete mit aller Erbitterung eines falschen und schlechten Menschen seinen Bericht ab, und wurde von der Zeit an ein geschworner Feind des Generals, der sich nur mit den Mitteln beschäftigte, sich aus der schlechten Lage herauszuziehen, worin ihn die Fehler seiner untergeordneten Offiziere und die Unordnung einer desorganisierten Armee, die nicht mehr von eben dem Geiste, wie in dem vorhergehenden Feldzuge beseelt war, versetzt hatten. <111>

Fünftes Kapitel.

Zustand der Armee – Ihre Stellung – Des Generals Befehle an die verschiedenen Divisionen – Er entschließt sich eine Schlacht zu liefern.

Die Armee schien beim Anblick ihres Generals ihren ganzen Muth wieder zu bekommen. Freude, Zutrauen glänzte in den Augen der Soldaten, welche ihn liebkoseten, ihn ihren Vater nannten, viel Schaam und Reue bezeigten, und laut verlangten, er solle sie gegen den Feind führen. Er warf ihnen ihre Unordnungen, und vorzüglich ihren Mangel an Zutrauen in Generale, die sie bis jetzt auf dem Wege des Sieges geleitet hätten, seine Kollegen und Schüler wären, vor. Er sagte ihnen, daß ihre Ungeduld, ihr Mangel an Kriegszucht, die Uebereilung und

Unordnung ihres Rückzuges, ihm die Eroberung Hollands, wovon vielleicht das Schicksal des Feldzuges abhinge, aus den Händen gerissen hätte. Sie schienen ihm sehr beschämt, sehr gesonnen <112> ihr Unrecht unter der Bedingung wieder gut machen zu wollen, daß er sie nicht wieder verlassen, und sie aufs baldigte zur Wiedereroberung des verlornen Landes anführen sollte. Diese Stimmung war dem General sehr behülflich, mit dem Beistande des Generals Thouvenot, Chefs seines Generalstabes, der nebst alles andern Kriegstalenten auch vorzüglich das besitzt, in eine große Armee Ordnung zu bringen, und in dem was die Lager und Rekognoszierungen betrift, sehr erfahren ist, diese Armee sehr geschwind wieder zu organisieren. Der General läßt ihm mit den größten Vergnügen diese Gerechtigkeit widerfahren. Dieser vortreffliche Offizier ist sein Freund, kann einer der besten Generale Frankreichs werden, wenn er einst wieder in vaterländische Dienste tritt, und wenn die Vorurtheile aller Art ihn nicht verhindern zum Kommando zu gelangen.

Ohne die belgischen Garnisonen, ohne das zur holländischen Expedition gebrauchte *Korps d'armee* von ungefähr 20 000 Mann, <113> worunter 2 000 Mann Kavallerie seit der Vereinigung mit dem General Deflers waren; ohne eine Division von 5 000 Mann, worunter 800 Mann Kavallerie unter dem Befehle, des Generals Lamarliere waren, und ohne die Division von Namur, unter dem Befehle des Generallieutenants Harville, von 12 000 Mann Infanterie und 1 500 Mann Kavallerie; war die Armee noch 38 bis 40 000 Mann Infanterie und 4 500 Mann Kavallerie stark, welche der Chef des Generalstabes auf folgende Weise organisierte.

Die Infanterie, aus 62 Bataillonen zusammengesetzt, wurde in vier Korps geheilt. Der rechte Flügel von 18 Bataillonen stand unter dem General Valence; das Centrum von eben der Stärke unter dem Herzoge von Chartres, damals Egalité genannt; der linke Flügel unter dem General Miranda. Jede dieser gleich starken Divisionen machte 7 000 Mann Infanterie aus. Das aus acht Bataillonen bestehende Reservekorps, unter dem General Chancel, empfing die Befehle vom Herzoge von Chartres. <114> Miranda ertheilte die seinigen an den General Miaczinsky, welcher die Flankeurs des linken Flügels, ein 2 000 Mann Infanterie und 1 000 Mann Kavallerie starkes Korps, und an den General Champmorin, der eine Division von ungefähr 6 000 Mann, worunter 1 000 Mann

Kavallerie waren, kommandierte, Unter des Generals Valence Befehl stand das Flankeurkorps des Generals Dampierre, das eben so stark als das Miaczinskysche war, und die Division des Generals Neuilly von 4 000 Mann, worunter 1 000 Mann Kavalerie waren. Der Vortrab unter dem Generale Lamarche bestand in 6 000 Mann, wovon 1 500 Mann Kavallerie. Dieser war ein invalider Greis, und war ein vortrefflicher Husarenoberster gewesen. Er war voll Feuer, aber sehr leicht verlor er den Muth. Er hatte zwei vortreffliche, obgleich sehr junge Offiziere mit sich, welche ihn gut leiteten, wenn er sich wollte leiten lassen; nämlich den Obersten und Generaladjudanten Montjoye, und den Oberstlieutenant Barrois, <115> Kommandeur der reitenden Artillerie. Aber seine schlechte Gesundheit und noch mehr sein Starrsinn machten ihn sehr unfähig.

Die Schnelligkeit womit man in diesem Kriege zu den höheren Stufen gelangte, brachte jeden an die unrechte Stelle. Die Korps verloren gute Anführer, und die Armee bekam unerfahrne Generale, und doch waren deren nicht genug. Die Armee hatte damals nur fünf Generallieutenante und zwölf *Maréchaux de Camp*, von welchen sechs detaschirt waren; es blieben also nur sechs, um das Treffen zu kommandieren. Es waren nur soviel Zelte da, um ungefähr die Hälfte der Armee im Lager stehen lassen zu können; die übrigen kantonnierten, wodurch der Mangel an Kriegszucht und das Marodiren noch vermehrt wurde.

Als der General am 13ten Morgens nach Löwen kam, fand er, daß die drey Divisionen seiner Infanterie auf der Anhöhe hinter Löwen kampierten oder kantonnirten, und den Kanal von Mecheln vor sich hatten. Die Reserve mit einem kleinen Korps <116> Kavallerie war 2 starke Lieues über Bautersem hinaus, und der Vortrab war noch mehr als 2 Lieues weiter in Cumptich, und hatte einen kleinen Posten von 400 Mann in Tirlemont. Der Feind rückte vor, und besetzte alle Dörfer zwischen Tirlemont und Tongern. Sein Projekt war, unsern rechten Flügel den 16ten zu tourniren, und wenn er es den 13ten oder 14ten ausgeführt hätte, wäre der Vortrab auf die Reserve, diese auf das *Korps d'Armée* geworfen worden, und dann war die ganze Armee verloren, da sie kein rekognoszirtes Schlachtfeld, und keinen Sammelplatz hatte.

Der General begab sich den 14ten nach seinem Vortrab hin, und machte sogleich eine bessere Disposition. Er stellte den General Dampierre mit seinen Flankeurs bey Houguerden, rechts von Cumptich, und er befahl dem General Neuilly von Jüdoigne {Geldenaken} nach Lümmen zu kommen, um diesen rechten Flügel zu unterstützen und den Feind zu debordiren. Dem General Miaczinsky befahl er, links eine Position zwischen <117> Diest und Tirlemont gegen Halen hin zu nehmen, und die Geete vor sich zu behalten. Den General Champmorin ließ er Diest mit seiner Division besetzen. Dieser General hatte ihm gemeldet, Diest sey eine kleine Stadt mit Mauern, woraus man einen guten Posten machen könne; er befahl ihm daran zu arbeiten, und zwey Bataillone und funfzig Reuter daselbst zu lassen, sobald er Ordre vorzurücken erhalten würde.

Dem General Lamarliere befahl er in Aerschott [=Aarschot] einen kleinen Communikationsposten mit Diest zu lassen, und sich nach Lier zu begeben, um das Kempenland zu beobachten, die preußische Colonne, die in diese Gegend vorrücken könnte, aufzuhalten, und den Rückzug der holländischen Expeditionsarmee zu decken, von welcher er glaubte, daß sie das Projekt über den Moordyk zu gehen aufgegeben habe, wie es sich auch leider nur zu wahr befand. Er gab dem General Deflers Befehl, zu eilen, um in Breda einzurücken, den General Tilly nach Gertruydenberg mit der angezeigten Garnison zu <118> schicken, und die Armee in die Linien von Antwerpen, unter dem Befehl des Generals Marasse, welchem er bald einen Nachfolger, der im Stande wäre den Feldzug mitzumachen, schicken zu können glaubte, zurückmarschiren zu lassen; und in Turnhout ließ er die Gensdarmerie mit der nordischen Legion unter dem Befehle des Obersten Westermann, um den Rückzug zu decken, den Feind zu entfernen, und mit dem General Lamarliere, und durch ihn mit der großen Armee Communikation zu erhalten.

Am 15ten März Morgens griff der feindliche Vortrab Tirlemont an, woraus sich die 400 Mann ohne Schwertstreich, aber mit Verlust zurückzogen, da sie sich hatten überrumpeln lassen. General Dampierre, an den Rückzug gewöhnt, fand für gut, sobald er in der Ferne die ersten Flintenschüsse hörte, seinen Posten bei Hougaerde, wo er einen der Uebergänge über die Geete bewachte, zu verlassen, sich nach Löwen zurückzuziehen, und dem General Neuilly zu melden, sich seinerseits nach Jüdoigne zu begeben. Der <119> General hat nicht Zeit gehabt zu untersuchen ob es Furcht oder Verrätherey war, welche diese falsche Bewegung auf einem rechten Flügel hervorbrachte. Wußte sie der

Feind, so konnte die französische Armee geworfen werden. Der General beschäftigte sich bloß damit diesen Fehler zu verbessern, der um so wichtiger war, weil er den Soldaten an panisches Schrecken und übereilte Rückzüge gewöhnte; dieselbe Nacht ließ er die beiden Divisionen ihre Posten wieder beziehen. Sonderbar ist's, daß der General Miaczinsky es auf dem linken Flügel eben so machte, und sich ins Gehölz bey Löwen zurückzog, wo man ihn zwei Tage lang vermißte; aber er wurde durch die Division des Generals Champmorin ersetzt, dem der General am 15ten den Befehl zuschickte schnell heranzurücken, um die Höhen von Oplinter, links von Tirlemont zu besetzen, wo er auch den 16ten Abends ankam. Glücklicherweise bemerkten die Feinde, welche auf den 16ten vorzurücken bestimmt hatten, diese rückgängigen Bewegungen vom 15ten nicht, und konnten <120> also nicht benutzen. Denselben Tag marschierte der General mit der ganzen Armee vorwärts, und brachte sehr nahe bey Cumptich, über Bautersem hinaus, die Nacht unterm Gewehre zu, um folgenden Tages seine Revanche zu nehmen, und dem Feinde nicht den Vorsprung zu lassen, ihn mit Vortheil anzugreifen; dieß war um so wichtiger, da, wenn er ihn im Besitz von Tirlemont ließ, er nothwendig weichen mußte, und dann wären seine Truppen leicht wieder muthlos geworden.

Die Kaiserlichen hatten mit einem starken Vortrabe Tirlemont und den Raum zwischen den beiden Flüssen Geete, von der Chaussee von St. Tron an bis Hougaerde gegenüber besetzt. Den 16ten Morgens griff sie der General muthig an, und da die Höhe bey Oplinter von einer Seite sich nach der Heerstraße von St. Tron hin erstreckt, eilten die Oestreicher, deren rechter Flügel durch die Stellung des Generals Miranda auf den Höhen von Oplinter überflügelt war, nachdem der General sich nach einigem <121> Widerstande Tirlemonts bemächtigt hatte, über die kleinen Geete zu gehen, um sich auf die Anhöhen von Neerlanden, Neerwinden, Middelwinden und Oberwinden zurückzuziehen.

Zwischen den beiden Armen der Geete, anderthalb Lieues rechts über Tirlemont hinaus, liegt das Dorf Gotzenhoven, welches die ganze Plaine bestreicht; es liegt auf einem einzelnen runden Berge, hat vor sich Hecken und rechts und hinter sich mit Wasser angefüllte Gräben.

Die Kaiserlichen schienen die Wichtigkeit dieses Postens nur dann erst zu kennen, als die Franken ihn eingenommen, und Dümouriez den General Lamarche mit seinem Vortrabe und Geschütz daselbst hingestellt hatte. Sie hatten damals noch die beiden Dörfer Meer und Hattendover inne, welche der General durch seine Kolonnen, so wie sie von Tirlemont anrückten, angreifen ließ. Sie hatten einen großen Fehler begangen, Gotzenhoven nicht stark zu besetzen, da sie von da aus diese beiden Dörfer doch <122> vertheidigen oder beschießen konnten. Sie zogen nun ein starkes Korps Infanterie und Kavalerie zusammen, um zu versuchen die Franken aus Gotzenhoven zu verdrängen. Diese Truppen thaten vergebens Wunder der Tapferkeit, die Kürassiere griffen die französische Infanterie mit der größten Unerschrockenheit bis mitten im Dorfe an; ihr Verlust war sehr beträchtlich. Dieser Angriff wurde mehrere Male wiederholt. Sie konnten Gotzenhoven nicht auf dem rechten Flügel, wie sie es vergebens versuchten, tourniren, weil General Neuilly, der bey Lümmen über die große Geete gegangen war, gerade zu rechter Zeit mit seiner Division auf diesen rechten Flügel ankam, um die Position von Neerhelyssen einzunehmen. Nur gegen 4 Uhr Nachmittags endigte sich das Gefecht mit dem völligen Rückzuge der Oesterreicher. Es hatte wenigstens 8 Stunden zwischen zwey Avantgarden, die ungefähr gleich stark und von ihren Armeen gleichmäßig unterstützt wurden, gedauert. Die Kaiserlichen hatten weit mehr als die Franken <123> verloren, die den Vortheil behaupteten, aber bey dem Angriffe auf Gotzenhoven fast ihren General eingebüßt hätten.

Dies Gefecht von Tirlemont, das den Oesterreichern mehr als 1 200 Mann kostete, gab der Armee ihr völliges Zutrauen wieder. Der General stellte sie in zwey Haufen, den rechten Flügel und das Centrum, von Gotzenhoven bis an die Heerstraße in der Linie mit den Dörfern, wo das Schlachtfeld gewesen war. General Neuilly lehnte sich an den rechten Flügel bey Neerhelyssen. General Dampierre, der am Abend des Gefechts zurückkam, wurde bey Essemael vor das Centrum gestellt. General Miaczinsky der ebenfalls mit seiner Kavallerie ankam, und seine 8 Infanteriebataillone bey Löwen gelassen hatte, wurde Orsmael gegenüber bey der Brücke über die kleine Geete gestellt. Ein Theil von Mirandas Division kampirte hinter der großen Geete, oder stand unterm Gewehre links von Tirlemont, und rückte in Winkelordnung bis Oplinter vor, wo in der Nacht die Division des Generals Champmorin ankam. <124> Nach diesem ersten Erfolg mußte man einen großen Streich wagen. Die kaiserliche Armee erhielt beständig Verstärkungen, die französische hatte sehr wenige zu hoffen. Die österreichische Kavallerie war schon doppelt so stark als die französische, und von einer weit vorzüglichern Art. Man durfte nicht daran denken, mit einer undisziplinirten Armee, die nicht genug Generale hatte, nicht im Stande war schnelle Märsche und geschickte Manöver zu machen, eine zahlreiche und krieggewöhnte Kavallerie gegen sich, und hinter sich keinen festen Platz oder befestigten Posten hatte, die Niederlande Schritt vor Schritt zu vertheidigen.

Man mußte jedoch den Feind aufhalten; und das konnte nur durch eine Schlacht geschehen. In der gegenwärtigen Lage befand die wahre Klugheit darin alles zu wagen, ehe der Prinz von Coburg alle Truppen die er erwartete, erhalten hatte. Beyde Armeen waren gleich stark; die welche angriff hatte also den Vortheil des Angriffs. Dieser Vortheil war vierzehn Tage lang in <125> des Prinzen von Coburg Händen gewesen. General Dümouriez hatte ihn eben durch das Gefecht von Tirlemont wieder erhalten. War er so glücklich eine entscheidende Schlacht, die er liefern wollte, zu gewinnen, so brachte ihm dieses folgende Vortheile:

1. er erweckte bey seiner Armee wieder den Gedanken daß sie dem Feinde überlegen sey, und diesem jagte er Furcht ein.
2. Er sicherte die Treue der Belgier, die Aushebung der 25 Bataillone dieser Nation würde weit schneller vor sich gegangen sein, und so hätte er wenigstens zwanzigtausend Mann Infanterie mehr gehabt.
3. Er gewann das von der Seite nach Lüttich zu verlorne Terrain wieder, denn die Oesterreicher hätten weder diese Stadt, noch Aachen behaupten können, und würden sich unter Mastricht retranschirt haben.
4. Er nöthigte den Printzen von Coburg zurück und wieder über die Maas zu gehen; und schwächte ihn so sehr daß er frühstens vor dem Monat Mai nicht wieder ins Feld rücken konnte.

Er wollte alsdann dem General Valence, <126> in einem zwischen den beiden Geeten retranschirten Lager, eine gute Position geben, wo er den Feind hätte beobachten können, und alle Verstärkungen die aus Frankreich und den Niederlanden kamen in Empfang genommen haben würde, während daß der General Harville sich gleichfalls bey Namur verstärkt hätte. General Valence hätte den Prinzen von Coburg in Zaum gehalten, während daß General Dümouriez den General

Miranda zur Armee von Antwerpen geschickt hätte, um das Kommando derselben zu übernehmen, selbst aber mit 30 000 Mann gegen Herzogenbusch marschiert wäre, sein Angriffsprojekt auf Holland wieder vorgenommen, und zugleich den Uebergang über den Moordyk und über Gorcum formiert hätte. Wenn er nicht in Holland eindringen konnte, so hätte er sich wenigstens der Generalitätsorte und der Plätze des holländischen Flanderns bemächtigt, hätte seinen linken Flügel dadurch gedeckt, und sich Lebensmittel, Kleider, Waffen und Geld verschafft.

Von jetzt an wäre er vom Konvent <127> unabhängig gewesen, und hätte ihm vielleicht zum Vortheil seines unglücklichen Vaterlandes, zur Rache für Ludwig XVI und zur Wiederherstellung der konstitutionellen Monarchie, Gesetze vorschreiben können. Wurde der General Dümouriez hingegen überwunden, so wollte er

1. die Position hinter dem Kanal von Löwen nehmen, um eine Zeitlang Brüssel zu decken und sich zu verstärken;

2. die Position von Namur behalten, indem er das Korps des Generals Harville auf 25 000 Mann brächte, und die Division des Generals Neuilly wieder über Jüdoigne mit seinem Rückzuge auf den Soignier-Wald, in Kommunikation stellte, um Brüssel zu decken;

3. unterhalb Antwerpen ein ähnliches *Korps d'Armée* formieren, welches Breda und Gertruydenberg ferner besetzen und eine Kommunikation über Lier und Diest unterhalten sollte;

4. im Rücken ein Korps von 14 bis 15 000 Mann, nach Brügge zu, versammlen, um die Küste von Flandern zu decken;

5. mit den Kaiserlichen eines Waffenstillstandes <128> wegen unterhandeln, während daß man in den verschiedenen Lägern sich würde bemühet haben die Truppen zu überreden, was auch die Wahrheit war, ihre Desorganisation, und das daraus entstehende Unglück rühre bloß von der absurden Regierung des Konvents her, es sey Zeit der Anarchie, die den gänzlichen Ruin Frankreichs nach sich ziehe, ein Ende zu machen, von der Armee allein hänge das Schicksal des Vaterlandes ab.

Wenn dann die Gemüther recht vorbereitet gewesen wären, wollte er die Armee durch die belgischen Bataillone, die den Konvent und die Jakobiner verabscheuten, verstärken, sich gegen ihn zu Gunsten der konstitutionellen Königswürde erklären, Geißeln nehmen um die Tempelgefangenen sicher zu stellen und auf Paris losgehen.

Dies waren des Generals Dümouriez Projekte; dies seine Bewegungsgründe eine entscheidende Schlacht zu liefern, und alle Kräfte aufzubieten sie zu gewinnen. Denn nie ist er feige genug gewesen daran zu denken <129> sich schlagen zu lassen. Er wollte auf alle Fälle Herr der Begebenheiten bleiben. Ob er gleich Frankreichs Tyrannen verabscheute, ob er gleich vor den Grausamkeiten und Verbrechen die es entehrten zurückbebte, glaubte er sich doch nicht minder verpflichtet die Ehre seiner Nation zu behaupten, und dem Vertrauen welches sie bis dahin in ihn gesetzt hatte, zu entsprechen. Bis auf den letzten Augenblick hat er alles was er konnte gethan, damit die fremden Mächte die Angelegenheiten Frankreichs nicht nach ihrem Willen lenken könnten, und damit sein Vaterland weder an seiner Würde noch an seinen Besitzungen Abbruch litte. Dies hat ihm, von Seiten des schlecht unterrichteten Publikums, und namentlich von Seiten des Kurfürsten von Köln, den sehr ungegründeten Vorwurf zugezogen, er habe nur dann seine Gesinnungen geändert, als er sei geschlagen worden.

Hatte er nicht vorher den Jakobinern durch die in Antwerpen und Brüssel gemachten Verordnungen den Krieg angekündigt? <130> Hatte er nicht die raubenden Kommissare welche bloß auf Befehl des Konvents handelten, verjagt und gefangen gesetzt? Hatte er nicht die silbernen Kirchengeräthschaften wieder zurückgeben lassen? Enthält ein Briefwechsel mit Pache, der gedruckt ist, der mit Beurnonville und Lebrün, welcher auch im Moniteur vom März und April steht, nicht die härtesten Wahrheiten, und die freiesten Aeusserungen des Generals gegen die Urheber des vaterländischen Unglücks? Wenn er darin nicht von der königlichen Familie spricht, so geschah es bloß aus Furcht, es möchte das, was er von ihr sagen würde, ihr Todesurtheil veranlassen.

Bey Lesung dieser Memoiren, bei der Rückerinnerung an die Begebenheiten und an die Schriften dieses Zeitpunkts, wird man sehen, daß der General Dümouriez nie seine Meinungen geändert hat; daß er stets ein Feind der Tyrannen seines Vaterlandes, und dessen eifrigster Vertheidiger gewesen ist; daß des Vaterlands Feinde seine eignen <131>

waren; daß er ihnen offene Fehde auf eine edelmüthige Art erklärt hat, weil sein Bürgersinn nie schwärmerisch, ungerecht oder wild war; daß er gegen eben die Emigrierten, die ihn in gleichem Maaß wie die Jakobiner verabscheuen, bey allen Gelegenheiten seine Menschlichkeit und seinen Edelmuth gezeigt hat; und daß, in einem Kriege der keinem andern gleicht, in einem Meinungskriege, wo die Unbeständigkeit der Grundsätze und des Verfahrens selbst Entschuldigungen finden würde, er weder Grausamkeit, noch Mißbrauch seiner Vortheile, noch Treulosigkeit, noch Wechsel der Partheyen, noch Schwäche bei einem Unglück sich vorzuwerfen hat; daß er aus Grundsätzen der Menschenliebe dem Kaiser die Niederlande erhalten hat, wie es der Erzherzog Karl, die Minister, die Generale, die Armee und das Volk bezeugen, und zwar ohne den mindesten Gedanken, in der Folge einen Zufluchtsort in dessen Staaten zu finden, weil er damals mit dem Prinzen von Coburg nur den Traktat schloß, um <132> nach Paris zu marschieren, in der Hoffnung sein Vaterland zu befreien.

Auf eine schreckliche Art bey dem Kaiser verläumdet, verhindert sich in dessen Staaten zurückzuziehen, welche er doch für sich offen zu finden geglaubt hatte, wenn ihm gleich auch alle andre Mächte die ihrigen verschließen würden, erwartet er alles von der Zeit, und verliert weder die Hoffnung noch den Muth. Auf seinen Karakter und sein Betragen sich berufend tröstet er sich mit der Stelle aus dem Valerius Maximus[50].

> Perfecta ars, fortunae lenocinio defecta, fiducia justa non exuitur, quumque[51] scit se laudem mereri, eam etsi ab aliis non impetrat, domestico tamen acceptam judicio refert. [52]

---

[50] Valerius Maximus war ein römischer Schriftsteller der 1. Hälfte des 1. Jahrhunderts und Autor der *Facta et dicta memorabilia*, einer Sammlung historischer Anekdoten, zur Zeit des Kaisers Tiberius (14–37 n. Chr.), hier Band 3, Kap. 2: De fiducia.

[51] In der Vorlage: „quamque".

[52] Auf deutsch etwa: Auch wenn die perfekte Kunst vielleicht glücklos ist, behält sie die Zuversicht, weil sie weiß, daß sie Lob verdient; und wenn sie es von anderen nicht erhält, rechnet sie das Urteil der Freunde dazu.

Sechstes Kapitel.

Schlacht bey Neerwinden.

Der Prinz von Coburg war zwischen Tongern, St. Tron und Landen vorgerückt. Das <133> Gefecht bey Tirlemont, vom 6ten, hatte ihn bewogen seine Truppen zusammen zu halten. Die beyden Armeen standen unter dem Gewehre und hatten sich im Angesicht. Der General brachte den 17ten zu, die Position des Feindes zu rekognoszieren, seine Truppen so zu stellen, wie er wollte daß sie fechten sollten, und den Angrifsplan zu bereiten. Vor sich hatte er die kleine Geete, welche in der Mairie Jaudrain entspringt, mit der großen Geete fast parallel läuft und unterhalb Leaw sich mit ihr vereinigt. Dieser Fluß trennte ihn von dem Feinde; er hat ein schroffes Ufer und ist von beiden Seiten mit Hügeln umgeben, welche, von der Seite wo die Kaiserlichen standen, sich wie ein Amphitheater bis an das höher gelegene Terrain von Landen und St. Tron erheben.

Er hatte berechnet daß der Prinz von Coburg die ganze Stärke seiner Armee bei Tongern und St. Tron haben müßte, wegen der Nothwendigkeit eine Provisionen aus Mastricht und Lüttich zu ziehen, und daß <134> folglich sein linker Flügel, der sich nach Landen hin erstreckte, schwächer seyn müßte, und also tournirt, oder aus seinem Posten verdrängt werden könne. Er wußte auch, daß jener die kleine Stadt Leaw zu besitzen verabsäumt hatte, die ein sehr regulärer Feldposten ist, und von wo aus, bei dem Angrifsprojekte einer der Armeen gegen die andre, entweder der Angreifende seine Bewegungen machen, oder der Angegriffene Widerstand leisten konnte.

Vor der feindlichen Linie, die sich von Landen nach Leaw hin erstreckte, befanden sich die drei Dörfer Oberwinden, Middlewinden und Neerwinden. Unterhalb dem mittlern ist ein kleiner Berg, der Grabhügel von Middelwinden genannt, welcher die drey Dörfer und ein Thal, das sie von der Stadt Landen trennt, bestreicht. Beym Angrif ist der, welcher diesen Platz besetzt, Meister von dieser Plaine, und muß nothwendig seinen Feind zum Weichen bringen.

Darnach nun hatte Dümouriez den Plan zur Schlacht, wovon folgendes die Disposition <135> eingerichtet. Die erste Kolonne, die den linken Flügel der Armee ausmachte und aus dem Vortrabe unter dem Befehle des Generals Lamarche befand, sollte über die Brücke von

Neerhelyssen, nach der Plaine zwischen Landen und Oberwinden hin vorrücken, um über den linken Flügel des Feindes hinaus zu seyn, und seine Flanke zu beunruhigen. Die zweite Kolonne, bestehend aus der Infanterie der Ardennenarmee, unter dem Kommando des Generallieutenants Leveneur, sollte über dieselbe Brücke vorwärts marschieren, und unterstützt durch ein starkes Korps Reiterey, mit Schnelligkeit auf den Grabhügel von Middelwinden losgehen, und das Dorf Oberwinden angreifen, welches, den auf dem Hügel gepflanzten Zwölfpfündern nicht Widerstand thun konnte. Die dritte Kolonne unter dem General Neuilly sollte auch über dieselbe Brücke vorrücken, und zu gleicher Zeit das Dorf Neerwinden auf der rechten Seite angreifen.

Diese drey Kolonnen machten die Attake <136> auf dem rechten Flügel aus, welche General Valence kommandierte, der hernach, falls es gut ginge, durch eine Viertelwendung mit seinem linken Flügel, indem er des Feindes linken Flügel vor sich her triebe, fortfahren sollte in Schlachtordnung zu marschiren, Landen hinter sich lassend und St. Tron vor sich. Die Attake des Centrums, kommandiert von dem Herzog von Chartres, bestand aus zwei Kolonnen. Die vierte Kolonne unter dem Befehl des Generallieutenants Dietmann, sollte über die Brücke bey Leaw über den Fluß gehen, schnell durch das Dorf, das nur mit einigen österreichischen Scharfschützen besetzt war, ziehen, und grade auf die Vorderseite des Dorfes Neerwinden losgehen. Die fünfte Kolonne unter Anführung des General Dampierre sollte über die Brücke bey Essemael gehen, und auf die linke Seite von Neerwinden losmarschiren. Diese Kolonnen sollten sich hierauf nach der Bewegung des rechten Flügels richten, und mit dem Punkt von dem sie aus marschiert waren, eine Diagonallinie ziehen. <137> Die Attake des linken Flügels unter dem Befehl des General Miranda, bestand aus drei Kolonnen. Die sechste unter dem General Miaczinsky, sollte bey Over-Helpen über den Fluß gehen, und vor sich her attakieren, indem sie ihre Richtung auf Neerlanden nehmen und sich hüten sollte, je über die Spitze der fünften Kolonne hinweg zu sein. Die siebente Kolonne unter dem Befehl des Generals Rüault, sollte bey Orsmael über den Fluß gehen, und von der Landstraße von St. Tron aus attakieren. Die achte Kolonne unter dem Befehl des General Champmorin, sollte unterhalb Neerlinter bei Binghen über den Fluß gehen, und sich in Leaw werfen, welches sie bis zu Ende der Schlacht behaupten sollte.

Im Fall eines völligen Erfolgs sollte die französische Armee am Ende der Aktion sich in Schlachtordnung gestellt befinden, mit dem linken Flügel bey Leaw und mit dem rechten bey St. Tron, Tongern grade vor sich, welches der nothwendige Retraitepunkt der kaiserlichen Armee war. Die <138> Ufer der Geete waren, in der Schußweite von den Brücken mit Batterien besetzt, um den Rückzug der Kolonnen im Fall der Niederlage zu decken.

Den 18ten März zwischen 7 und 8 Uhr Morgens, rückten alle Colonnen zugleich mit vieler Ordnung vor, und gingen ohne Hinderniß über den Fluß. Der General Lamarche zog sich gleich nach der Ebene von Landen, als er aber dort keinen Feind fand, beging er den Fehler, sich links auf das Dorf Oberwinden zu schlagen, und sich mit der zweyten Colonne zu vermischen; diese wurde durch den langsamen Marsch der Artillerie und Infanterie aufgehalten, doch attakierte sie gegen 10 Uhr das Dorf Oberwinden und den Grabhügel von Middelwinden, mit so viel Nachdruck, daß sie beides einnahm, aber sie war nicht vorsichtig genug, die Position beym Grabhügel zu behalten, welche die Oestreicher wieder nahmen und den ganzen Tag über streitig machten. Die dritte Colonne drang so lebhaft in Neerwinden ein, daß sie die Kaiserlichen <139> hinaus jagte; aber der General Neuilly verließ fast eben sobald dieß Dorf, um sich in der Ebene auszubreiten, und sich der zweyten Colonne zu nähren. Er behauptet vom General Valence diesen Befehl erhalten zu haben, der seiner Seits es für ein Mißverständniß von Seiten Neuilly's ausgiebt.

Die Kaiserlichen rückten sogleich wieder in Neerwinden ein, woraus sie ein zweytesmal durch die vierte und fünfte Colonne unter Anführung des Herzogs von Chartres gejagt wurden. Der General Desforets, ein vortrefflicher Offizier, wurde dabei durch einen Flintenschuß am Kopfe verwundet. Bey dieser Attake geriethen die Truppen in Verwirrung, das Dorf war mit Infanterie ganz angefüllt, welche sich untereinander mengte, in Unordnung gerieth, und es noch einmal, beim Anschein einer zweiten Attake des Feindes, verließ.

General Dümouriez, der dazu kam, ließ das Dorf noch einmal attakieren, eroberte es wieder, aber die Truppen verließen es <140> sogleich, und er konnte nichts weiter thun als sie 100 Schritte von Neerwinden, welches von Todten und Blessirten von beiden Partheyen angefüllt blieb, und von den Oesterreichern erst am Abend behauptet wurde, zu sammeln. In diesem Augenblick der Unordnung brach die kaiserliche Kavallerie, in (in) der Pläne zwischen Neerwinden und Middelwinden hervor, und griff die französische an, vor deren Spitze General Valence mit vieler Tapferkeit focht, blessirt wurde und sich nach Tirlemont begeben mußte. Diese kaiserliche Kavallerie wurde sehr mitgenommen und zurückgeschlagen.

Während dieses Angriffs rückte ein andres Korps Kavallerie mit eben derselben Hitze links von Neerwinden vor, um sich auf die Infanterie der vierten Colonne zu werfen. General Thouvenot der sich dort postirt hatte, ließ die Glieder öffnen um sie durchzulassen, hernach ließ er das Regiment Zweybrücken zu so gelegener Zeit mit Kartätschen und kleinem Gewehre auf sie feuern, daß fast die ganze Kavallerie zu Grunde ging. <141> Von nun an war das Schicksal der Schlacht am rechten Flügel und im Centrum den Franzosen günstig, welche sich wieder geordnet hatten, voll Zutrauen und Muth die Nacht auf dem Schlachtfelde zubrachten, und sich in Bereitschaft hielten mit Anbruch des folgenden Tages wieder anzufangen, um ihren Sieg vollständig zu machen. Die Kaiserlichen haben eingestanden, daß sie auf dem Punkte waren sich zurückzuziehen, und daß ihre Equipagen schon Ordre gehabt hätten, sich nach Tongern zu retiriren.

Auf dem linken Flügel sah es aber ganz anders aus. Die sechste und siebente Colonne hatte mit vieler Tapferkeit vor sich angegriffen, aber da sie schon im Besitz von Orsmael waren, bemeisterte sich der Schrecken der Bataillone Freywilliger, welche die Linientruppen im Stich ließen. Die Kaiserlichen sahen die Unordnung und vermehrten sie durch einen Angriff mit der Kavalerie, welche nun die beiden Colonnen völlig zum Weichen brachte. Guiskard, *Maréchal de Camp* der Artillerie wurde getödtet, so <142> wie mehrere Adjudanten und Offiziere vom Oberstab; die Generale Rüault und Ihler wurden leicht verwundet.

Man konnte sich noch recht gut helfen, denn es war erst 2 Uhr Nachmittags; die Kaiserlichen verfolgten die beiden Colonnen, welche wieder über die Brücke bey Orsmael gegangen waren, nicht, und General Miranda hatte so eben die Nachricht erhalten, daß die acht Bataillone von dem Miaczinskischen Flankeurkorps zu Tirlemont angekommen und ganz frisch wären; mit ihnen konnte er sich, dadurch daß er sie die Höhen von Wommersem diesseits der Geete besetzen ließ, verstärken. Aber, mochte nun der General den Kopf verloren haben, oder mochte er sich vielmehr seiner Empfindlichkeit überlassen, und da er den glücklichen Erfolg des rechten Flügels sahe, den der General Valence, sein Nebenbuhler kommandierte, ihn gern aufhalten wollen, genug er gab Befehl zum Rückzug, und führte ihn bis hinter Tirlemont, weiter als 2 Lieues vom Schlachtfelde, aus. Das treuloseste in seiner Aufführung <143> war, daß er dem General nicht die geringste Nachricht von dieser Bewegung gab, welche das Centrum und den rechten Flügel der Armee dem ganzen Nachdruck des feindlichen Angriffs Preis gab. Der Feind benutzte diesen feigen Rückzug nicht, weder dadurch daß er sich diesen linken Flügel vom Halse geschaft hätte, welchen er gänzlich aufreiben konnte, wenn er ihm bis Tirlemont nachsetzte, noch dadurch, daß er den Angriff gegen das Centrum und den rechten Flügel, welchen er in die Flanke fallen konnte, erneuerte.

General Champmorin hatte sich Leaw's bemächtigt, wo er sich hielt, bis er den General Miranda sich zurückziehen sah; erst dann verließ er sehr spät diesen Posten, ging wieder über die Brücke bey Binghen, die er hinter sich abbrach, und bezog seine vorige Position bey Oplinter. Vielleicht rührte die Unthätigkeit der Kaiserlichen gegen den linken Flügel der französischen Armee, nach Miranda's Rückzug, von der Stellung Champmorins zu Leaw her, der über ihren rechten Flügel hinaus stand. <144> General Dümouriez war während des ganzen Gefechts beschäftigt gewesen, die Ordnung in seinem Centrum und auf dem rechten Flügel wieder herzustellen, und auf dieser Seite, welche die wesentlichste war, den Erfolg zu sichern, denn dieser Flügel mußte sich bewegen, der linke aber unbeweglich bleiben. Von zwei Uhr Nachmittags an hatte er das Feuern seines linken Flügels, welches bis dahin sehr lebhaft gewesen war, nicht mehr gehört; anfangs hatte er dieses Stillschweigen einem erhaltenen Vortheile zugeschrieben; er konnte aus dem Vorrücken des Feuerns urtheilen, daß die sechste und siebente Colonne, welche zu sehen ihn das unbequeme Terrain hinderte, nach dem sie den entgegenstehenden Feind geworfen, bei einem festen Punkte Halt gemacht hätte, um nicht weiter vorzurücken als die Spitze der Colonnen auf dem rechten Flügel ginge. Nichts konnte ihn den unbegreiflichen Rückzug des General Miranda vermuthen lassen, und es ist vielleicht ein Glück, daß er, im Augenblicke wo er beschäftigt <145> war den Unordnungen des rechten Flügels und des Centrums abzuhelfen, es nicht gewußt hat.

Gegen das Ende des Tages bemerkte er kaiserliche Kolonnen, welche sich vom rechten nach dem linken Flügel, um ihn zu verstärken, zogen, und dieß deutete ihm nichts Gutes an; doch hegte er nur noch bloße Muthmaßungen, denn er hatte noch keine Botschaft von Miranda. So brachte er den Abend vor dem Dorfe Neerwinden zu. Endlich wurden seine Muthmaßungen, die er bloß dem General Thouvenot mitgetheilt hatte, zu wirklichen Unruhen. Er ritt mit dem Chef des Generalstabs, zwey Adjudanten und zwei Bedienten fort, um sich nach dem linken Flügel hin zu begeben. Als er Abends um 10 Uhr ins Dorf Laer ankam, wunderte er sich, es auf Befehl des Generals Dampierre verlassen zu finden; dieser hatte sich mit vieler Tapferkeit in der Schlacht betragen, und war dann, ohne dazu Befehl bekommen zu haben, mit seiner Division, bei einbrechender Nacht über die <146> Geete gegangen, worauf er sich nach seiner ersten Position, dem Dorfe Esemael, zurückgezogen hatte. Da er seinen Weg fortsetzte, kam er an die Brücke bei Orsmael, die er durch Mirandas Kolonnen besetzt glaubte, aber durch österreichische Uhlanen, die ihn bald gefangen genommen hätten, besetzt fand. Er wandte sich auf der Heerstraße von Tongern nach Tirlemont, erstaunt über die Stille und die Einsamkeit die er bis eine halbe Stunde von der Stadt antraf, wo er drei oder vier Bataillone fand, welche die Heerstraße, ohne Kavallerie, ohne Ordnung besetzten, und ihm von dem schimpflichen Rückzuge eines linken Flügels Nachricht gaben.

Er fand in Tirlemont den General Miranda, der ganz kaltblütig an seine Freunde schrieb. General Valence hatte sich vergebens bemüht, ihn zu bewegen wieder vorzurücken, indem er ihm versicherte, die Schlacht sey von dem Centrum und dem rechten Flügel gewonnen, und dies Vorrücken würde völlig den Erfolg entscheiden. General Dümouriez befahl ihm aufs ernstlichste in der <147> Nacht noch ein *Korps d'Armée* zu sammlen, und die Anhöhe von Wommersem, die Heerstraße und die Brücke bey Orsmael, so wie die bey Neerhelpen zu besetzen, um wenigstens den Uebergang über die Geete zu decken, so wie den Rückzug des Centrums und des rechten Flügels, die mitten in der feindlichen Armee waren, und noch dazu einen Fluß hinter sich hatten.

Dies war die Schlacht bey Neerwinden, die das Schicksal der Kampagne entschieden hat, und die gänzlich würde seyn gewonnen worden, hätte der General Miranda, nachdem seine beiden Kolonnen zuerst in Unordnung gerathen waren, statt den Befehl zum Rückzug zu geben, sich längs der Geete postirt, und die Position der Brücken von Orsmael und Neerhelpen behauptet, welche ihn immer in der Linie mit seinem rechten und linken Flügel erhielt. Dieser Rückzug ist um so unverzeihlicher gewesen, da diese beyden Kolonnen mehr als 2 000 Mann verloren haben, während der übrige Theil der Armee, nach sehr blutigen Gefechten, <148> nicht 600 eingebüßt hat. Die Kaiserlichen haben 1 400 Mann, das heißt doppelt so viel, an Verlust angegeben. Die Franken haben ungefähr 3 000 Mann an Getödteten oder Gefangenen, und mehr als 1 000 Blessierte, außer vielen Kanonen verloren.

Beyde Theile haben Fehler begangen. Die Franken haben den Angriff des Grabhügels bey Middelwinden nicht genug betrieben, welches doch der entscheidende Punkt war, und hernach haben sie ihn ohne Ursach verlassen. General Neuilly hätte beynahe alles verloren gemacht, dadurch, daß er das Dorf Neerwinden auf mündliche Ordre verließ. Miranda hat, nachdem er sich des Dorfes Orsmael bemächtigt hatte, Unrecht gehabt der Furcht einer Leute nachzugeben, und hat durch den Befehl zum Rückzuge, aus dem Flucht geworden ist, alles verloren. Die Kaiserlichen haben den ersten Fehler begangen, daß sie die Ufer der Geete nicht vertheidigt haben; den zweiten, daß sie nicht die drey Kolonnen des rechten Flügels von vorne und von der Seite <149> angegriffen haben, während daß diese, dem Feuer der Dörfer Laer, Neerwinden, Middelwinden und Oberwinden ausgesetzt, heraufrückten um sie anzugreifen; den dritten, daß sie den erhabenen und vortheilhaften Posten des Grabhügels von Middelwinden verlassen, und keine Batterie darauf angelegt haben; den vierten, daß sie nicht Leaw auf ihrem rechten Flügel besetzt haben; den fünften, daß sie Miranda nicht auf seiner Flucht nachgesetzt sind: den sechsten, daß sie nicht wenigstens mit ihrem rechten Flügel, der keinen Feind mehr vor sich hatte, in die linke Flanke der Kolonnen des Centrums der französischen Armee, welche vor Neerwinden in der Schlacht begriffen war, gefallen sind.

Siebentes Kapitel.

Rückzug vom 19ten – Gefecht bei Gotzenhoven.

Es blieb dem General Dümouriez nichts weiter übrig, als den Rückzug des rechten Flügels und des Centrums seiner Armee zu <150> sichern. Leaw, der den Erfolg bestimmende Punkt, war verlassen; alles was er bei der Verwirrung der Truppen unter Miranda hoffen konnte, war, nicht etwa die wieder auf das Schlachtfeld über die kleine Geete hinüber zu führen, sondern bloß an das diesseitige Ufer zu stellen. Viele Kanonen fehlten diesen beiden Kolonnen, die auf ihrer Flucht viel gelitten hatten. Alle Generale, Oberoffiziere und der Oberstab waren ausser Stand zu fechten. Den durchs feindliche Schwert erlittenen Verlust ungerechnet, waren schon mehr als 6 000 Mann auf dem Wege nach Brüssel und Frankreich desertirt.

Der General brachte den übrigen Theil der Nacht damit zu, die Befehle zum Rückzug seinem rechten Flügel zu geben, welchen der Herzog von Chartres, wegen des Generals Valence Abwesenheit, damals *en Chef* kommandierte, welcher sich mit vieler Kaltblütigkeit, Muth und Klugheit benahm. Die Kaiserlichen hatten eben einen großen Sieg erfochten, aber sie waren dessen nicht gewiß; <151> sie waren über die großen Vortheile, welche der rechte Flügel und das Centrum der Franken gehabt hatte, so bestürzt gewesen, daß sie des Vortheils ihres rechten Flügels gegen unsern linken ungeachtet, nicht Lust hatten ihm nachzusetzen. Sie sahen die Franken in Schlachtordnung, bereit wieder anzufangen, sie muthmaßten wahrscheinlich daß ihr linker Flügel seine Stellung wieder einnehmen würde, und so unterbrachen sie den Rückzug eben so wenig, als sie den Angriff verhindert hatten.

Der Rückzug geschah am hellen Tage, über eben dieselbe Brücken, auf eben die Weise wie der Anmarsch, mit eben der *Contenance*, ohne Uebereilung. Dümouriez schickte den General Thouvenot nach dem rechten Flügel, um die Kolonnen in Empfang zu nehmen, und sie nach grade auf das Schlachtfeld, von Gotzenhoven bis Hackendower zu stellen, während daß er selbst es auf sich nahm, den linken Flügel zu sammeln und ihn nach den Stationen von Wommersem und der Brücke bei Orsmael wieder hin zu <152> führen. Diese letzte war schon in Feindes Händen, und der General, um sie zu hindern über die Chaussee zu weit vorzurücken, gebrauchte die Vorsicht dem General Dampierre, der bey Essemael postiert war, den Befehl zuzusenden, seiner halben Division ein links um machen zu lassen, um auf die Seite der Heerstraße zu kommen, und in dieser Winkelposition zu verweilen bis das Centrum wieder über den Fluß würde gegangen seyn, dann langsam seine Linie wieder mit ihm herzustellen, und dann mit ihm in völliger

Schlachtordnung bis ans Schlachtfeld zu rücken, welches rechts Gotzenhoven, links Hackendaver und von vorne die kleine Geete hatte.

Dieser durch den General Dampierre vortrefflich ausgerichtete Befehl rettete die Armee, denn Miranda's Kolonnen hatten einen solchen Grad von Unordnung und Unempfindlichkeit über ihren den vorhergehenden Tag erlittenen Schimpf angenommen, daß es schon 10 Uhr Morgens war, ehe der General Dümouriez sie ordentlich nach <153> Hackendower in Schlachtordnung zur rechten und linken der Heerstraße konnte vorrücken lassen.

Die Tete der kaiserlichen Armee war schon über die Brücke von Orsmael gegangen, und hatte sich mit ihrer Artillerie auf der Höhe von Wommersem formiert, zu deren Angriff der General nie seine Truppen bewegen konnte, ob sie gleich von dieser sie bestreichenden Artillerie aufgerieben wurden, und sie litten diesen beständigen Verlust mit einer heldenmüthigen Standhaftigkeit. Bei dieser Gelegenheit wäre Dümouriez beynah ums Leben gekommen; eine Kugel streckte sein Pferd nieder, und bedeckte ihn mit Erde; die Lebhaftigkeit mit welcher er wieder aufsprang, verhinderte eine große Unordnung, und vielleicht eine Flucht, die sein Fall auf dem Punkt zu verursachen war. Der linke Flügel, der den Tag vorher so feige geflohen war, hielt nun unerschrocken die ganze Stärke des Angriffs der Kaiserlichen aus, aber der General sah darin nur den Muth des Widerstandes, entblößt von der Kühnheit, <154> die er erregen wollte, um mit gefälltem Bajonett auf die Feinde loszugehen, welche auf den Anhöhen bey Wommersem standen und die Geete im Rücken hatten, und sie zu werfen. Er stellte sich mehrmals an die Spitze der Kolonne, ohne sie zum Vorrücken bringen zu können, und fand sich nur noch glücklich genug, sie fest ihre Position behaupten zu sehen, die weit gefährlicher war als ein beherzter Angriff auf diesen Theil der kaiserlichen Armee würde gewesen seyn, welche, von dem übrigen Theile abgesondert, nur eine Brücke zum Rückzug hatte und vielleicht geschlagen worden wäre, wenn es ihm nicht an Offizieren gefehlt hätte um seine Kolonnen anzuführen.

Während der linke Flügel der Frankenarmee sich noch nicht von dem Schrecken und den Mühseligkeiten des vorigen Tages erholt hatte, zeigte der linke Flügel der Kaiserlichen dieselbe Bestürzung aus gleichem Grunde, und ließ den rechten Flügel und das Centrum der Franken ruhig über den Fluß gehen, ließ sie selbst die Position von <155>

Gotzenhoven einnehmen, wo sie sich in Schlachtordnung stellten, ehe er sich entschloß selbst über den Fluß zu gehen, um sie da anzugreifen. So wurde der ganze Tag mit manövriren und deplojiren zugebracht, welches einen herrlichen Anblick gewährte. Es hatte bey einigen Kanonaden und Musketenfeuer sein Bewenden, und beide Armeen brachten die Nacht in Schlachtordnung unterm Gewehr, nahe bey einander zu.

Dieser muthvolle und mit der größten Ordnung ausgeführte Rückzug ist um so mehr von den Kaiserlichen bewundert worden, da er nur ungefähr ein Terrain von drey viertel Lieues betrug, und die Frankenarmee wieder ruhig ihre Position des Tages vor der Schlacht einzunehmen schien. Aber den Abend hatte General Dümouriez Ursach, durch den Geist des Ueberdrusses und der Gleichgültigkeit der bey seiner Armee herrschte, sich zu überzeugen, daß, wenn er in der Stellung bliebe, man ihm den folgenden Tag eine Schlacht liefern könnte, <156> er unfehlbar geschlagen werden, und dann die Flucht vollständig seyn würde. Von jeher hat man, um den französischen Soldaten gut anzuführen, ihn selbst zu Rathe ziehen müssen, aber noch mehr seit der Revolution, die, indem sie die militärische Subordination vernichtet, dem Geist der Wilkühr und der Laune, der von dem Nationalcharakter herrührt, noch mehr Kraft gegeben hat. Es liegt in dem thätigen und heftigen Charakter des Franken, immer vorzurücken und zu erobern: aber er ist nicht zur Erhaltung seiner Eroberungen tauglich. Ohne daß seine Bravour abnimmt, macht ein defensiver und methodischer Krieg ihm Langeweile und ist ihm zuwider: und wenn er in diesem Fall nicht durch die Strenge der Militärgesetze, die nicht mehr existieren, kann zurückgehalten werden, verläßt er seine Chefs und Fahnen, und desertiert aus Leichtsinn, und ohne sich um die Folgen zu bekümmern. Die Linientruppen, durch ein Ueberbleibsel von Anhänglichkeit an ihre Fahnen, und durch Schaam zurückgehalten, <157> hielten sich noch; aber die Nationalgarden, welche drei Viertel der Armee ausmachten, sagten ganz laut, es sey unnütz sich in Belgien todtschießen zu lassen, man müsse fort gehen, seinen eigenen Heerd vertheidigen, und Kompagnie- und Bataillonweise gingen sie fort. Es wäre gefährlich und unmöglich gewesen, sie mit Gewalt zurückzuhalten.

Man mußte jetzt nur daran denken sich in guter Ordnung zurückzuziehen, um diese Lücke zu decken, und zu hindern, daß sie von den Kaiserlichen und den Bauern nicht massakriert würden. Schmerzlich fühlte der General diese Nothwendigkeit, und fand sich genöthigt in der Nacht über die große Geete zu gehen, und sich auf die Anhöhen von Cumptich, hinter Tirlemont, zurückzuziehen. Alle diese methodisch eingerichteten Bewegungen, die mit einer Richtigkeit, welche man kaum von einer geübtern und nicht geschlagenen Armee hätte erwarten können, ausgeführt wurden, geschahen glücklich. Die Kaiserlichen durch die mit Fleiß unterhaltenen Feuer hintergangen, so wie durch das <158> Stichhalten des Nachtrabs, setzten sich erst am 20ten in Bewegung, um sich an Tirlemont zu wagen, von wo die Franken Zeit gehabt hatten ihre Magazine fortzubringen. Jedoch verlor General Miaczinsky, dem die Bewachung dieser Stadt aufgetragen war, daselbst einen Zwölfpfünder durch seinen eilfertigen Rückzug.

Achtes Kapitel.

Rückzug vom 20 und 21sten – Gefecht bey der Welpe – Lacroix und Danton in Löwen – Gefecht am 22sten.

Die Position von Cumptich hat den Vortheil, sehr über der Geete erhaben zu sein. Dieses Lager, das Tirlemont vor sich hat, lehnt sich links an die Welpe, die hinter ihm weg durch Bautersem und Wertryk fließt. Der rechte Flügel hinter Hougaerde hin ist schlechter vertheidigt. Es ist jedoch keine haltbare Position; sie beschützt Löwen nicht, wenn der Feind über Diest kommt, <159> noch Brüssel, wenn er sich über Jüdoigne wendet. Da der General nicht lange da bleiben konnte, benutzte er den 20ten, um über die Welpe zu gehen und das Lager von Bautersem zu beziehen, seinen rechten Flügel an Op- und Neerwelpen gelehnt und seinen linken auf den Anhöhen und in den Gehölzen vor Pellenberg[53] postiert.

Er schickte den General Neuilly mit seiner bis auf 6 000 Mann verstärkten Division wieder nach Jüdoigne, mit dem Befehl die kaiserlichen Parteien vom Vordringen abzuhalten, sie zu beobachten, und sich durch den Soignier-Wald nach Brüssel zurück zu ziehen, im Fall er von einer sehr überlegenen Macht verdrängt würde; er gab ihm eine Instruktion für die Vertheidigung dieses Waldes, und schrieb an den

---

[53] In der Vorlage: „Zellenberg". Überhaupt ist die Schreibweise der z. T. flämischen Ortsnamen uneinheitlich bzw. fehlerhaft.

General Düval, er sollte den General Neuilly mit allem was er von seiner Garnison erübrigen könnte, und mit den Truppen die bey ihm ankommen würden, verstärken. Er gab ihm zu gleicher Zeit Befehl, die Deserteurs anhalten zu lassen, und sie ins Lager zurückzuschicken. <160> Er schrieb dem Generallieutenant Harville, in das Schloß von Namur eine Besatzung von 2 500 Mann zu legen, und sich bereit zu halten mit dem übrigen Theil vorwärts, rückwärts, oder nach Brüssel zu marschiren, nach der Bewegung die der General Beaulieu, der mit 8 bis 10 000 Mann über Huy vorrückte, machen würde.

In Diest hatte er eine hinreichende Besatzung gelassen, denn er hielt diesen Platz, nach General Champmorins Bericht, der aber falsch war, geschützt für einen *Coup de main.* Den General Miaczinsky stellte er in der Abtey Gemps in Communikation mit diesem Posten. Er verstärkte die Besatzung von Mecheln. Er schickte den General Rüault nach Antwerpen, um den alten Generallieutenant Marasse zu unterstüzzen, und das Commando dieses *Corps d'Armée,* welches, durch Lamarlierens Division verstärkt, mehr als 20 000 Mann ausmachte, zu übernehmen; dem General Rüault empfahl er Lier, so lange als er können würde, zu behaupten, und sich hernach in die <161> die Linien von Antwerpen zurückzuziehen, wenn die Preußen und Holländer in zu großer Anzahl auf ihn eindrängen. Denselben Tag, den 20sten, kam ein feindliches Detaschement ohne Kanonen, das schwächer als die Besatzung von Diest war, foderte sie schimpflich auf, und feigherzig floh sie bis nach Mecheln. Die kaiserliche Avantgarde machte auch auf die Dörfer Op- und Neerwelpe einen Angriff ohne Erfolg.

Während General Dümouriez mit dieser Attake beschäftigt war, sah er die Kommissare Lacroix und Danton ankommen, schickte sie aber nach Löwen, wo er denselben Abend eintraf, zurück. Sie schienen sehr bestürzt über den Verlust der Schlacht, und vorzüglich über die Zerstreuung der Armee, denn zu Brüssel und den ganzen Weg entlang waren sie ganzen Haufen von Deserteuren begegnet. Aber sie wären, sagten sie, weit mehr wegen des Auftrags verlegen, den sie hatten, den General zu bewegen, seinen Brief vom 12ten wieder zurückzunehmen, welcher den Konvent, wegen seiner zu freien <162> Aeußerung der Wahrheit, sehr gegen ihn aufgebracht hätte. Er erklärte ihnen, er habe bloß eine Gedanken geäußert, das Unglück von welchem die Augenzeugen wären, sey bloß eine Folge der Uebel die er vorhergesehen hätte, und welche er, soviel er könnte, habe verhüten wollen, vorzüglich dadurch, daß der Tyrannei und Ungerechtigkeit in Belgien ein Ende gemacht würde; die Nothwendigkeit, in welcher er sich bald befinden würde, ein Land, in welchem er keine Vertheidigungsmittel habe, zu verlassen, müsse sie von der Weisheit einer gegebenen Verordnungen überzeugen, gegen welche der Konvent nur darum eingenommen sey, weil er übel unterrichtet und betrogen wäre; diese Verordnungen hätten die Bauern entwaffnet, hätten uns das Volk wieder geneigt gemacht, würden also die Rettung der Armee seyn, die, desorganisiert, geschlagen, mehr vor den Kopf gestoßen als erschreckt, außer Stand sey, sich zugleich gegen die zahlreichen und siegenden Kaiserlichen, und gegen die durch unsern Druck aller Art aufgebrachten Landleute, <163> zu vertheidigen. Sie mußten dieß einräumen, aber da sie doch noch auf einen Widerruf bestanden, erklärte ihnen der General bestimmt, nachdem er ihnen alle die Beschwerden wieder aufgezählt, ihnen sehr nachdrücklich das Unglück aller Art dargestellt hatte, welches das tolle und strafbare Betragen des Konvents nach sich ziehen würde, er würde nicht widerrufen, weil der Verlust oder Gewinn einer Schlacht nie etwas weder in seinen Grundsätzen, noch in seinen Meinungen, noch in seinem Charakter abändern würde. Die Kommissare benahmen sich bei dieser Negoziation mit vieler Feinheit und Wärme, und sparten keine Schmeicheleien. Endlich, nach langer Ueberlegung, willigte der General ein, folgende Zeilen an den Präsidenten zu schreiben: er bitte den Konvent über seinen Brief vom 12ten März nicht abzuurtheilen, bis er Zeit haben würde, ihm die Erklärung davon zu überschicken. Die beiden Deputierten reiseten mit dieser unbedeutenden Antwort ab.

Als der General am 21sten den Verlust <164> von Diest erfuhr, hielt er es für nöthig sich Löwen zu nähern, weil der Feind sonst über den Kanal gehen möchte, um ihm die Kommunikation mit Mecheln abzuschneiden, oder Löwen selbst anzugreifen. Er ließ die Höhen von Pellenberg durch die Division des Generals Champmorin besetzen, und dessen linken Flügel durch die Division des Generals Miaczinsky zu St. Petersröde [=Sint-Pieters-Rode] decken. Den General Lamarche stellte er mit dem Vortrab auf die Anhöhen von Coorbeck, längs der Heerstraße. Die achtzehn Bataillone von der Ardennenarmee, unter Commando des Generals Leveneur, stellte er auf die Anhöhen und ins Gehölz von Nezendael, und die Division des Generals Dampierre nach

Florival hin, in Communikation mit der des Generals Neuilly, der sich nach Tombeek an die Spitze des Soignier-Waldes zurückzog.

Diese Bewegung der Armee wurde durch die Kaiserlichen beunruhigt; den ganzen Tag über wurde gegenseitig kanonirt.

Am 22ten Morgens machten die Feinde <165> einen allgemeinen Angriff auf Pellenberg, Coorbek und das Gehölz von Mezendael. Blierbek lag vor der Position des Generals Leveneur, und er hatte für gut befunden es zu besetzen. Eine Kolonne ungarischer Grenadiere bemächtigte sich dieses Dorfes, wurde aber mit großem Verlust an Todten durch das Regiment Auvergne daraus vertrieben, welches der Oberste Dümas kommandierte, der ihnen auch zwey Kanonen nahm. Der Angriff auf den Vortrab war weit weniger lebhaft. Der gegen Pellenberg war sehr hartnäckig, General Champmorin aber hielt ihn mit eben so vielem Muth als Einsicht aus. Er wurde durch einige Bataillone verstärkt, und man konnte ihn nicht forcieren. Dieser heftige Angriff hatte den ganzen Tag vor der Fronte der Armee gewährt: die sehr übel mitgenommenen österreichischen Kolonnen zogen sich zurück.

So lief das ehrenvolle Gefecht vom 22sten bey Löwen ab. Den Tag vorher hatte der General wegen einiger Gefangenen und Verwundeten, den Obersten Montjoye nach dem <166> Hauptquartiere des Prinzen von Coburg geschickt. Er sah dort den Obersten Mack, Chef des Generalstabes der kaiserlichen Armee, einen Offizier von seltenem Verdienste, welcher ihm sagte, er glaube, es würde für beide Parteien vortheilhaft seyn, einen Waffenstillstand zu schließen. Der General, der über die Lage und die Gefahren seiner Armee viel nachgedacht hatte, schickte am 22sten dem Obersten Montjoye wieder an den Obersten Mack zurück, um ihn zu fragen, ob er nach Löwen kommen, und dem General den gethanen Vorschlag wiederholen wollte. Der Oberste Mack langte Abends an. Man kam mündlich und kurz über folgende Artikel überein:

1. die Kaiserlichen sollten keinen großen Angriff mehr machen, und der General seinerseits, würde nicht suchen eine Schlacht zu liefern;

2. die Franzosen könnten sich, bei diesem stillschweigenden Waffenstillstand, langsam, in guter Ordnung, und ohne beunruhigt zu werden, nach Brüssel zurückziehen; nach der

Räumung von Brüssel würde man sich über die weitern Unternehmungen besprechen. <167>

Dieß war die erste, nicht schriftlich abgefaßte, Konvention zwischen beiden Generalen. Sie wurde dem General Dümouriez immer nothwendiger, weil seine Armee augenblicklich, besonders an Offizieren, abnahm; weil ihm wenig Munition, im Fall es zum Angriff kommen solte, übrig blieb, und weil er unglücklicherweise überzeugt war, daß er gewiß bey einem ernstlichen Angriffe würde verlassen werden.

Er hatte am folgenden Tage Beweise davon. Die Kaiserlichen hielten sich durch diese Konvention des Generals Mack so wenig gebunden, daß der General Clairfait, den man nicht davon benachrichtigt hatte, Pellenberg und den Vortrab des Generals Lamarche angriff. Das Gefecht erneuerte sich vor der ganzen Fronte der Armee. Champmorin verteidigte seine Position mit demselben Muthe, aber gegen das Ende des Tages, um die Zeit da die kaiserliche Armee sich zurückzog, da wir nichts als leichte Truppen und Schützen mehr vor uns hatten, verlor der alte Lamarche den Kopf, und der <168> Bitten Montjoye's, Barrois's, und der Chefs der Korps ungeachtet, replirte er sich, ohne Befehl, erst auf die Abtey dü Parc, hernach auf die andre Seite der Dyle hinter Löwen. Die Kaiserlichen welche 700 Mann Verlust, das heißt 2 000, in den Gefechten bey Löwen angeben, waren so vor den Kopf gestoßen, daß sie von diesem feigen Rückzuge, welcher eine sehr gefährliche Lücke zwischen den Generalen Leveneur und Champmorin ließ, keinen Vortheil zogen. Jener hatte sich den ganzen Tag über sehr brav gehalten, aber sobald er sich vom General Lamarche im Stich gelassen sah, wartete er keine Befehle ab, ging auch über die Dyle und stellte sich zwischen Coorbek und Heverle. Nach diesem Weichen hatte Dümouriez nichts anders zu thun, als dem General Champmorin zu befehlen, Pellenberg zu verlassen, und sich auch hinter die Stadt, über die Abtei Vlierbeck und die Stadt selbst, zurückzuziehen. Miaczinsky zog sich über eine entferntere Brücke, die auf den Weg von Diest stieß, zurück, und wurde <169> durch eine auf der Anhöhe errichtete Batterie geschützt.

Der General hatte diese beiden Tage benutzt, um seine Blessirten und sein Mehl auf Schiffe bringen zu lassen, die er nach Mecheln gehen ließ. Ein Theil der andern Provisionen wurde in die Kanäle geworfen;

aber Geiz und Verwirrung waren Schuld, daß vieles davon dem Feinde zu Theil wurde, welcher denselben Abend in Löwen einrückte, nachdem der General mit der Besatzung von 4 Bataillonen, die den Nachtrab ausmachten, ausgezogen war. Die Kaiserlichen nahmen auch auf dem Kanale von Löwen die Schiffe mit Verwundeten, welche von der Bedeckung beim Anblick einiger Husaren verlassen worden waren, weg. Sie behandelten sie sehr menschlich, was auch die Jakobiner immer für schändliche Verläumdungen ausgestreuet haben, um die Soldaten aufzubringen und sie zu bewegen, kein Quartier zu geben, und mit Grausamkeit den Krieg zu führen.

Dieser schimpfliche Rückzug von Löwen <170> beweiset, wie schwürig und gefährlich der Stand eines Generals *en Chef* der fränkischen Armeen war. Beständig verrathen von ungehorsamen Generalen, welche Beyspiele der Insubordination und der Feigheit gaben; von den Soldaten, und vorzüglich von den Offizieren verlassen; genöthigt, wenn sie, einem Angriffs- oder Vertheidigungsplan zu folge, einen Befehl gegeben hatten, einen andern bereit zu halten, um entweder die schlechte Ausführung, oder den Mangel der Ausführung des ersten wieder gut zu machen; stets unbekannt mit der Stärke der verschiedenen Korps ihrer Armee, und mit der wahren Stellung derselben, weil sie nie in der ihnen angewiesenen blieben; abhängig von der Laune, den Leidenschaften, der Unredlichkeit oder Unwissenheit der Chefs die sie unterstützen sollten; ganz ohne Mittel, sie zu bestrafen oder sich ihres Gehorsams zu versichern: gewiß, sich die, welchen sie ihre Fehler nur vorhielten, zu gefährlichen Feinden zu machen; stets ungewiß wegen der Lebensmittel, weil man an <171> die Stelle der vorigen Beamten unwissende Leute und Schurken gesetzt hatte. Nie durften sie ein großes Manöver wagen mit Soldaten die bis zur Tollkühnheit brav, aber ohne Offiziere, ohne Erfahrung, schlecht bewafnet, leicht muthlos zu machen, aufsätzig, widerspänstig, von verschiedenen Faktionen, stets zerstreut, mit Rauben beschäftigt und geneigter waren den Muth zu verlieren als sich zu ermannen, und kein Mittel sich zu sammeln, kein Gesetz und keinen Zügel kannten.

Wenn gleich die Generale mit diesen Mitteln Vortheile erfochten, waren sie doch gewiß, in den Journalen und Klubs verläumdet, und bey dem eben so blinden als unvorsichtigen und argwöhnischen Konvent angeklagt zu werden. Waren sie unglücklich, so machte man sie verantwortlich für alle Begebenheiten, und beschuldigte sie der Verrätherey oder der Feigheit.

So war und ist noch das Schicksal der Generale der Frankenrepublik beschaffen, in einem Kriege von dem nicht nur die <172> Zerstörung des Reichs der Franken, sonder[n] auch die Freiheit jedes einzelnen Bürgers abhängt. Dümouriez ist durch Dampierren ersetzt worden, der das Glück gehabt hat, getödtet zu werden: Dampierre durch Cüstine, der auf dem Schaffote umgekommen ist; dieser durch Houchard, den man abgesetzt hat, nachdem er den Herzog von York geschlagen, und die Belagerung Dünkirchens hatte aufheben lassen. Jetzt ist es der schändliche[54] Jourdan, der die Armee kommandirt, und entweder von Paris oder von der Rache der Könige alles zu befürchten hat. Im Elsaß, im Süden, im Innern, sieht man dieselbe Unbeständigkeit in Absicht der Generale. Alle alte Militärpersonen, alle unterrichtete Leute sind von der Armee gejagt worden. Aerzte, Mahler, Fuhrleute sind es, welche sie kommandieren. Caligula, sagt man, machte sein Pferd zum <173> Konsul. O du, eben so wild als grausam, gewordenes Volk, du läufst in dein Verderben, und giebst deinen Feinden die Mittel an die Hand, deinen Ruin zu vollenden.

Neuntes Kapitel.

Rückzug nach Brüssel – Räumung der Stadt – Lager bey Enghien. – Bey Ath – Konferenz mit dem Obersten Mack – Arrestation des Generals Miranda.

Die Unordnung bei dem Rückzuge von Löwen hatte den Muth, welchen die Armee in den vorhergehenden Gefechten gezeigt hatte, gänzlich vernichtet. Glücklicherweise hatte die Nacht dem Feinde diese allgemeine Unordnung verborgen, sonst hätte er, der mündlichen Uebereinkunft des Obersten Mack ungeachtet, sie doch wohl benutzt, um die Armee vollends zu zerstreuen und aufzureiben. Der General konnte nur mit vieler Mühe sie dahin bringen auf den Kolzenberger Höhen, auf dem halben Wege nach Brüssel, Halt zu machen. Dieser neue

---

[54] »Emigrirte, die von der Armee kommen, versichern, daß dieser Jourdan nicht der von Avignon ist. Anmerk. d. Herausgebers. «

Umstand <174> bewog ihn, seine ganze Disposition zu ändern. Er fing damit an, dem General Düval den Befehl zu schicken, Brüssel zu räumen.

Dem alten General Lamarche nahm er das Kommando der Avantgarde, und schickte ihn nach Frankreich, unter dem Vorwande, seiner Gesundheit, die auch in der That sehr schlecht war, dort zu pflegen. An seine Stelle setzte er den General Vouillé. Diese zur Arrieregarde gewordene Avantgarde formierte er von einer starken Division Artillerie, nahm alle Kavallerie und 25 Bataillone, fast alles Linientruppen, dazu. Er nahm selbst seinen Posten bei dieser Arrieregarde, die 12 bis 15 000 Mann stark war, und die man die Armee nennen konnte. Der übrige Theil marschierte vorauf und unter dem Schutze dieser auserlesenen Schaar, welche ein der Wichtigkeit ihres Berufs würdiges Benehmen beobachtete.

Er schlug ein Lager unterhalb Brüssel längs dem kleinen Fluße Woluwe auf, sein rechter Flügel stand zu Sanpeterswoluwe [=Sint-Pieters-Woluwe], und sein linker zu Vilvorden. Er hatte <175> bloß die für seine Arrieregarde nöthigen Feldstücke behalten, und da er die Vorsicht gehabt hatte, seinen Artilleriepark nach Anderlecht jenseits Brüssel zu schicken, ließ er ihn von da den 23ten über Enghien und Ath nach Doornik fortbringen.

Der Prinz von Coburg, der den kläglichen Zustand der fränkischen Armee nicht wußte, hatte alle Ursach sich wegen des Waffenstillstandes, der die Räumung der Niederlande ohne Gefecht bewirkte, Glück zu wünschen. Uebrigens hätte der Widerstand, im Fall der General sich genöthigt geglaubt hätte ihn anzuwenden, nur den Ruin des Landes verursacht, ohne den Zweck sich darin zu behaupten, zu erfüllen. Seitdem Kaiser Joseph die befestigten Plätze daselbst geschleift hat, bieten diese Provinzen nichts mehr als ein offenes Feld, ohne Vertheidigungspunkte dar. Eine gewonnene Schlacht setzt in Besitz eines Terrains von 50 Lieues, eine verlorne aber bringt auch wieder bis an die äußerste Gränze. Der Prinz von Coburg blieb dem Versprechen des Obersten <176> Mack völlig treu, und verweilte drey Tage in Löwen, indem er uns nur schwache Vortrabe nachschickte.

General Dümouriez konnte sich also ganz mit dem Schicksale Brüssels und der großen Städte, durch welche seine Armee auf ihrem Rückzuge gehen sollte, beschäftigen. Es war der Menschlichkeit und der

Gerechtigkeit gemäß, zu verhindern, daß die Belgier, die uns mit offenen Armen aufgenommen hatten, nicht geplündert würden; auch war es sehr wichtig, sie nicht aufzubringen. Sie leisteten uns noch die größten Dienste, sie hatten uns unsere Bedrückungen verziehen, man mußte also die noch frischen Wunden nicht wieder aufreißen; Verzweiflung hätte sie wieder zu den Waffen greifen lassen, welche sie bey den letzten Verordnungen des Generals Dümouriez aus den Händen gelegt hatten, und die französische Armee, umgeben von den Oesterreichern und den Belgiern, wäre in wenigen Tagen ganz aufgerieben gewesen.

Den 25sten ging die Armee in größter Ordnung durch Brüssel, und zog sich nach Hall, <177> von wo sie in zwey Kolonnen nach der französischen Gränze marschieren sollte. Es fand weder Plünderung, noch Beschimpfung, noch Wortwechsel von beiden Seiten statt. Die Einwohner dieser Hauptstadt haben diesen Dienst nicht vergessen, und haben durch alle Zeichen der[55] öffentlichen Achtung dem General Dümouriez ihre Dankbarkeit deswegen bezeigt; er weiß es ihnen Dank, gerecht gegen ihn gewesen zu seyn, und hätte er überall dieselbe Billigkeit gefunden, so würde er weder geächtet noch herumirrend seyn.

Da er den nothwendigen Entschluß, sich langsam und anständig bis an die Gränzen zurückzuziehen, gefaßt hatte, beschäftigte er sich mit den von seiner Armee getrennten <178> Divisionen, damit ihr Rückmarsch mit dem Seinigen ebenmäßig seyn möchte. Ihm zur rechten, während der General Beaulieu mit 7 bis 8 000 Mann durch Huy drang, kam der Prinz von Hohenlohe aus dem Luxemburgischen auf Namur zu, welches der General Harville mit ungefähr 15 000 Mann besetzt hielt. Aber diese Division war auf Unkosten der Besatzungen von Givet und Maubeuge formiert worden. Der Prinz von Hohenlohe konnte sich nach einem von diesen Plätzen wenden, ihn einnehmen und in das französische Territorium eindringen. Dümouriez hatte dem General Harville aufgetragen, in der Citadelle von Namur Lebensmittel, Munition und 2 500 Mann Besatzung zu lassen, und mit dem übrigen Theile der Armee in zwei Kolonnen, die eine auf Givet, wohin er den

---

[55] »Der Nahme Dümouriez wird den Belgiern stets werth und ehrwürdig seyn. Weil er sie vom Dekret des 15ten Dezembers hat retten wollen, hat er sich selbst ins Unglück gestürzt. Sie werden seinen Edelmuth und seine Menschlichkeit nie vergessen. Dieß verspricht im Nahmen seines Vaterlandes – der Herausgeber.«

Generallieutenant Bouchet schicken, die andre auf Maubeuge, die er selbst anführen sollte, sich zurückzuziehen, und vorher erst bey Charleroi, und dann auf der Anhöhe von Nimy oberhalb Mons, Halt zu machen. Diese <179> Position bei Mons deckte Maubeuge, le Quesnoy, Condé und Valenciennes; in Mons sollte er die ungefähr 6 000 Mann starke Division des General Neuilly finden, so daß sein Lager von Nimy 10 bis 12 000 Mann stark gewesen wäre, bis er von Frankreich aus Verstärkung würde erhalten haben.

Während seines Aufenthalts in Brüssel, erhielt der General die Antwort des Generals Harville, der ihm meldete, es seien nicht genug Lebensmittel, Munition und Geld vorräthig, um die Citadelle von Namur nur auf 14 Tage zu versehen, er müsse den Posten mit seiner ganzen Armee vertheidigen, oder ihn aufgeben. Er schloß damit, daß er bestimmte Befehle forderte. Diese Depesche war von der schriftlichen Nachricht des Generals Bouchet und den rechtfertigenden Belegen des Kriegskommissars Barneville begleitet. Wegen der Antwort konnte Dümouriez nicht unschlüßig sein. Ließ er diese Division zu Namur, so lief er Gefahr Givet oder Maubeuge, die von Truppen entblößt waren, angegriffen zu sehen, einen von <180> diesen Plätzen und hernach das in Namur postierte Korps, das leicht hätte können eingeschlossen werden, zu verlieren. Ließ er 2 500 Mann ohne Lebensmittel und Munition in der Citadelle; so lieferte er eben das durch diese Besatzung in die Hände der Oesterreicher, und schwächte sich um soviel. Er befahl dem General Harville also, Namur gänzlich zu räumen, und sich allmählig und in guter Haltung auf Givet und Maubeuge zurückzuziehen.

Zur linken hatte er sechs Bataillone in Breda und drey in Gertruydenberg liegen, die er zwar für verloren halten konnte, welche aber für vier oder fünf Monate Lebensmittel und viel Munition hatten, folglich die Preussen und Holländer sehr lange aufhalten konnten. Er wollte mit ihnen eine Kommunikation behalten, dadurch, daß er die Citadelle von Antwerpen besetzt hielt, in welcher er den General Berneron mit 2 000 Mann und für 6 Monate Lebensmitteln warf.

Er schickte den Generallieutenant O'Moran, <171> um in Dünkirchen und in dem am Meere gelegenen Theile des Norddepartements zu kommandieren; er gab ihm zur Instruktion:

1. die Linie und die Forts des zwischen Dünkirchen und Bergen [=Bergues] retranschirten Lagers wieder in Stand zu setzen;

2. ein retranchiertes Lager auf der Höhe von Montkassel [=Mont Cassel] abstechen und einrichten zu lassen;

3. in Person nach Kortryk zu gehen, um daselbst die holländische Expeditionsarmee in Empfang zu nehmen und sie ins Lager von Haerlebeke, so daß sie die Schelde vor sich hätte, zu placieren.

Zu gleicher Zeit schickte er an die Generale Rüault und Marasse den Befehl, ihren Rückzug so einzurichten, daß sie durch die Spitze von Flandern über die Schelde gingen, während die Besatzung von Mecheln sich durch Dendermonde zurückzöge, die Schelde entlang durch Gent zu gehen, und sich in dem Lager von Kortryk oder Haerlebeke aufzuhalten, sich nicht zu übereilen und alle Brücken hinter sich sorgfältig abzuwerfen.

Hätte der General Dümouriez die Citadellen <182> von Namur und Antwerpen behauptet, so war sein Projekt, an der äußern Seite des französischen Gebietes eine furchtbare Linie zu ziehen, die von der rechten zur linken durch Namur, Mons, Doornik, Kortryk, Antwerpen, Breda und Gertruydenberg gegangen wäre. In dieser Stellung hoffte er, wenn der Waffenstillstand fortdauern könnte, mehr in der Nähe auf die Wiederherstellung der Ordnung im Innern des Reichs wirken, und sich dieser Sorge ganz widmen zu können. Währte der Stillstand nicht, so befanden sich die Kaiserlichen im Mittelpunkte eines halben Kreises, dessen beide Enden sie nothwendig angreifen mußten, um mit Erfolg zu operieren, wodurch sie zu einem Belagerungskriege auf Unkosten ihres eignen Gebiets gezwungen wurden, welches Zeit verschafte die Armee wieder zu organisieren und zu verstärken, die wieder Muth gefaßt hätte, da sie neben und hinter sich die festen Plätze hatte. Diesem Projekt nach, mußte der General Doornik und das Lager von Antoing besetzen, von <183> wo aus er, im Fall der Feind zu sehr überlegen wäre, eine sehr gute Position in seinem ehemaligen Lager von Maulde nehmen konnte.

Diesem Plane zufolge, der nur durch die erzwungene Räumung der Citadelle von Namur eine Aenderung erlitt, marschierte er den 26ten nach Enghien, und den 27sten nach Ath, während General Neuilly's Division durch Hall und Braine le Comte nach Mons marschierte. Als er in Ath ankam, erhielt er vom Konvent den Befehl den Obersten des 73sten Infanterieregiments, der ohne Ordre mit seinen beyden Bataillonen die Armee verlassen hatte und nach Frankreich zurückgekehrt war, so wie den General Miranda, arretieren zu lassen. Dümouriez ließ diesen Befehl gegen den General ungern ausführen, weil er ganz gewiß war, daß diese Strenge weniger eine Handlung der Gerechtigkeit, als ein Manöver der Erbitterung der Jakobiner gegen Pethion und die Girondefaktion wäre, welche Miranda's Freunde und Beschützer waren. <184> Miranda hat sich dadurch, daß er den General Dümouriez, nach seiner Entweichung von der Armee, {eine für Miranda sehr günstig ausgeschlagene Begebenheit} angeklagt hat, aus der Schlinge gezogen.

Denselben Tag kam der Oberste Mack in Ath an, und ohne etwas schriftliches aufzusetzen, kam zwischen ihm und dem General eine weit förmlichere Konvention zu Stande. Der Oberst fing damit an, dem General die Dankbarkeit der Kaiserlichen deswegen zu erkennen zu geben, weil durch die Weisheit seiner Befehle der Rückzug auf eine Art geschähe, die dem Lande schweres Ungemach ersparte, ein Ungemach, wovon keine von beiden Nationen Nutzen ziehen konnte. Er rühmte seinerseits die Mäßigung mit welcher sich die kaiserlichen Truppen betrügen, um nicht zu sehr den Rückzug der Franken zu beunruhigen, jedoch so daß bey den Armeen das Uebereinkommen zwischen den Generalen verborgen bliebe. Man kam dahin überein, daß die französische Armee noch einige Zeit auf der Gränze in der <185> Position von Mons, Doornik und Kortryk, ohne von der kaiserlichen beunruhigt zu werden, bleiben sollte; daß General Dümouriez, welcher dem Obersten Mack nicht mehr sein Projekt auf Paris loszumarschiren verheelte, wenn es Zeit sein würde, die Bewegungen der Kaiserlichen, die nur als Hülfsvölker agieren würden, bestimmen sollte; sollte er keine Hülfe brauchen, welches für beyde Theile zu wünschen war, so würden sie ohne vorzurücken auf ihrer Gränze bleiben, und die gänzliche Räumung Belgiens sollte eine Belohnung ihrer Willfährigkeit seyn; wenn er aber hingegen nicht allein, nicht die Kontrerevolution, sondern die Reformation, das heißt, die Wiederherstellung einer konstitutionellen Monarchie, bewirken könnte, so wollte er selbst die Anzahl und Art der Truppen, die er gebrauchen würde um dieses Projekt auszuführen, anzeigen, und dann würde man sie nur nach seiner Anweisung marschieren lassen. Der General sagte ihm von seinem morgenden Marsche nach Doornik, von dem des Generals Neuilly auf <186> Mons, und der Armee aus Holland auf Kortryk.

Endlich wurde beschlossen, daß, um die Operationen zwischen den beiden Abtheilungen der kaiserlichen Armee, des Prinzen von Coburg und des Prinzen von Hohenlohe, wenn der General Dümouriez nach Paris marschieren würde, gemeinschaftlich zu machen, Condé den Oesterreichern sollte zum Waffenplatz übergeben werden, daß sie eine Besatzung darin halten sollten, aber ohne die mindesten Ansprüche auf die Oberherrschaft zu machen, und mit der Bedingung, daß es den Franken nach geendigtem Kriege und in dem vorigen Stande zurückgegeben werden solte; daß aber alle andre Plätze, sollte sich die konstitutionelle Parthey in dem Falle befinden kaiserlicher Hülfe zu bedürfen, getheilte Besatzung unter französischem Kommando bekommen sollten. Die Generale Valence, Thouvenot und Chartres nebst dem Obersten Montjoye, waren bey dieser Unterredung gegenwärtig. Dieses ist der erste Schritt, dieses sind die ersten <187> Verhandlungen zwischen dem Prinzen von Coburg und dem General Dümouriez, der seinen Plan verfolgte, und den die Umstände immer mehr drängten.

Zehntes Kapitel

Lager vor Doornik.

Den 28sten marschierte der General nach Doornik, wo er die Position bey Antoing nahm, seine Avantgarde in Doornik und seine Flankeurs unter des Generals Miaczinky Kommando, links auf dem Berge de la Trinité hatte. Den General Leveneur schickte er mit der Ardennenarmee ab, um das Lager bey Maulde zu besetzen.

In Doornik fand er die Frau von Sillery mit der Prinzessinn von Orleans, welche er nie gesehen hatte, und welche auf die, dem Generallieutenant O'Moran, der im Doornikschen kommandierte, vorher ergangene Anempfehlung des Generals, sie dort zu behalten, daselbst geblieben waren, weil die Prinzessin <188> von Orleans, nur 15 Jahr alt, durch ein gegen die Emigrierten gegebenes Dekret, sich unter den Proscribierten befand. Diese junge Prinzessinn, die, so wie ihre beyden Brüder Chartres und Montpensier, sehr gut erzogen ist, kann für ein Muster der Tugend, der Ergebung und der Standhaftigkeit gelten.

Der Herzog von Chartres, der mit ausgezeichnetem Muthe und reinem uneigennüzzigen Patriotismus den vorjährigen Feldzug über gedient, und der so eben noch einen vorzüglichen Muth und Bürgersinn zum Besten der öffentlichen Sache der Franken gezeigt hatte, war selbst in dem Verbannungsdekrete des Hauses Bourbon mit einbegriffen, und mußte sich den ungerechtesten Chikanen, von dem Tage an, da er Frankreich wieder beträte, unterwerfen.

Während der beiden Tage die der General in Doornik zubrachte, gab er dieser, durch ihre Leiden und Tugenden so interessanten Prinzessinn, die Beweise des ehrfurchtsvollsten Antheils den sie verdiente, und weil sie, eben so wohl als die Frau von <189> Sillery, sich sehr fürchtete in der Kaiserlichen Hände zu fallen, wegen der Emigrirten, denen diese Damen einen weit größern Einfluß als sie besaßen, zutrauten, so ließ sie der General, bei seiner Abreise von Doornik, nach St. Amand bringen, von wo sie hernach, auf die Versicherungen der österreichischen Generale, einwilligten nach Mons zu gehen, in dem Zeitpunkt wo der Schutz des Generals Dümouriez, weit entfernt ihnen nützlich zu sein, ihnen nur nachtheilig werden konnte. Möge die tugendhafte Unschuld der Prinzessinn von Orleans ihre Belohnung, oder wenigstens ihre Sicherheit unter dem Schutze der wohlthätigen Vorsehung finden!

Im Lager vor Doornik erfuhr Dümouriez, daß der General Neuilly, bey seiner Ankunft in Mons, seine Division nicht habe zurückhalten können, welche, anstatt die Position der Höhen von Nimy einzunehmen, die Magazine geplündert, sich zerstreut hatte und ohne verfolgt noch angegriffen zu werden, bis nach Condé und Valenciennes geflohen war. Nichts als die Kavallerie <190> blieb dem General Neuilly übrig. Der General befahl ihm, sich mit ihr nach Condé zurückzuziehen, und sie soviel Terrain als sie könnte, zwischen Binche, Roeur, Soignies und Leute, einnehmen zu lassen, die Brücken abzuwerfen, Fourage, Wagen und Pferde mit sich zu nehmen.

Dadurch, daß Mons verlassen war, wurde Dümouriez's Stellung bey Doornik sehr mißlich, da sein rechter Flügel gar nicht gedeckt war; aber den Waffenstillstand ungerechnet, kannte er dennoch die Gegenden hinreichend, um seines Rückzuges sicher zu seyn; nur wollte er ihn nicht eher machen, als bis er von der Bewegung seines linken Flügels Nachricht würde erhalten haben, weil, im Fall das Lager von Haerlebeck besetzt war, er noch immer seine Maasregeln darnach nehmen konnte.

Er gebrauchte bloß die Vorsicht, dem General Harville zu melden, nur noch auf die Läger von Maubeuge und Givet Acht zu haben, um die Feinde zu hindern, von dieser Seite auf unser Territorium vorzudringen. <191> Den 29ten kamen drey Abgeordneten von den Jakobinern zu Doornik an, die vom Minister Lebrün zu kommen vorgaben, auch einen auf nichts gewisses zielenden Brief von ihm an den General mitbrachten, welcher meldete, sie hätten ihm Eröfnungen wegen der belgischen Angelegenheiten zu machen. Diese drei Männer, deren übertriebene Aussagen den ganzen Beweis gegen den General Dümouriez ausmachten, waren Proly, ein unwichtiger Intrigant, aus Brüssel gebürtig, Desjardins, ein Gelehrter[q], ein unbekannter Mann, der aus Brüssel war weggejagt worden, und Pereira, ein portugiesischer Jude. Der erste war dem General schon vorher wohl bekannt, wie man es in dem ersten Buche dieser Memoiren bereits gesehen hat. Der zweite spielte den Gelehrten, und der dritte war ein sehr hitziger Jakobiner. Sie fanden sich beleidigt, daß der General sie, weder in Gegenwart der Prinzessinn von Orleans, noch auf ihrem Zimmer, wo sie sich ihm aufdrängten, anhören wollte. Er bestimmte ihnen eine Zeit, wo sie ihn in seiner Wohnung treffen würden. <192> Die Unterredung[r] zwischen ihnen und dem General, ist beinahe so, wie sie sie angegeben haben. Sie stimmten mit ihm über die Nichtigkeit, die Unfähigkeit und Unordnung des Konvents, über die Nothwendigkeit ihn aufzuheben und eine andre Legislatur anzuordnen, überein. Folgendes ist das einzige wichtige was sie verschwiegen haben, und welches der Schlüssel zu ihrer Mission war. Nachdem sie die Nothwendigkeit das gesetzgebende Korps aufzuheben, und ein andres an dessen Stelle zu setzen, zugestanden hatten, schienen sie mit dem General auf die Art der Wiederbesetzung zu sinnen. Hierauf warf einer von den dreyen hin, die Jakobiner hätten ihren Präsidenten, ihre Registratur, ihre Tribüne, ihre Korrespondenz, ihre Redner; sie wären gewohnt große Geschäfte zu betreiben; die Wiederbesetzung sey also leicht gefunden. Der General verwarf, seiner durchgreifenden Aufrichtigkeit gemäß, diesen Gedanken, indem er zum Grunde seiner Verwerfung ihrer Meinung, die Immoralität, die Grobheit, die Unvorsichtigkeit, <193> die Grausamkeit und die schlechte Zusammensetzung dieser Gesellschaft angab, und hinzufügte, ihr schreibe er alles Unglück Frankreichs zu.

Drauf fragte ihn Proly:

wen würden Sie denn, statt der gegenwärtigen, zu
Repräsentanten machen, ohne sich der Langsam-
keit und den Mängeln der Erwählungsart durch die
Primärversammlungen auszusetzen? –
Nichts ist leichter, sagte der General, die Departe-
ments- und Distriktsverwalter sind jetzt auserle-
sene Leute, ihr Patriotismus ist erprobt, man darf
nur alle Generalprokuratoren der Departementer
und Distrikte dieses erste und einzige Mahl nehmen, und um die Zahl vollständig zu machen, Mitglieder der Departementer und Distrikte hinzufü-
gen; sie werden eine sehr ordentliche Legislatur
ausmachen, man wird die Konstitution von 1789,
90 und 91 wiederherstellen, ganz Frankreich wird
einig sein, die Waffen werden den Händen der vorgeblichen Royalisten entfallen, und die fremden
Mächte, die dann keinen Vorwand <194> zum
Kriege mehr haben, und eine feste Regierung, mit
welcher sie unterhandeln können, finden, werden
sich zusammen oder besonders, zu Friedensnego-
ziationen geneigter finden lassen. Denn glauben Sie
ja nicht, fügte er hinzu, daß die Republik bestehen
kann; ihre Verbrechen und Thorheiten haben es ihr
unmöglich gemacht.

Diese drey Männer widerstritten ein wenig, aber im Ganzen genommen hörten sie ganz stille diesen Lästerungen des Generals zu, wovon
sie nachher einen so gehässigen Bericht abgestattet haben. Desjardins,
der ihm am meisten schmeichelte, sagte ihm, er ginge Bericht abzustatten, und hoffe bald wiederzukommen. Sie nahmen ganz ruhig Abschied von ihm, ohne daß er im mindesten daran dachte, drey so un-
wichtige Emissare arretiren zu lassen.
Der General zweifelt nicht daß, wenn er von ihrer Idee, den Nationalkonvent durch die Jakobinergesellschaft zu ersetzen, eingenommen
gewesen wäre, er ihr ganzes Zutrauen wieder gewonnen haben würde;
aber er <195> gesteht, daß sein, bey diesen Umständen vielleicht zu
freymüthiger Charakter, ihm nicht einmal die Möglichkeit ließ, die zu

dieser Verstellung nöthige Nachgiebigkeit zu äussern. Er sah auf der Stelle voraus, daß sich dieß nur durch blutige Verbrechen würde ausführen lassen, vor welchen ihn schauderte, und die nachfolgenden Begebenheiten haben ihm bewiesen, daß er sich nicht geirrt hatte.

An eben dem Tage erhielt er einen Brief von den sieben in Lille vereinigten Kommissaren, die ihm schrieben, nach dieser Stadt zu kommen, um auf gegen ihn vorgebrachte Klagen zu antworten. Er antwortete, daß er, im Angesicht des Feindes, seiner Armee unentbehrlich, beschäftigt sie wieder zu organisieren und ihr Festigkeit zu geben, {welches auch die Wahrheit war,} sie nicht einen Augenblick verlassen könnte um einem Prozesse nachzugehen; daß er aber, im Fall sich die Kommissare nach der Armee hin begeben wollten, ihnen mit seiner gewöhnlichen Freymüthigkeit auf alle Punkte antworten <196> würde: wäre es aber nicht sehr eilig, so würde er in einigen Tagen, sobald er seinen Rückzug bis auf das französische Territorium geendigt hätte, mehr Zeit haben seine persönlichen Angelegenheiten zu verfolgen. Uebrigens würde er, nur von seiner Mannschaft begleitet, seinen Einzug in Lille halten, um die Feigen, die, nachdem sie ihre Fahnen verlassen, noch dazu die braven Vertheidiger des Vaterlandes verläumdeten, zu bestrafen.

Eilftes Kapitel.

Rückzug in das Lager bey Maulde.

Seit mehrern Tagen war der General wegen des Truppenkorps in Antwerpen sehr unruhig, denn er hatte keine Nachrichten davon, wußte auch selbst nicht einmal, ob General Rüault, der seine Instruktionen dahin überbrachte, nicht unterweges sey gefangen worden. Der Rückzug von Antwerpen über die Schelde in der Spitze von Flandern, mußte nothwendig langweilig und <197> schwer seyn, aber er wußte, daß die Feinde in dieser Gegend weit weniger zahlreich wären, als das *Korps d'Armée* welches sich zurückziehen sollte. Die Preußen und Holländer waren fortmarschiert um Gertruydenberg anzugreifen, und maskierten Breda. Der Oberste Mylius hatte sich mit höchstens 2 000 Mann irregulärer kaiserlicher Truppen vor Antwerpen gezeigt. Dieser Theil der französischen Armee war in eine noch größere Unordnung als die Uebrigen verfallen. Schrecken hatte sich ihrer bemächtigt, und die Generale hatten sie nicht mehr in ihrer Gewalt. Den 26ten wagte es der Oberste Mylius sogar die Stadt aufzufordern. Ein Theil der Armee war schon durch die Stadt; aber statt den übrigen Theil zu erwarten, ein Korps welches der Oberste Thouvenot in Gent aufhielt ausgenommen, zogen sich die andern eiligst über Brügge nach Dünkirchen zurück. General Marasse hatte, nach Dümouriez's Instruktion, die Fregatte Ariel in Grund bohren lassen, nachdem er die Masten, das Takelwerk <198> und die Kanonen davon auf die Brig und die Kanonierschaluppe hatte bringen lassen, um auf den Kanälen nach Dünkirchen transportiert zu werden. Auf andre Schiffe hatte er soviel Lebensmittel als er konnte laden lassen, aber es blieben noch viele, nebst mehr als 8 000 Mann, in der Stadt. Da Schrecken und Verwirrung bey Annäherung der Kaiserlichen zunahm, hielt er einen Kriegsrath, in welchem einstimmig beschlossen wurde, es sei besser diesen Theil der Armee durch eine Kapitulation, in welcher ausbedungen würde, alle Effekten und Magazine die den Franken gehörten, mitzunehmen, zu retten, als Gefahr zu laufen überwältigt zu werden, und durch Hartnäckigkeit alles zu verlieren.

Man müßte, um diese Capitulation recht beurtheilen zu können, die Umstände genau wissen, wovon der General nie das Detail wegen der Schnelligkeit der darauf folgenden Begebenheiten, hat erfahren können. Die Oesterreicher besitzen ein vorzügliches Talent, ihre Avantgarde in Bewegung zu setzen, sie <199> sichtlich zu vermehren, und den Feind in Ansehung ihrer wirklichen Stärke zu hintergehen; es ist zu vermuthen, daß die französischen Generale, schon durch ihrer Truppen Schrecken ausser Fassung gebracht, geglaubt haben, die ganze preußische und holländische Armee stehe vor ihnen. Sehr ärgerlich aber, und nicht zu billigen war es, daß sie auch für die Citadelle, die als von der Stadt unabhängig konnte betrachtet werden, und die auf keinen Fall mit in diese Kapitulation hätte einbegriffen sein sollen, kapitulirten.

Dem sey nun wie ihm wolle, genug, die französische Armee rückte den 27sten oder 28sten aus Antwerpen, um sich nach der französischen Gränze zu begeben. Aber keine von diesen Truppen nahmen den Weg nach Kortryk; sie waren nicht mehr frey das Lager von Haerlebe[ke], welches nicht Statt fand, zu beziehen; sie kamen, die einen früher, die andern später, wieder auf französischen Boden, wo sie durch den General O'Moran in das Lager von Kassel und in die Dünkircher Linien verheilt wurden, oder zum <200> Theil dazu dienten das Magdalenen-Lager bey Lille auszumachen.

In der Nacht vom 29sten zum 30sten erhielt Dümouriez, ohne genauere Umstände, die erste Nachricht von dieser Zerstreuung eines mehr als 20 000 Mann starken Theils seiner Armee. Das Auseinandergehen des Korps des Generals Neuilly, welches die Verlassung von Mons bewirkt hatte, hatte seinen rechten Flügel entblößt, die Räumung Kortryk's setzte seinen linken Flügel noch mehr aus, man konnte ihn von der linken Seite der Schelde tourniren, und wenn er genöthigt wurde vor dem Feinde zu weichen, so war er gewiß, bey der schlechten Stimmung seiner Truppen, eine völlige Niederlage zu leiden. Er entschloß sich daher, den 30sten Morgens, das Lager vor Doornik zu verlassen. Er hatte vorher den General Leveneur abgeschickt, um das von Maulde zu besetzen. Er ließ die Nordarmee nach der Brücke von Mortagne rücken, und das herrliche Lager von Bruille, das er <201> durch drei Brücken mit dem von Maulde verband, beziehen. Den General Miaczinsky schickte er mit 4 000 Mann ab zum Besatz von Orchies, um die Kommunikation mit Lille zu sichern, und verlegte sein Hauptquartier nebst seinen Artilleriepark nach St. Amand.

Die beiden Besatzungen von Breda und Gertruydenberg waren, durch die unerwartete Kapitulation der Antwerper Citadelle, gänzlich von der Armee abgeschnitten. Es war ein fünf bis sechstausend Mann starkes Korps, das ohne Nutzen, ohne Hoffnung zur Hülfe, aufgeopfert worden war, und doch zur Vertheidigung der Küsten des französischen Flanderns sehr nützlich seyn konnte. Der General ließ durch Vermittelung des Obersten Mack, dem General Deflers und dem Obersten Tilly, welche in diesen beiden Pläzzen kommandierten, den Befehl zukommen auf eine ehrenvolle Art zu kapitulieren, mit der Bedingung, mit Waffen und Bagage nach Frankreich zurückgehen zu können, welches auch ausgeführt worden ist, und ein <202> bey diesen Umständen wichtiger Dienst war, weil mehr als die Hälfte der übrigen Armee desertiert war, und die Gränzstädte anfüllte, oder sich nach Paris begab.

Dem Waffenstillstande hat man die Rettung der französischen Gränze zu verdanken; denn hätten die Kaiserlichen einen Einfall gewagt, so wären sie gewiß wegen der großen Unordnung durchgedrungen.

Mitten in dieser Unordnung und dem Ueberdruße den die Armee bezeigte, hatte sie nicht aufgehört Anhänglichkeit für den General zu zeigen; sie ließ ihm, in allem was er um sie zu retten und wieder in Ordnung zu bringen that, Gerechtigkeit widerfahren. Der Nachtrab der Armee vorzüglich, und die Linientruppen, welche ihn immer als den letzten beim Rückzug, zu jeder Stunde, bey Tage und bey Nacht, und immer der Gefahr ausgesetzt gesehen hatten, bedauerten ihn, und waren über seine Feinde, die Jakobiner und den Nationalkonvent sehr aufgebracht. Der fast allgemeine Wunsch[56] war für die Wiederherstellung der Monarchie und der <203> Konstitution. Sehr wenige Bataillone Freywilliger durften es wagen für die Republik zu sein. Die Kavallerie und die Linientruppen waren sehr entschlossen. Die Artillerie selbst sagte, sie würde ihren General gegen alle Uebelgesinnte vertheidigen. Man sprach selbst laut davon, auf Paris loszugehen um die Anarchisten zu stürzen, welchen die Armee, mit völligem Rechte, alles Ungemach das sie so eben erlitten hatte, zuschrieb. Da die Soldaten erfahren hatten, man wolle den General nach Paris berufen, pflegten sie gewöhnlich zu sagen, sie wollten ihn selbst hinführen und würden sein Schicksal mit ihm theilen.

Der General beobachtete diese Stimmung der Gemüther, die durch die Klagen der Generale und der meisten Offiziere noch unterhalten wurde, welche die Anführer, unter denen sie in vorigen Zeiten den Feind überwunden hatten, in den Schriften der Jakobiner geschmäht, der Verrätherei angeklagt, arretiert, und ohne die mindeste Schonung übel behandelt sahen; sie urtheilten, indem sie auf <204> sich zurück sahen, daß ihre schnelle Erhebung zu den höchsten Stufen sie demselben Schicksale aussetze. Mehrere jedoch, wie Dampierre, unterhielten einen treulosen Briefwechsel mit den Häuptern der Anarchie, sahen in der jetzigen Unordnung die Hoffnung ihre Obern zu stürzen, und indem sie öffentlich die Sprache ihrer Kollegen führten, unterhielten und erweckten sie unter der Hand, durch ihre verläumderische Nachrichten, die Wuth der Jakobiner.

Die Gemüther waren in der größten Gährung, und die Sachen einer Auflösung nahe, die schnell und heftig seyn mußte. In Valenciennes waren drey Konventskommissare, Lequinio, Cochon und Bellegarde,

---

[56] Siehe wiederum (Flörken, Die Französische Revolution in dem Politischen Journal des G. B. von Schirach, 3 Teile, 2019) passim.

welche die Armee und ihre Anführer schon als Rebellen behandelten, und bald sich weigerten, die Transporte und das Geld durchziehen, bald, die Armee mit der Besatzung zusammenkommen zu lassen; schon hatten sie ein Manifest gegen den General Dümouriez gewagt, und es an die Armee und die Garnison in Condé geschickt. Hier <205> war der General Neuilly mit einer Besatzung von vier Bataillonen und einem Regimente Kavallerie. Diese Besatzung war in ihren Meinungen sehr getheilt, doch schien es daß sie für Dümouriez war, an welchem der General Neuilly sehr hing.

In Lille war die Spaltung in den Meinungen noch merklicher. Die Konventskommissare, die daselbst beysammen waren, heitzten, mit Hülfe des Klubs, das gemeine Volk, das sehr zahlreich war, gegen die Bürger auf. Die Soldaten, vorzüglich die Linientruppen, überließen sich muthwilligen Bewegungen, und sprachen viel zum Besten ihres Generals, und gegen die anarchische Faktion; aber in allem dem war keine Verbindung, es war weder Oberhaupt noch Haltung da. Uebrigens wurde diese Besatzung zugleich mit Assignaten bestochen, ein Mittel welches auch in des Generals Armee, und in seiner Nähe mit der größten Thätigkeit angewendet wurde. Die Kommissare versuchten es überdieß mit dem Meuchelmorde.

Den 31ten März verlangten sechs Freywillige <206> von dem dritten Marnebataillon den General zu sprechen, und er ließ sie zu sich hineinführen. Sie hatten die Rückseite des Hutes nach vorne zu gekehrt, und darauf war mit Kreide das Wort Republik geschrieben. Sie hielten ihm eine lange fanatische Rede, deren Resultat war, er sollte sich vor das Gitter des Nationalkonvents, einem Befehl den er erhalten würde gemäß, stellen; wo nicht, so hätten sie, nebst mehrern ihrer Kameraden, geschworen, den Brutus nachzuahmen, und ihn zu erstechen. Er antwortete ihnen mit vieler Ruhe und Sanftmuth, sie würden durch einen falschen Eifer geblendet, sie müßten ja einsehen, daß alles schlecht gehe; alle wüthende Handlungen die man beginge, weit entfernt die Republik zu befestigen, bewiesen die Unmöglichkeit sie aufrecht zu erhalten, weil eine anarchische Regierungsform, die ohne Zügel, ohne Gerechtigkeit und ohne Gesetze wäre, nicht bestehen könne. Indem sie so mit dem General sich unterredeten, rückten sie immer näher heran, um ihn einzuschließen, welches vielleicht ohne <207> die herzhafte Wachsamkeit des treuen Baptiste geschehen wäre, welcher, indem er den am weitesten vorgerückten ergriff, die Wache hereinrief. Nun wollten sie ihre Waffen brauchen, man kam ihnen aber zuvor, der General rettete ihnen das Leben, und verhütete, daß sie übel behandelt würden; er gebrauchte bloß die Vorsicht sich ihrer zu versichern. Ein allgemeiner Unwille äußerte sich in der Armee, und noch an eben dem Tage setzten alle Korps Adressen auf, die von Personen von allen Graden unterzeichnet waren, in welchen sie eine unverbrüchliche Anhänglichkeit zu ihrem General feierlich versprachen; die meisten dieser Adressen enthielten den Wunsch nach Paris zu marschieren, um den König und die Konstitution von 1789 wiederherzustellen.

Nach diesen Adressen und den durch die Kommissare angefangenen Feindseligkeiten, welche ihn reizten, und das Volk und die Besatzungen gegen ihn aufgebracht hatten, arbeitete der General, geschützt durch den allgemeinen Wunsch, daran, sich der drey <208> Städte zu bemächtigen, die ihm am nothwendigsten waren, und ohne welche er keinen erheblichen Schritt mit Vortheil thun konnte.

Er fängt damit an einzugestehen, und zwar ohne sich dessen zu schämen, daß er, ohne es einen Augenblick aus dem Gesichte zu verlieren, sein Projekt verfehlt hat, weil er diejenigen Mittel, die freilich damals nothwendig waren, die ihn aber sein Charakter, der der Treulosigkeit und der Grausamkeit feind ist, verwerfen ließ, nicht angewandt hat. Er hat zu sehr auf Macht, Redlichkeit und Ueberzeugung gebaut; er hat weder Geld ausgestreut, noch seine tödtlichsten Feinde zernichtet, als er es thun konnte. Man schlug ihm eine Maasregel vor, die sehr nützlich gewesen wäre, nämlich, alle Linientruppen in ein Lager zu bringen, die Nationalgarden zu entwaffnen und zurückzuschicken. Dieß konnte nicht ohne großes Blutvergießen ausgeführt werden, weil beide Korps schon sehr gegen einander aufgebracht waren. Uebte er diese Maasregel ohne Unterschied aus, so <209> beleidigte er viele Bataillone Freiwilliger, die sich sehr tapfer im Kriege bezeigt hatten, die ihm so eben ihren Wunsch in sehr freyen und herzlichen Adressen äußerten; und statt der Belohnung hätte er sie der Schande oder der Ermordung ausgesetzt. Machte er Ausnahmen, so konnte er irren, und auf verkappte Anarchisten fallen, und dann konnte er auf diese Truppen nicht mehr rechnen.

Bei keinem Volke stellt die Geschichte irgend eine Begebenheit dar, bey welcher die Leidenschaften der Menschen so sehr im entgegengesetzten Sinn bewegt, ihr Charakter so sehr entstellt, sie so sehr über die

Natur und über die geselligen Triebe hinausgesetzt worden, als in der französischen Revolution. Der Freiheitsschwindel war 1789 eine edle Erhebung des Geistes; 1790 und 1791 ist er zügellose Leidenschaft geworden. Es schien, daß die Konstitution seinen Charakter fixiren und ihn mäßigen würde; aber der Erfolg von 1792, statt ihn edel, heldenmüthig und wohlthätig zu machen, hat <210> gemacht, daß er in blinde, verwegene und grausame Wuth ausgeartet ist, und die Epoche welche in diesen Memoiren dargestellt wird, hat ihm noch einen Grad von Wildheit mehr gegeben.

Der Kampf zwischen Dümouriez und den Jakobinern war nicht gleich. Seine Mittel waren zu schwach und zu ordentlich. Der Jakobiner Verbrechen konnte man nur durch noch größere überwinden; Bestechung mußte man der Bestechung, Treulosigkeit und Grausamkeit der Nichtswürdigkeit und Barbarei entgegensetzen. Die Sekte der Jakobiner kann nur durch einen größern Bösewicht als sie sind, oder durch das Schwert der fremden Mächte ausgerottet werden. Die Folge dieser Erzählung ist also bloß das Detail der fehlgethanen Schritte des Generals Dümouriez, der zugleich seine eigne Achtung hat erhalten, und seines Volks Verbrechen tilgen wollen; und das vertrug sich nicht miteinander.

In der Konferenz zu Löwen mit Danton und Lacroix, hatte er, auf einen nicht sehr <211> edlen Vorschlag dieser Kommissare, in Absicht des Betragens welches man gegen die Belgier zu beobachten hätte, ihnen das zur Antwort gegeben, was er Camüs seitdem wiederholt hat, daß er, selbst zum Besten seines Vaterlandes, nie darein willigen würde, eine Handlung zu begehen, die er als ein Verbrechen ansehen müßte. Seitdem hat er erfahren, Danton habe gesagt: der General Dümouriez ist ein schwacher Mensch; er hat die Höhe der Revolution nicht erreicht. Die Revolution hatte sich seit dieser Epoche noch erhöhen, und dieser General, der freiwillig auf dem selben Punkt geblieben ist, weil er, in allem was er gethan, nach Grundsätzen und ohne persönliches Interesse gehandelt hat, konnte keinen glücklichen Erfolg haben, wenn er, um ihn zu erhalten, noch größere Laster ausüben sollte, als die welche er bekämpfen mußte.

Er schickte an den General Miaczinsky, der in Orchies war, den Befehl, sich mit seiner Division vor Lille zu zeigen, hinein zu marschieren, die Konventskommissare und <212> die vornehmsten Klubisten arretieren zu lassen, und sobald das geschehen seyn würde, nach Douay zu gehen, den General Moreton daraus zu vertreiben, daselbst wie in Lille den einstimmigen Wunsch der Armee für die Konstitution bekannt zu machen, und hernach über Cambrai nach Peronne zu gehen, wo er Posto fassen sollte. Dieser unvorsichtige General kannte die Wichtigkeit seiner Mission nicht genugsam, eröffnete sie jedermann, unter andern dem berüchtigten Mulatten St. George, Obersten eines Husarenregiments, der ihn verrieth, und ihn mit einer sehr kleinen Eskorte in Lille hineinlokte; sobald er hinein war, schloß man das Thor hinter ihm zu, arretierte ihn, und er wurde nach Paris geführt, wo er hernach ist enthauptet worden. Dieser unglückliche Pole war im Jahr 1770 eines der Häupter der polnischen Konföderation gewesen, zur Zeit da Dümouriez vom französischen Hofe den Auftrag hatte sie zu dirigieren. Die Russen hatten ihn in einem Gefechte gefangen genommen; hernach war er nach Frankreich <213> gegangen, um eine Schadloshaltung zu reklamiren, und da der General ihm diese nicht hatte verschaffen können, trug er dazu bey, daß er den Grad eines *Maréchal de Camp*, nebst der Erlaubniß ein Freikorps zu errichten, erhielt, und brauchte ihn sehr gut bey der Armee. Der im Kriege sehr brave Miaczinsky zeigte bey seiner persönlichen Vertheidigung und bey seinem Tode nicht eben den Muth; er beschuldigte den General Dümouriez sehr, selbst grober Unwahrheiten, welche ihm ohne Zweifel durch boshafte Leute eingegeben wurden, die ihn irre machten; er wurde nicht gerettet; er beschuldigte aber auch den Deputierten Lacroix, und dieß stürzte ihn.

Die Division welche Miaczinsky kommandierte, und die er so unrecht that zu verlassen, blieb herumirrend auf dem Glacis von Ryssel [=Lille], wo man sie nicht aufnehmen wollte. Als der General Dümouriez dieß erfuhr, schickte er seinen Adjudanten, den Obersten Philipp de Vaux ab, um das Kommando darüber zu übernehmen, und sie <214> nach Orchies und Douay zurückzuführen. Der Oberste de Vaux wurde durch Verrätherei eines seiner Kollegen arretiert, nach Paris geführt und enthauptet. Er starb mit einer heroischen Größe der Seele. Philipp de Vaux, aus Brüssel gebürtig, war erst in österreichischen Diensten gewesen, und hatte dann in den Revolutionen seines Vaterlandes Parthey gegen den Kaiser genommen. Der General Dümouriez, der ihn zu Paris kennen gelernt, hatte ihn zum Adjudanten angenommen. Er besaß Verstand, eine stolze und gefühlvolle Seele, und alle nothwendigen Eigenschaften, um ein sehr guter Offizier zu werden.

In Valenciennes kommandierte der *Maréchal de Camp* Ferrand, welchen Dümouriez nach und nach zum Obersten und zum General gemacht hatte, weil er ihn für ehrlich und ihm ergeben hielt. Dieser Mann war in einem Alter wo man sich nicht vom Fanatismus hinreißen läßt, und bis auf diese Epoche für einen weisen und vernünftigen Mann angesehen worden; aber die Meinungen <215> zertrümmern den Charakter, und Ferrand ward einer der ärgsten Deklamatoren gegen seinen General, und eine der stärksten Stützen der Anarchistenpartei. Der Generalauditeur der Armee, Lecüyer genannt, hatte sich's zur Gnade ausgebeten, den Auftrag zu erhalten, die Deputierten in Valenciennes zu arretiren; sobald er hinein war, wurde er bald ihr Vertrauter und ihr rechter Arm; aber, durch einen sonderbaren Zufall, hat er seitdem auf dem Schaffot das Leben verloren, weil er an den General Dümouriez einen sehr umständlichen Brief, über die Maasregeln die er zur Arretierung der Deputierten genommen, geschrieben hatte, welchen man in dem Oberrocke des Generals, bei der vorgehabten Ermordung am 4ten April, fand.

Diese beiden Leute vereitelten alle Mittel, die der General anwandte, um sich zum Herrn von Valenciennes zu machen, welche ihnen in den ersten Tagen mitgetheilt wurden, und sie stimmten den Geist der Truppen, die man hineingeschickt hatte, um. <216> Da also die Projekte auf Lille und Valenciennes so schnell gescheitert waren, blieb nur noch die Einnahme von Condé übrig; die Stellung der Armee auf der äußersten Gränze, und fast außerhalb derselben, wurde sehr schwierig, weil sie von den festen Plätzen in Ansehung des Unterhalts abhing, und also entweder auseinander gehen, oder sich mit den Kaiserlichen verbinden, oder sich eines festen Platzes bemächtigen mußte.

Das erste benahm alle Hoffnung eines glücklichen Ausganges, und sicherte den Anarchisten alle Vortheile; das zweite war dem General und den Truppen, aus dem sehr löblichen Grundsatz des Nationalstolzes, zu wider, auch konnte die Einstimmung dazu nicht allgemein seyn, wegen der geringen Einigkeit in den Meinungen, und der sehr thätigen Bemühungen der Jakobiner, auf den Geist der Soldaten zu wirken; das dritte war unmöglich, da er kein Belagerungsgeschütz hatte, welches bei dem Rückzuge aus Belgien nach Lille war zurückgeschickt <217> worden. Auch zog das dritte Mittel uns fehlbar den bürgerlichen Krieg nach sich; eine Belagerung erfordert Zeit, während welcher die französischen Soldaten dieselben Bemerkungen machen konnten, die dem General auffielen, und ihn in allen seinen Bewegungen aufhielten; nämlich die, daß es schrecklich sey, die Franken unter sich streiten zu sehen, während daß die Fremden Zuschauer davon abgäben, und nicht würden ermangelt haben sich hernach darein zu mischen, wenn beide Partheien sich gegenseitig würden geschwächt haben.

Dümouriez wollte nach Paris marschiren, aber bloß durch die Mehrheit der Meinungen konnte er dort seine Absicht erreichen. Jedes andre Mittel schien ihm eben so ungewiß als gehässig, und jeder Tag, jede Stunde, verminderte seine Hoffnung. Er sah seine Stellung, ohne sich zu schmeicheln, und ohne niedergeschlagen zu werden; er betrachtete sie von allen Seiten, und nicht ohne Schaudern erinnert er sich an die ersten 5 Tage des Aprils. <218>

Zwölftes Kapitel

Arrestation der Konventskommissare und des Kriegsministers.

Den 1sten April verlegte der General Dümouriez, um näher bey seiner Armee zu seyn, und um ein Projekt zur Ueberrumpelung von Valenciennes zu begünstigen, welches ihm vorgeschlagen wurde, und durch die Schwachheit des Generals, dem es aufgetragen war, mißlang, sein Hauptquartier nach den Quellen {Boues} vor St. Amand, wo seine getreue Kavallerie kantonnierte, und wo er auch näher an Condé war. Verschiedene Umstände hinderten ihn, gleich in diese Stadt zu gehen, welches ein großer Fehler ist, und vielleicht seine Sachen völlig zu Grunde gerichtet hat; er hätte vielleicht besser gethan, sogleich sein Hauptquartier daselbst zu verlegen; aber alles was geschehen ist, war so plötzlich und so unvorhergesehen, alle Kommunikationen waren für ihn so ganz verschlossen, er wußte ganz und gar nichts <219> von dem, was jenseits Lille und Valenciennes vorging, er war so beschäftigt den Geist seiner Armee zu beobachten und zu erhalten, daß man seine Lage müßte erfahren haben, um ihn wegen der Fehler, zu welchen die gezwungene Verkettung der Umstände ihn verleitet hat, zu tadeln oder zu rechtfertigen.

Vielleicht ist es selbst zu seinem Vortheil, daß er Condé nicht eingenommen hat, wo er sich würde festgesetzt haben; denn wenn die Unbeständigkeit des Charakters der Franken einen Abfall bewirkt hätte, so lief er in einem befestigten Orte Gefahr, durch seine eigene Leute ausgeliefert oder ermordet zu werden. Die Kommissare von Valenciennes benutzten eine Zögerung, begaben sich dahin, vertheilten alda Manifeste, Assignate, und schickten Jakobiner dahin. Das sechste Infanterieregiement, das einzige unter den Linientruppen welches stets einen entschiedenen Geist der Insubordination und des Jakobinismus hatte blicken lassen, und ein Bataillon Versailler <220> Nationalgarden, erweckten bey dem General Neuilly Furcht. Von nun an war er nicht mehr Herr des Platzes, obgleich er es sich noch einbildete, und es dem General Dümouriez versichern ließ, der es auch zu lange glaubte.

Bey diesem Bataillon der Seine und Oise, oder von Versailles, war ein Kapitain der Artillerie, mit Nahmen Lecointre, ein Sohn des berüchtigten Deputierten von Versailles: dieser junge Mann deklamierte sehr gegen die Anhänger der Konstitution: und da er deswegen von einigen Dragoneroffizieren übel behandelt worden war, verließ er seine Garnison, um dem General seine Klagen vorzubringen, der ihn aber arretiren ließ, um einen Bürgen an dem Sohne eines der gewaltigsten Anhänger des Berges zu haben; eben so ließ er einen Oberstlieutenant vom Generalstabe, der heftig gegen ihn deklamierte, arretieren, und da er keinen sichern Verwahrungsort für diese Gefangenen hatte, so schickte er sie, nebst den sechs Meuchelmördern, nach Doornik, mit Bitte <221> an den General Clairfait, sie in der Citadelle verwahren zu lassen.

Der General Leveneur der bey Lafayettens Insurrektion und Flucht ihm gefolgt war, und die Verzeihung dieses Abfalls und die Wiedereinsetzung in seinen Posten dem General Dümouriez zu danken hatte, kam jetzt ihn um Erlaubniß zu bitten, sich seiner Gesundheit wegen, von der Armee wegbegeben zu dürfen. Sein Projekt und seine Hoffnung war, die Armee der Anarchisten zu kommandieren. Der General ertheilte ihm Urlaub, so wie einem General Stetenhoffen, einem Ausländer, den er zum *Maréchal de Camp* gemacht hatte. Dampierre war mit seiner Division in Quesnoy, und unterhandelte von da aus mit den Kommissaren, so wie der General Chancel, der in Fresnes kantonnierte, und die Generale Rosières und Kermorvan, welche die Belgier im Lager bey Bruille kommandierten. Jeder dieser Abfälle that dem General um so weher, weil alle ihm ihre Stellen zu danken hatten; weil sie während der <222> ganzen Kampagne stärker als die andern gegen die Anarchie gesprochen, und am heißesten, dem Anscheine nach, auf die Ausführung seines Projekts gedrungen hatten. Uebrigens sind, Dampierren ausgenommen, der als General der Armee gestorben ist, und Chanceln, der an Neuilly's Stelle das Kommando in Condé erhalten hat, und nach einer langen Blokade sich hat ergeben müssen, alle andre für ihre Undankbarkeit und feige Inkonsequenz durch den Verdacht, die Verachtung und den Verlust ihrer Stellen bestraft worden.

Dieses schlechte Beyspiel der Generale, die, dem Anscheine nach, der Parthey ihres Generals *en Chef* am meisten ergeben gewesen waren, und sie dennoch verließen, mußte auf die Soldaten eine schreckliche Wirkung thun, und die Jakobinerparthey sehr verstärken.

Der General sahe mit Leidwesen, daß er, bey der Theilung der Meinungen nach dem verschiedenen Interesse, nicht mehr ruhig nach Paris marschieren könnte, wie die <223> erste Stimmung der Armee es ihm anfangs hatte hoffen lassen; er konnte nicht mehr durch die Masse der Meinungen seiner ganzen Armee zu seinem Zweck gelangen. Er mußte nun, um durchzudringen, den bürgerlichen Krieg anfangen, der ihm stets zuwider gewesen war; er mußte einen Theil seiner Truppen gegen den andern fechten lassen, ein schreckliches Mittel für einen General, der seine Soldaten stets wie seine Kinder betrachtet, und sie allezeit nur durch Gefühl und gegenseitige Zuneigung geführt hatte.

Ein andrer Umstand zwang ihn zur Furcht, und lähmte alle seine Bewegungen; es war die Gefahr der Tempelgefangenen[57]. Er mußte befürchten, daß die Jakobiner in der ersten Wuth diese unglücklichen Opfer hinrichten möchten, welche sie zu schlecht behandelten, als daß man hätte glauben können, sie würden sie in der ersten Hitze schonen. Wären sie zu Folge der Insurrektion Dümouriez's und seines Marsches nach Paris, massakriert worden, so würde ganz Europa es ihm zum Vorwurf gemacht, <224> und die Geschichte es für die Ewigkeit aufgezeichnet haben; er selbst würde sich eine schmerzhafte Reue für sein ganzes Leben bereitet haben.

Schon in Doornik hatte er über diesen schrecklichen Umstand nachgedacht. Außer den Generalen Valence, Chartres und Thouvenot

---

[57] Siehe Anmerkung 30.

waren der Oberste Montjoye sein Generaladjudant, und der Oberste Nordmann vom Husarenregiment Berchiny, seine Vertrauten. Er befürchtet nicht diese beyden Offiziere in Verdruß zu stürzen, da durch daß er, auf eine für sie ehrenvolle Art, das Projekt die königliche Familie zu retten, bekannt macht, dessen Ausführung er ihnen anvertrauen wollte. Er wollte sie mit 300 Husaren, unter dem Vorwande die Deserteurs auf der Flucht von der Armee anzuhalten und sie wieder zurückzubringen, abschicken. Sie sollten dem Minister eine Depesche überbringen, die ihre Mission würde gerechtfertigt, und ihr ein unverdächtiges Ansehen gegeben haben, im Fall die genöthigt worden wären sich zu rechtfertigen. Sie <225> sollten bis an den Wald von Bondy vorrücken, sich dort verbergen, hernach durch das Boulevard des Tempels dringen, die Wache zurückdrängen, an verschiedenen Orten falschen Lerm machen, die vier erlauchten Gefangenen hinter sich auf die Pferde nehmen, im Walde eine Kutsche bereit halten, und sie aufs schnellste nach Pont St. Maxence bringen, wo sie ein andres Korps Kavallerie zum Empfang würde erwartet haben.

Dazu mußte man entweder Valenciennes oder Lille in Besitz haben: die Umstände hatten die Ausführung dieses Projekts verhindert, dem die beiden eben genannten schätzbaren Offiziere ganz ergeben waren. Es war also kein Mittel übrig, die vor der Wuth der Jakobiner zu schützen. Man hätte die Zeit haben müssen in Paris eine Verschwörung einzuleiten, und den Emigrirten war diese Art von Versuch so schlecht gelungen, daß es thöricht würde gewesen seyn, darauf zu rechnen. Da nun der General keine Hoffnung zur Befreiung mehr für sie <226> hatte, so blieb nur noch das Mittel der Geißel übrig; und das hatte ihm große Lust gemacht, die Konventskommissare, sowohl zu Lille als zu Valenciennes, in seine Gewalt zu bekommen, und bewog ihn itzt sich wenigstens derer zu bemächtigen, die sich von selbst in seine Hände lieferten.

Den 2ten April Morgens, erhielt der General, durch einen reitenden Jägerkapitain den er bei Pont-a-Marque, auf dem Wege zwischen Lille und Douay, mit funfzehn entschlossenen Leuten postiert hatte, um alle Kuriere die nach Lille gingen, oder aus Lille kämen, und vorzüglich die Kommissare, wenn sie den Weg nach Paris wieder nehmen sollten, anzuhalten, die Nachricht, daß der Kriegsminister auf seinem Wege nach Lille durchgekommen wäre, und ihm gesagt hätte, er begebe sich von dort zu dem General Dümouriez seinem Freunde. Die Verbindungen dieses Ministers mit dem General Dümouriez waren bekannt. Die gegenseitige Achtung und die wesentlichen Dienste die der General dem Minister <227> geleistet hatte, konnten keinem Zweifel Raum lassen. Dümouriez war erstaunt von Beurnonville weder einen Kurier, noch irgend eine verläufige Nachricht erhalten zu haben, zu einer Zeit, wo er an seine Proscription nicht mehr zweifeln konnte, und schon über den Rubikon gegangen war. Dies war die erste und einzige Nachricht, die ihn einigermaßen auf die Scene vorbereitete, welche denselben Tag vorging. Gegen 4 Uhr Abends, kamen zwei Kuriere an, und meldeten ihm die Ankunft des Kriegsministers nebst vier Konventskommissaren. Entsetzen und Verzweiflung war auf ihrem Gesichte zu lesen; auf die Fragen einiger Offiziere vom Generalstabe antworteten sie ohne Rückhalt, der General Dümouriez sey ohne Rettung verloren; sie kämen, um ihn zu holen, und kraft eines Dekrets vor die Schranken des Konvents zu führen; er würde aber nicht bis nach Paris kommen, weil man auf dem Wege Meuchelmörder, in Rotten von 20 bis 30 Mann, bei Gournay, bey Roye und bei Senlis bestellt <228> hätte, um ihn aus dem Wege zu räumen. Sie zeigten sogar Husaren und Dragoner, die sich republikanische nannten, als Mörder an; es waren zwey neu angeworbene Regiementer. Der General hatte eine Schwadron Husaren, die sich geweigert hatte, ihrem Obersten zu gehorchen, kassiert, und sie zu Fuß und ohne Waffen nach Hause geschickt; die Jakobiner gaben ihr Pferde und Rüstung wieder, um ihren General unterwegens zu morden. Die Dragoner bestanden aus lauter feigen Straßenräubern und Beutelschneidern, die schon vorher in Paris viel Exzesse begangen hatten, wo man Mühe gehabt, sie los zu werden und sie nach der Armee zu schicken, wo sie dieselbe Lebensart hatten fortsetzen wollen; und da der General sie nach dem Rückzuge aus den Niederlanden mit vieler Strenge hatte behandeln müssen, so waren sie davon, und nach Paris gelaufen, von wo man sie nun wieder zurückschickte, um den Husaren hülfreiche Hand zu leisten.

Die Kuriere hatten einen so geringen Vorsprung vor dem Minister, daß er schon <229> ankam, als sie sich noch ihres Auftrags entledigten. Er trat in Begleitung der vier Kommissare Camüs, Lamarque, Bancal und Quinette, ins Zimmer, umarmte sogleich den General mit jener Herzensergießung, die von jeher das Zeichen ihrer gegenseitigen zärtlichen Freundschaft gewesen war, und sagte ihm hierauf: die übrigen vier

Herren brächten ein Dekret des Nationalkonvents für ihn mit. Alle Offiziere vom Oberstabe, und der General Valence befanden sich eben im Zimmer. Da sie des Generals Meinung theilten, wie die seine Arbeit, seine Gefahren, seine Siege und seine Unglücksfälle getheilt hatten, so sahen sie zum voraus, daß sie auch sein Schicksal theilen würden. Auf ihren Gesichtszügen mahlte sich mehr Unwille als Unruhe; und dieser Ausdruck, der die gewaltsamsten Folgen haben konnte, machte es dem Generale zur Pflicht, die scheinbare Ruhe und Gelassenheit, die er bey dieser Gelegenheit angenommen hatte, noch zu vergrößern.

Ihr edeln gefühlvollen Seelen! die ihr <230> mitten in dem Unfall eures Generals euren Grundsätzen und dem Bunde der Freundschaft treu geblieben seid, eure Stellen und Beförderungen aufgeopfert, und ihn in seiner *Retraite* muthig begleitet habt: empfangt hier den offentlichen Zoll seiner Achtung und Dankbarkeit! Und du, General Valence, an den man sich gewendet hatte, um den General Dümouriez zu arretiren, dem man zugleich seine gefahrvolle Stelle versprach; – keinen Augenblick hat deine edle und große Seele Anstand genommen, ein Opfer ihrer Grundsätze und der Freundschaft zu werden: und dein Verdienst ist um desto größer, da du die Schritte der Konventskommissare, dich zu gewinnen, stets vor ihm geheim zu halten gewußt hast, und er sie nur lange nachher hat erfahren können. Dein Freund Dümouriez drückt in seinen Memoiren alle Gefühle seines Herzens gegen dich aus: dir verdankt er sein Leben, denn nur seine Leiche hätte man nach Paris gebracht; für dich gäbe er sein Leben hin! <231> Camüs führte das Wort bey der Deputation. Er bat den General mit schwacher ungewisser Stimme, mit dem Kriegsminister und den Abgeordneten in ein andres Zimmer zu treten, um ein Dekret des Nationalkonvents vorlesen zu hören. Der General antwortete ihm: alle seine Handlungen wären beständig bekannt und aufgedeckt gewesen; ein Dekret, welches siebenhundert Personen gegeben hätten, könnte gleichfalls kein Geheimniß seyn; also müßten seine Kriegsgenossen Zeugen von allem, was zwischen ihnen vorgehen würde, seyn. Gleichwohl drang Beurnonville und die übrigen Deputierten mit so vieler Höflichkeit in ihn, daß er es sich gefallen ließ, mit ihnen in ein anstoßendes Kabinet zu treten, dessen Thür die Staabsoffiziere nicht verschließen lassen wollten; und der General Valence trat mit ihm in das Kabinet.

Hier überreichte ihm Camüs das Dekret. Er las es mit vieler Kaltblütigkeit durch, gab es zurück, und sagte zu ihm: ohne, bis auf einen gewissen Punkt, einen Entschluß <232> des Nationalkonvents tadeln zu wollen, könnte er sich nicht entbrechen, dieses Dekret für eine unzeitige Maasregel zu erklären; die Armee wäre desorganisiert und unzufrieden; wenn er sie in diesem Augenblicke verließe, so sähe er ihre gänzliche Auflösung voraus. Es würde der Weisheit gemäß seyn, die Ausführung dieses Befehls aufzuschieben; sobald seine Arbeit, die Armee wieder in guten Stand zu setzen, vollendet seyn würde, wollte er Rechnung von seinem Betragen ablegen; alsdann würde man bei urtheilen können, ob die Umstände seine Gegenwart in Paris erfoderten, oder erlaubten; übrigens fände er in diesem Dekrete, daß im Weigerungsfall, die Kommissare ihn seines Dienstes entsetzen und einen andern General an seiner Stelle ernennen sollten; da nun der Konvent bei einem so kitzlichen und so strengen Geschäft seine Wahl auf sie geworfen hätte, so stünde zu vermuthen, daß sie eben so viel Klugheit als Festigkeit äussern würden; er selbst weigere sich eigentlich nicht zu gehorchen, er fordere bloß einen <233> Aufschub; und da sie an Ort und Stelle wären, so sei es ihnen leicht, zu beurtheilen, was sie zu thun hätten; es hinge von ihnen ab, ihn vorläufig zu suspendieren; er würde, um ihnen diesen Schritt zu erleichtern, damit anfangen, seine Dimission zu geben, die er seit drei Monaten dem Konvent schon so oft angetragen hätte.

Hierauf erklärte Camüs, sie wären keine kompetente Richter, um seine Dimission anzunehmen, und fragte ihn dabey: was er denn, nachdem er seine Stelle niedergelegt, anzufangen gedächte?

> Was ich für schicklich halten werde, antwortete der General; allein so viel erkläre ich ohne allen Umschweif, daß ich nie nach Paris gehen werde, um mich von dem wüthenden Pöbel beschimpfen, und vom Revolutionsgericht verurtheilen zu lassen. –
> Also erkennt der General Dümouriez {sagte Camüs} dieses Tribunal nicht für rechtmäßig? –
> Ich erkenne es {versetzte der General} für ein Blutgericht, das sich der schwärzesten Verbrechen schuldig gemacht; <234> und so lange ich nur

einen Daumenbreit Stahl in meiner Hand halten werde, unterwerfe ich mich demselben nun und nimmermehr; ja, wenn es in meiner Macht stünde, ich würde es, als die Schande einer freyen Nation zu vernichten suchen.

Die drey übrigen Deputierten waren gemäßigter und gesitteter als Camüs; als sie fanden, daß das Gespräch hitzig zu werden anfing, schlugen sie sich ins Mittel, und suchten den General zu überreden, daß im Konvent gar nicht von einer heftigen Maasregel gegen ihn die Rede sey; er wäre allgemein geliebt und geschätzt; seine bloße Gegenwart würde allen Verläumdungen ein Ende machen; die Reise würde von keiner langen Dauer seyn, und während seiner Abwesenheit blieben die Kommissare und der Minister bey der Armee. Der Deputierte Quinette erbot sich sogar ihn zu begleiten, ihn mit seinem Körper zu decken, ihn zurückzubringen, und verschwur sich auf das feyerlichste, sich allen Gefahren zu unterziehen, um ihn zu retten: hierauf wurde das Gespräch kälter und ruhiger. <235> Der Deputierte Bancal, ein kluger Mann, griff den General von der Seite seines Ehrgeizes an, und nannte ihm viel Römer und Griechen, die als Beispiele des Gehorsams und der Unterwürfigkeit angeführt zu werden verdienten.

Mein lieber Herr Bancal, gab ihm der General zur Antwort, wir citieren immer falsch, und verunstalten die römische Geschichte, um durch das Beyspiel römischer Tugenden, deren Züge wir verzerren, unsre Verbrechen und Laster zu bemänteln. Die Römer haben ihrem Tarquin den Kopf nicht abgeschlagen. Die Römer hatten eine wohl eingerichtete Republik und gute Gesetze. Die Römer hatten keinen Jakobinerklub, kein Revolutionsgericht. Wir leben in den Zeiten der Anarchie. Blutdurstige Tyger verlangen meinen Kopf, und ich will ihn nicht hergeben. Ich darf dieses Geständniß thun, ohne zu fürchten, daß man mich der Kleinmuth beschuldigen werde. Und weil Sie doch Ihre Beyspiele bey den Römern suchen, so will ich denn auch in dieser Quelle <236> schöpfen, und Ihnen frey heraussagen, daß ich mehr als einmal des Decius[58] Rolle gespielt habe, daß ich aber nie ein Curtius[59] sein, und mich in den offnen Abgrund stürzen werde.

Die Deputierten versicherten ihm, er sey in Absicht auf Paris irrig, er habe weder mit dem Jakobinerklub, noch mit dem Revolutionstribunal zu thun; er werde nur dahin berufen, um vor den Schranken des Nationalkonvents zu erscheinen, und als dann gleich wieder auf seinen Posten zu gehen.

Ich bin im Januar zu Paris gewesen, antwortete der General, und gewiß hat sich die Gemüthsart seit dieser Zeit nicht gelegt, zumal nach den letzten Unglücksfällen. Ich weiß durch die authentischsten Schriften, daß der Nationalkonvent durch das Ungeheuer Marat, durch die Jakobiner, durch das unanständige Geschrey der Galerien beherrscht wird, die mit ihren Kreaturen angefüllt sind. Der Konvent selbst würde mich ihrer Wuth nicht entreißen können, und wenn ich es auch über meinen <237> eigenen Stolz gewinnen könnte, vor dergleichen Richtern zu erscheinen, wenn ich mich zu diesem Schritt herabließe, so würde schon mein bloßer Anstand mir ein Todesurtheil zuziehen.

Hier wiederholte Camüs seine kategorische Frage: Also wollen Sie dem Befehl des Konvents nicht gehorchen? und der General antwortete bloß, er habe seine Gründe bereits angegeben. Zugleich rieth er den Deputirten, gelindere Maasregeln zu ergreifen, um die Sache nicht aufs äußerste kommen zu lassen; er suchte sie zu bewegen, wieder nach

---

[58] Publius Decius Mus († 340 v. Chr. am Vesuv?) war ein Politiker der römischen Republik und gelangte 340 v. Chr. als erster seiner Familie zum Konsulat. Durch seinen Opfertod für Rom (Devotio) in der Schlacht am Vesuv gegen die Latiner erlangte er besondere Berühmtheit.
[59] Marcus Curtius war in der Volkssage ein Soldat, der im Jahre 362 v. Chr. den Opfertod starb.

Valenciennes zu gehen, und von dort aus ihre Gründe einzusenden, und die Unmöglichkeit, den General in diesem Augenblick von seiner Armee zu trennen, ohne sie der augenscheinlichen Gefahr auszusetzen, sich ganz und gar aufzulösen, dem Konvent vorzustellen.

Er gesteht, im Fall die Deputierten sich zu diesem Schritte entschlossen hätten, würde er die Unbesonnenheit begangen haben, sie frei zu lassen; es schien, als wenn drey <238> unter ihnen der Sache nachzudenken anfingen, allein Camüs warf sich immer in die Quer, und stieß alle Versuche zu einem Vergleich über den Haufen.

> Bedenken Sie, sagte einer von ihnen, daß Ihr Ungehorsam die Republik zu Grunde richtet. –
> Cambon, versetzte der General, hat unter dem lautesten Beyfall öffentlich im Konvent gesagt, das Schicksal der Republik hinge nicht von einem Menschen ab. Ich erkläre überdieß, daß der Nahme Republik kein Titel ist, den wir uns anmaßen dürfen. In Frankreich giebts keine. In Frankreich lebt man in einer vollkommnen Anarchie. Ich schwöre es Ihnen zu, ich suche keiner gerichtlichen Untersuchung zu entgehen. Ich gebe Ihnen mein Ehrenwort, – und dieses bricht so leicht kein Soldat – daß, sobald die Nation ihre Regierungsform und ihre Gesetze haben wird, ich mich stellen und eine genaue Rechnung von meinem Verfahren und meinen Beweggründen ablegen will, daß ich selbst einen Gerichtshof verlangen, und mich seinem <239> Urtheil unterwerfen will: in diesem Augenblicke wäre es Raserei von mir, es zu thun.

Dieses ist der Geist und der wahrhafte Auszug einer Unterredung, die beinahe zwey Stunden gewährt hat. Man trennte sich; die Kommissare traten in ein Nebenzimmer, um die Sache weiter zu überlegen. Hier ist der Ort und die Gelegenheit, dem General Beurnonville Gerechtigkeit widerfahren zu lassen, und ihn wegen des ungegründeten Verdachts und der ungerechten Klagen, die Dümouriez lange Zeit über ihn geführt, und die er hiermit feierlichst zurücknimmt, zu rechtfertigen. Dümouriez hat in der Folge von einem weisen, unpartheyischen und wohlunterrichteten Geschäftsmann erfahren, daß der Kriegsminister Beurnonville den Pflichten der Freundschaft und der Dankbarkeit beständig treu geblieben ist. Die Heftigkeit der nachherigen Beschuldigungen Marats gegen ihn, legen einen neuen Beweis für seine Unschuld ab, und bekräftigen, was dem General Dümouriez auf eine überzeugende Art dargethan worden ist. <240> So oft ihn Dümouriez bei jener Unterredung aufrief, und ihn fragte, was er an seiner Stelle thun würde, antwortete er immer: „Ich habe Ihnen keinen Rath zu geben; Sie müssen wissen, was Sie zu thun haben."

Sobald die Deputierten das Zimmer verlassen hatten, warf Dümouriez dem General Beurnonville vor, daß er ihm keinen Wink gegeben hätte, und that ihm den Vorschlag bey der Armee zu bleiben, und das Kommando der Avantgarde wieder zu übernehmen. „Nein, sagte dieser, ich weiß, daß ich meinen Feinden unterliegen muß; allein ich will auf meinem Posten sterben. Meine Lage ist schrecklich; ich sehe, daß Ihr Entschluß gefaßt ist, und daß Sie ein Verzweiflungsmittel ergreifen werden; ich habe Sie um weiter nichts zu bitten, als mich wie die übrigen Deputierten zu behandeln." – „Daran zweifeln Sie nicht, gab ihm der General zur Antwort, und ich glaube, Ihnen dadurch einen Dienst zu erzeigen." Dümouriez war damals weit entfernt der Großmuth des Generals Beurnonville <241> Gerechtigkeit widerfahren zu lassen; er hielt ihn für einen Undankbaren, oder für einen Schwächling, der sich von den Umständen hinreißen ließe. Könnte die doch, edler Beurnonville, dieses abbittende Geständniß, diese Rechtfertigung deines Verfahrens, einige Augenblicke Trost gewähren, und dein mit Recht verwundetes Herz, sich der Freundschaft wieder aufschließen!

Beurnonville, Valence und Dümouriez traten hierauf wieder in das gemeinschaftliche Zimmer, wo alle versammelte Offiziere das Resultat dieser langen und wichtigen Unterredung mit Ungeduld erwarteten, und ihm nachher gestanden haben, daß, wenn er sich hätte überreden lassen, nach Paris zu gehn, die ihn mit Gewalt zurückgehalten haben würden. Ihre Unruhe legte sich bey seinem Anblick nicht völlig, weil ihnen sein Entschluß noch nicht bekannt war. Als die Deputierten in die Wohnung des Generals gekommen waren, hatten sie das Husarenregiment Berchiny in Schlachtordnung auf dem Hofe gefunden, und der General hatte <242> zugleich dem braven Obersten Nordmann aufgetragen, einen zuverlässigen Offizier mit dreißig Mann in

Bereitschaft zu halten, um auf den ersten Wink seine Befehle auszurichten. Alle Leidenschaften, die in der Seele der Zuschauer ihren Sitz hatten, äußerten sich auf das lebhafteste in ihren Minen, und der General ließ es sich angelegen seyn, sie zu mäßigen.

Beym auf- und niedergehen, trat er an den Oberfeldstabsmedikus, Doktor Menüret heran, und fragte ihn lächelnd: „Was würden Sie, mein lieber Doktor, für ein Mittel auf diese Wunde legen?" – „Eben das, versetzte der Arzt mit vielem Feuer, welches Sie voriges Jahr im Lager bey Maulde gebrauchten; einen Gran Widerstand."

Nach einer Stunde und darüber, traten die Deputierten wieder in den Saal. Camüs, mit einem sehr verlegenen, aber dabey heftigen Tone, fragte den General Dümouriez kurz: »Bürgergeneral, wollen Sie dem Dekret des Nationalkonvents Folge leisten, und nach Paris gehen?" – „Nicht in diesem <243> Augenblick," versetzte der General kalt. – „Nun, so erkläre ich Ihnen hiermit, daß ich Sie von allen Ihren Amtsverrichtungen suspendiere. Sie sind nicht mehr General; ich befehle, daß Ihnen niemand gehorche, und daß man sich Ihrer Person bemächtige. Ich will gleich Ihre Papiere versiegeln." Hier erhob sich ein allgemeines Gemurre, das laute Zeichen des Unwillens. „Nennen Sie mir diese Leute!", sagte Camüs, indem er auf die Offiziere wies. – „Sie werden sich selbst nennen," versetzte der General. "Das würde zu lange aufhalten, erwiederte Camüs, der nicht mehr wußte, was er sagte; geben Sie mir Ihre Papiere."

Izt sah der General durch unzweideutige Bewegungen, daß der Unwille seiner Offiziere aufs höchste gestiegen war, und zum Ausbruch kommen würde; und nun sprach er mit fester Stimme dies Worte: „Das geht zu weit; es ist Zeit, der Unverschämtheit ein Ende zu machen." Zugleich befahl er auf deutsch den Husaren <244> hereinzutreten. „Nehmen Sie diese vier Männer gefangen, sagte er zum Offizier, und lassen Sie ihnen nichts zu Leide thun. Arretieren Sie auch den Kriegsminister, und lassen Sie ihm seinen Degen." – Camüs rief aus: „General Dümouriez, Sie richten die Republik zu Grunde!" – „Nicht ich, versetzte der General schnell, sondern Sie, unbesonnener Greis!"

Man führte sie hierauf in ein andres Zimmer ab, gab ihnen zu essen und zu trinken, brachte sie in ihrem eigenen Wagen nach Doornik, mit einem Briefe an den General Clairfait, dem Dümouriez meldete, daß er ihm Geißel zuschickte, die ihm für die Gewaltthätigkeiten, die man in

Paris begehen könnte, bürgen würden. Er bat ihn zugleich, dem General und Kriegsminister Beurnonville mit mehrerer Schonung zu begegnen. Und so wurden sie durch ein Detachement von Berchiny Husaren nach Doornik gebracht.

Dieses ist die wahrhafte Darstellung des gezwungenen Schritts der Verhaftnehmung <245> der vier Konventskommissare. Was ihre Ueberlieferung an die Kaiserlichen betrift, so muß man erwägen, daß der General Dümouriez keine sichere Festung hatte, wo er sie selbst hätte in Verwahrung bringen können, und daß er sie keinen bessern Händen anvertrauen konnte, da ihm an der Erhaltung der königlichen Gefangenen im Tempel so unendlich viel gelegen war. Sie konnten bloß als Geißel behandelt werden, und ihr Schicksal war nicht beunruhigend für sie, da ihre Verhaftung eine bloße Maaßregel der Klugheit war. Ueberdieß muß man bedenken, daß der Prinz von Coburg sich anheischig gemacht hatte, nur mitzuhelfen, und mitzuwirken, damit der General Dümouriez der Regierung der Jakobiner ein Ende machen und die Konstitution wiederherstellen könnte; also waren diese Geißel in der That nicht die Gefangenen der Kaiserlichen, sondern des Generals Dümouriez. Auch schickte man sie nach Mastricht, wo sie, bis sich die Umstände veränderten, blieben.

Diese Begebenheit ist ein neuer und <246> auffallender Beweis der gewöhnlichen blinden Uebereilung des Nationalkonvents in allen seinen Maaßregeln; denn in keiner einzigen hat er die geringste Klugheit und Ueberlegung gezeigt. Es ist noch zu bemerken, daß eben dieser Camüs, der mit Postpferden von Lüttich nach Paris gereist war, um seine Zustimmung zu Ludwigs XVI Tode zu geben, gleichfalls die Gränze verlassen hatte, um die Arrestation des Generals Dümouriez zu Stande zu bringen, daß er selbst das Verhaftsdekret aufgesetzt, und sich die Erfüllung desselben hat auftragen lassen. Daher kam denn seine Unbiegsamkeit und Härte bey allen Vorstellungen des Generals, damit sich ja seine Kollegen nicht nachgiebig zeigen und nach Valenciennes zurückkehren möchten, wie Dümouriez es ihnen so oft unter den Fuß gab. <247>

Dreyzehntes Kapitel.

Meuchelmord am 4ten – Begebenheiten des 5ten Aprils – Entfernung des Generals Dümouriez.

Gleich nach diesem wichtigen Vorfall, schickte der General den Obersten Montjoye an den Obersten Mack, ihm davon Nachricht zu geben und eine Zusammenkunft mit ihm abzureden, worin der Vergleich, der itzt nothwendiger als je war, abgeschlossen würde, und worin man über die erforderlichen Maaßregeln übereinkommen könnte, die sich nach der Art, wie die Armee diese Sache aufnehmen würde, richten mußten. Dümouriez hatte erfahren, daß sich in Antwerpen ein Kongreß der coalisirten Mächte versammelte, und schickte daher den General Valence nach Brüssel, um in der Nähe zu seyn. Während der Nacht setzte er ein kurzes Manifest auf, und ließ es am folgenden Morgen ins Reine bringen; er stattete in demselben Bericht von den Vorgängen des vorigen <248> Tages und von den Beweggründen, warum er die Konventskommissare hätte arretieren lassen, ab. Er ließ sich hauptsächlich auf die Nothwendigkeit ein, Geißel in den Händen haben zu müssen, um die Greuelthaten, die sich die Jakobiner in Paris erlauben möchten, wenn sie diesen Vorfall erführen, aufzuhalten und zu verhindern.

Am dritten, früh morgens, stieg er zu Pferde, ritt nach dem Lager und unterhielt sich mit den Truppen, welche seinen Entschluß mit Wärme und Enthusiasmus zu billigen schienen. Hierauf begab er sich nach St. Amand, wo die Artilleristen standen, welche ihm ebenfalls ihren ungetheilten Beyfall und ihre gänzliche Ergebenheit zu erkennen gaben, ungeachtet dieses Korps durch die Emissare von Valenciennes, und durch zwey seiner Chefs, deren einer Oberstlieutenant war und Boubers hieß, ein Mann, der dem General Dümouriez vor alten Zeiten viel zu verdanken hatte, stark nach dem Jakobinismus hingezogen wurde. Der General, um ihnen ein desto größeres Zutrauen <249> zu zeigen, schlief die Nacht in St. Amand, und erwartete daselbst die Antwort des Obersten Mack, die ihm Montjoye brachte. Sie lautete dahin, daß am 4ten des Morgens, der Prinz von Coburg, der Erzherzog Karl und der Baron Mack sich zwischen Boussü und Condé einfinden würden; hier möchte der General mit ihnen zusammentreffen; man würde die Bewegungen der beiden Armeen mit einander verabreden, und die

Art der Hülfsleistung bestimmen, die von den Kaiserlichen geschehen sollte, im Fall sie der General Dümouriez für nöthig erachtete.

Der ganze dritte April lief sehr gut ab, einiges Gemurre in einem paar Volontairbataillonen abgerechnet; die Armee schien übereinstimmig zu denken, und eine Bewegung die der General am 5ten vornehmen wollte, sollte vollends allen Keim der Kabale ersticken, die Truppen von Valenciennes abziehn, dessen Nachbarschaft so gefährlich war, und der Unthätigkeit eines stehenden Lagers, wo die Intrigue immer einen größern Spielraum hat, ein Ende machen. Er wollte <250> mit dem größten Theil seiner Armee die Stellung bey Orchies einnehmen, von wo aus er Lille, Douay und Bouchain bedroht haben würde. Er muß gestehen, daß es vortheilhafter für ihn gewesen wäre, wenn er diesen Entschluß gefaßt hätte, sobald er wieder auf französischen Grund und Boden gekommen war; allein er rechnete damals auf Valenciennes und Condé, und diesem Irthum muß vielleicht alles zugeschrieben werden, was nachmahls geschehen ist.

Uebrigens ist es überaus schwer, jetzt bestimmen zu wollen, was nach jener Hypothese erfolgt wäre. Es giebt eine Kette von Begebenheiten, die das menschliche Auge nicht absehen, die menschliche Weisheit nicht zählen, und die Klugheit weder berechnen noch voraus wissen kann; solche Begebenheiten werden durch den plötzlichen Willen eines ganzen Volks in die Wirklichkeit hineingeschleudert, ohne daß sie durch irgend etwas vorbereitet, verabredet, eingerichtet worden wären; sie ereignen sich mit solcher Geschwindigkeit, daß weder Genie <251> noch Weisheit des Menschen ihnen in den Weg treten und sie verhindern können. Der Grundsatz der die französischen Soldaten so plötzlich von einem General abgezogen hat, den sie noch den Augenblick vorher anbeteten, hat eine sehr lobenswürdige Seite. Sie stritten für die Freyheit ihres Vaterslandes; sie sahen, daß ihr General mit dem Feinde in Unterhandlung stand, sie hielten ihn für einen Verräther, sich selbst für verrathen, und gingen so von der Liebe zum Haß über. Sie konnten weder von der Natur der Unterhandlung, noch von der Sorge, die er für die Ehre und den Vortheil seines Vaterlandes getragen, unterrichtet seyn. Er hatte ihnen nur mit wenigen Worten die Nothwendigkeit vorstellen können, die jetzige Regierungsform in Frankreich umzustoßen und der Anarchie ein Ende zu machen; sie hatten diesem Projekte ihren Beyfall gegeben; allein da der General seinen Vorstellungen weder Bestechungen noch die Kunstgriffe der Verführung, weder Drohungen noch Strafen an die Seite <252> setzte, so war der erste Eindruck bald verwischt, während die rastlose, wachsame Thätigkeit der Jakobiner, die ihrem Charakter weit angemessener war, immer neue Fortschritte machte.

Je gröber und in die Augen fallender eine Verläumdung ist, desto mehr schlägt sie in dem leichtgläubigen und durch den Revolutionsdämon zum Argwohn gestimmten Herzen des Volks Wurzel. Sobald das Wort Verräther einmahl ausgesprochen war, glaubte die Menge in dem Begriff dieses Worts das wahre Bild des Mannes zu finden, welchen längst Proklamationen und noch mehr als diese, die Wunderkraft der Assignate, für einen Gegenstand des Abscheus der Nation erklärt hatten; und nur eine kleine Anzahl selbstdenkender Köpfe, die des Generals Scheinverbrechen und Schicksal theilten, entging dem alles mit sich fortreißende Wahn. Dümouriez Klugheit galt nun für List; seine Liebe zur allgemeinen Ordnung für persönlichen Ehrgeiz; seine Verschwiegenheit für Gleißnerey. Eine Viertelstunde <253> stieß das Werk eines Monats um; Lügen, in der Nacht der Bosheit geschmiedet, und durch den großen Geldnerven verstärkt, siegten über das Tageslicht der Vernunft und der Ueberlegung, bey Menschen, die von Natur wenig überlegen und denken, und denen grausame blutige Auftritte willkommen sind. Wenn man die Fortschritte der französischen Revolution mit kaltem Blute verfolgen will, so wird man finden, daß die in Bewegung gesetzte Guillotine das große Triebrad des französischen Patriotismus ist. Der Anblick abgehauener Körper, zerrissener, verstümmelter Leichname, die man in Paris und in andern großen Städten Frankreichs zur Schau trug, hat die Einen mit Schrecken erfüllt, die Andern mit wilder Kühnheit entflammt, und auf diese Weise beständig den vorgesteckten Zweck erreicht, d. i. die Einen durch Furcht, die Andern durch die Nothwendigkeit, in der Vervielfältigung ihrer Mordthaten die Straflosigkeit derselben zu finden, in Athem zu erhalten: mit einem Wort, die Guillotine <254> hat die ganze Nation zu einer einzigen Masse gemacht, und setzt sie in den Stand Wunder zu thun. Franken, glaubt nicht, daß die philosophische Schonung, mit welcher Dümouriez euch hier behandelt und richtet, euren Widersprüchen und Frevelthaten in seinen Augen zur Entschuldigung diene. Er verabscheuet euer Verbrechen, er betrachtet euer Phantom von Freiheit als etwas unsinniges und widergesellschaftliches, er würde lieber unter eurer ungerechten und permanenten Guillotine seinen Kopf lassen, als der Verfechter oder Theilnehmer eurer politischen Rasereyen werden; er geht nicht von seinem Grundsatz ab; er nähert sich, durch eine kriechende Nachgiebigkeit, weder euch, noch denen, die euch nur deswegen unter die Füße zu treten suchen, weil der Mißbrauch eurer Freyheit die Geißel ihres Despotismus ist.

Diese Abschweifung kann dazu dienen, den Gemüthszustand des Generals Dümouriez in jenem schrecklichem Zeitpunkt, der vielleicht <255> Frankreichs Schicksal entschieden hat, zu schildern. Bewegt und erschüttert durch das Gewaltsame seiner Lage, allein unterstützt und gestärkt durch seine Grundsätze, hat er allen Ausbrüchen des Ehrgeizes widerstanden. Seine Philosophie erlaubte ihm, weder ein Cromwell, noch ein Monk[60], noch ein Koriolan[61] zu sein. Seine Lage riß ihn zu Extremen fort; sein Charakter hielt ihn in der Mittelstraße zurück; er sah alles was er thun konnte, er wollte es nicht thun, und ist verunglückt; allein sein Trost, sein Stolz, seine Freude ist, das er unglücklich, nicht strafbar geworden ist.

Um methodisch zu Werke zu gehen, mußte er sich der Festung Condé versichern. Die Berichte die von dieser Stadt zu ihm gelangten, waren mit jeder Stunde verschieden. Die Seele des Volks bei einer Revolution ist wie ein stürmisches Meer; Unbeständigkeit ist der Hauptzug in einem Charakter. Dümouriez wollte, bevor er die Bewegung auf Orchies machte, die Garnison von Condé sichten, und sich dieses <256> Orts vollkommen versichern, um die Bewegungen der Kaiserlichen darnach einrichten zu können, deren Vereinigung mit sich er nicht eher eingestehen durfte, bis er seine fernern Maaßregeln bekannt gemacht, und seinen Marsch gegen Paris angetreten hätte.

Am vierten frühmorgens, ritt er von St. Amand ab, um sich nach Condé zu begeben. In St. Amand ließ er den General Thouvenot zurück, um die Gemüther bei guter Gesinnung zu erhalten, und

---

[60] George Monck, 1. Duke of Albemarle (* 6. Dezember 1608 † 3. Januar 1670]) war ein General im Englischen Bürgerkrieg.

[61] Gnaeus Marcius Coriolanus (* vor 527 v. Chr. in Rom; † um 488 v. Chr. in Antium) war der Sage nach ein römischer Held und Feldherr, dessen Stolz, Unverstand und Starrsinn zu Auseinandersetzungen mit den Plebejern führten.

verschiedene Theile der von ihm beschlossenen großen Bewegung der Armee ins Werk zu richten. Eine Begleitung von fünfzig Husaren, die er bestellt hatte, ließ lange auf sich warten, und da der General die Stunde, welche zum Rendezvous mit dem Prinzen von Coburg bestimmt war, herankommen sah, und überdieß nichts arges vermuthen konnte, so ließ er einen seiner Flügeladjudanten zurück, um der Eskorte den Weg zu bezeichnen, den sie nehmen sollte, und ritt mit dem Herzog von Chartres, den Obersten Thouvenot und Montjoye und einigen <257> Adjudanten in Begleitung von acht Ordonnanzhusaren fort, so daß sie in allem dreyßig Mann zu Pferde ausmachen konnten. Sie ritten ruhig auf der Landstraße von Condé fort, und keiner von ihnen, am wenigsten der General konnte an das denken, was geschah, und was niemand hatte voraussehen können.

Eine halbe Stunde vor Condé, zwischen Fresnes und Doumet, stieß ein Generaladjudant des Generals Neuilly auf sie, und berichtete dem General, die Garnison zu Condé wäre in der größten Gährung, und es würde der Klugheit gemäß seyn, in diesem Augenblick nicht in die Stadt zu kommen, sondern abzuwarten, was diese Bewegung für einen Ausgang haben würde. Da der General zu sehr in der Nähe war, um wieder umkehren zu können, schickte er den Offizier zurück, mit Befehl an den General Neuilly, das achtzehnte Kavallerieregiment ihm entgegen zu schicken, und sagte ihm dabei, er würde es bey Doumet erwarten. <258> Zu eben der Zeit waren ihm auf der Heerstraße drey Bataillone Freywilliger, die mit Bagage und Geschütz nach Condé marschirten, begegnet. Dieser Marsch, den er nicht befohlen hatte, machte ihn stutzig, und er fragte die Offiziere, wo sie hin wollten? – Nach Valenciennes, war die Antwort. – Aber, sagte er ihnen, das liegt ja im Rücken; dieser Weg führt gerade nach Condé. Damals war er mitten unter ihnen, am Rande eines Grabens, ließ sie vor sich vorbeymarschiren, und begreift nicht, wie er nicht von ihnen arretiert wurde.

Diese Begebenheit, und die Botschaft des Generals Neuilly geschahen zu gleicher Zeit. – Dümouriez verglich beydes miteinander, die Warnung des Generals in Absicht auf die Garnison von Condé, und den unregelmäßigen Marsch dieser drey Bataillone; und das Resultat war, daß er hundert Schritt weit von der Heerstraße einlenkte, in das erste Haus von Doumet ritt, und den drey Bataillonen einen schriftlichen Befehl zustellen ließ, wieder ins Lager von <259> Bruille zurückzukehren, von wo sie hergekommen waren. In diesem Augenblicke kehrte der Vortrab der Kolonne um, und drang in vollem Lauf und mit großem Geschrey auf ihn ein. Er warf sich auf sein Pferd, entfernte sich im kleinen Trab, und erreichte den Rand eines schmalen Kanals, der sich längs einem morastigen Terrain erstreckte. Verdoppeltes Geschrei, Schmähungen, Schimpfworte, und der deutliche Zuruf: halt ihn! halt ihn! zwangen ihn über diesen Graben zu setzen: sein Pferd wollte nicht herüber; er mußte absteigen, und durchwaten. Kaum hatte er das andre Ufer erreicht, als schon Flintenschüsse auf das vorige Geschrei folgten. Die ganze Kolonne hatte sich in Bewegung gesetzt; der Vortrab und das Centrum stürzte in vollem Lauf auf ihn ein; der Nachttrab lief eben so schnell, um ihm in den Rücken zu kommen, und die Kommunikation mit dem Lager von Bruille, welches er zu erreichen suchte, abzuschneiden.

Dieß war der Augenblick der allergrößten <260> Gefahr. Er war zu Fuß. Der Baron Schomberg, sein Neffe, der den Tag vorher mit tausend Mühe zu ihm gestoßen war, stieg vom Pferde, wollte sich mit aller Gewalt für ihn aufopfern, und ihn nöthigen, es anzunehmen, und sich zu retten. Der General schlug das Anerbieten mit der größten Standhaftigkeit aus. Zuletzt bestieg er das Pferd eines Bedienten des Herzogs von Chartres, der leicht auf den Füßen war, und sich durch die Flucht rettete. Des Generals Pferd ward aufgegriffen, und im Triumph nach Valenciennes geführt. Zwey Husaren und zwey Bediente des Generals, deren einer seinen Ueberrock auf dem Pferde hatte, wurden getödtet. Dem Obersten Thouvenot wurden zwei Pferde unter dem Leibe todtgeschossen; er ließ den getreuen Baptiste, der ebenfalls zwei Pferde verloren hatte, hinter sich aufsizen, und rettete ihn auf diese Weise.

Des Generals Sekretär, der unglückliche Cantin, ward eingeholt, gefangen, und ist auf dem Blutgerüste umgekommen; es war <261> ein junger Mann von vielem Verstande, voll Muth, Patriotismus und Treue. Von den drey Bataillonen sind über zehntausend Flintenschüsse gefallen.

Als es der General unmöglich fand, das Lager zu erreichen, blieb ihm nichts weiter übrig, als sich längs der Schelde zu ziehen; und, immer von den Freywilligen verfolgt, kam er an eine Fähre jenseits des Dorfs Wichers, im kaiserlichen Lande, worauf er sich mit fünf andern übersetzen ließ. Die übrigen erreichten in vollem Galop und unter einen

Regen von Kugeln, das Lager bey Maulde. Sobald der General über den Fluß gekommen war, ging er zu Fuß, durch eine morastige Gegend, bis nach einem kleinem Schlosse, dessen Thor anfangs vor ihm verschlossen, aber sogleich geöfnet wurde, als er sich namentlich zu erkennen gab. Die guten Belgier nahmen ihn mit der größten Herzlichkeit auf; er setzte aber gleich, zu Fuß, seinen Weg fort, und kam nach Bury, wo eine Division des kaiserlichen Dragonerregiments von Latour, <262> unter der Anführung eines sehr rechtschaffenen Majors lag; von da aus schrieb der General an den Obersten Mack, und nahm einige Nahrung zu sich, deren er sehr bedurfte. Sein getreuer Baptiste, der einen Umweg durch das ganze Lager genommen, und daselbst alles in Alarm gesetzt hatte, stieß über Mortagne zu ihm, und brachte ihm verschiedene Nachrichten mit, die den Tag über durch andre gleichlautende Berichte bestätigt wurden.

Er hinterbrachte ihm nämlich, daß das Vorhaben der drey Bataillone bey der Armee nicht vorher bekannt gewesen, und bey der ersten Nachricht ihres Aufbruchs und des am General versuchten Meuchelmordes, der lauteste Unwillen geäußert worden wäre; daß die Husareneskorte, die ihn hätte begleiten sollen, mit einiger andern Kavalerie, die drey Bataillone verfolgt, sie zurück getrieben und nach Valenciennes gejagt hätte; mit einem Worte, daß das ganze Lager sich in der größten Unruhe befände, und seinen General verlange. <263> Es war zu spät, als er diese Nachrichten erhielt, noch denselben Abend zur Armee zurückzugehen; er mußte nothwendig vorher mit dem Obersten Mack, den er erwartete, und dessen Rendezvous am Morgen er verfehlt hatte, sprechen. Der Oberste kam gegen Abend; der General erzählte ihm die Gefahr, der er entgangen, nannte diesen Meuchelmord ein Privatverbrechen, welches, anstatt die Gemüther der Armee wider ihn zu reizen, im Gegentheil dazu dienen würde, sie in ihrer Treue gegen ihren Chef zu befestigen, und alles was ihn noch mit den Anarchisten verbinden könnte, vollends aufzulösen; er versicherte ihn zugleich, daß dieses Bubenstück seinen Muth nicht im geringsten niederschlüge, und er entschlossen sey, mit Tagesanbruch nach dem Lager zurückzukehren, sich an die Spitze der Armee zu stellen, die ihn mit lautem Geschrey wieder verlangte, und seinen Plan mit Nachdruck und ohne Rückhalt ins Werk zu richten. Der Oberste Mack, ein vortrefflicher Kenner des militärischen <264> Verdienstes, hat in der Folge gestanden, daß diese Gattung von Tapferkeit ihm weit bewundernswürdiger geschienen, als die man auf dem Schlachtfelde zu zeigen Gelegenheit hat. Hätte er damals in Dümouriez Herz lesen können, so würde er gefunden haben, daß diese angenommene Zuversichtlichkeit nicht ohne große Besorgniß war, die sich auf die Erinnerung an Lafayettes[62] Schicksal gründete. Allein sein Entschluß war gefaßt; er wollte sich bis ans Ende aufopfern, damit seine Armee nicht einst sagen könnte, daß er sie zuerst verlassen, daß sie ihn zurückberufen, und er dem Wunsch und der Einladung seiner Soldaten kein Gehör gegeben hätte.

Er brachte einen Theil der Nacht damit zu, mit dem Obersten Mack die Proklamation des Prinzen von Coburg aufzusetzen, die unterm 5ten April erschien, und der Proklamation des Generals Dümouriez angehängt war. In dieser Schrift machte der kaiserliche General bekannt, er sey bloß auxiliair, die Absicht seines <265> Souverains ginge keineswegs dahin, Eroberungen zu machen, sondern Friede und Ordnung in Frankreich wiederherzustellen, und mit dem General Dümouriez, dessen Grundsätzen, wie sie in seiner vorangeschickten Proklamation enthalten wären, er in allen Stücken beyträte, gemeinschaftliche Sache zu machen.

Man kam ferner überein, ehe man von einander schied, daß der General, sobald er Herr von Condé seyn würde, österreichische Garnison in diese Festung einlegen sollte, um sie zum Depot für die kaiserliche Armee zu machen, im Fall sie sich genöthigt sähe, zum *Soutien* des Generals Dümouriez zu agiren; daß man alsdann unverzüglich so viel Hülfstruppen, an Infanterie und Kavallerie, als Dümouriez verlangen würde, an den von ihm bestimmten Ort, um entweder vereint oder besonders, in einer oder mehrern Divisionen zu agiren, stellen sollte; daß aber Dümouriez diese Hülfe nur im äußersten Fall verlangen würde, weil es viel schicklicher schiene, sich bloß seiner eigenen Truppen zu

---

[62] Im August 1792 protestierte La Fayette gegen die Verhaftung der Königsfamilie. Daraufhin wurde er von den Jakobinern öffentlich beschuldigt, er wolle sich ihren Zielen in den Weg stellen und die Truppen gegen sie wenden. Die Nationalversammlung erklärte ihn zum Verräter. La Fayette floh deshalb nach Flandern, wo er von den Österreichern gefangen genommen wurde. 1792 wurde er vorerst von den Preußen in ihrer Festung Wesel und in Magdeburg interniert und ab 1794 von Österreich in Olmütz, Mähren. Erst Napoleon Bonaparte erwirkte 1797 seine Freilassung.

bedienen; so lange würden die <266> Kaiserlichen ihrerseits neutral bleiben, und nicht über die Gränze gehen.

Man hat die Proklamation*s* des Prinzen von Coburg getadelt, und zwar mit Unrecht. Wäre es nicht ein großer Vortheil für die österreichische Armee, und zugleich ein großer Ruhm für sie gewesen, wenn sie, im Fall daß Dümouriez die Herzen seiner Soldaten gewonnen und auf Paris losgegangen wäre, sich still und ruhig, in den Schranken einer weisen Mäßigung gehalten, und viel Geld und Blut erspart hätte, wofür die Eroberung einiger Festungen sie keinesweges schadlos halten konnte.

Es ist zu befürchten, daß die Eroberungssucht der kriegführenden Mächte eins der größten Hindernisse zur Beendigung dieses blutigen und verderblichen Krieges seyn wird. Sie war damals schuld, daß man den günstigen Augenblick aus den Händen ließ, als Dümouriez Entfernung von der Armee eine völlige Unordnung und Zerstreuung in derselben hervorgebracht hatte, einen *Coup de main* zu machen, und gerade auf Paris <267> loszugehen. Man hat den Krieg methodisch führen wollen, und darüber den einzigen Zeitpunkt verloren. Die Franzosen haben ihn besser zu benutzen, und sich zu erholen gewußt; izt sind sie zahlreicher und stärker als damals, und lernen den Krieg gewohnt werden.

Am 5ten April, mit Anbruch des Tages, begab sich der General mit einer Bedeckung von funfzig kaiserlichen Dragonern zu den Vorposten seines Lagers bey Maulde; man empfing ihn mit der größten Zärtlichkeit; er besprach sich mit allen Korps, die ihn zwar mit Anhänglichkeit empfingen, worunter er aber auch einige finstre Gesichter, einige aufrührische Gruppen bemerkte. Er wollte von da nach St. Amand gehen, um die verabredeten Veränderungen mit dem Lager vorzunehmen, und seine Bewegung auf Orchies vorzubereiten, die durch die Begebenheiten des vorigen Tages aufgehalten worden war. Wie er im Begriff war in die Stadt zu reiten, jagte ihm einer seiner Adjudanten im Galop entgegen, und berichtete ihm, in <268> der Nacht habe das Artilleriekorps, bey welchem die Emissare von Valenciennes das Gerücht verbreitet hatten, der General wäre in der Schelde ertrunken, wie er zu dem Feind übergehen wollte, Kommissare nach Valenciennes geschickt, und nach der Wiederkunft derselben, sich plötzlich in Insurrektion gesetzt, seine Generale weggejagt, bereits die Pferde vor die Kanonen gespannt, und sey im Begriff nach Valenciennes aufzubrechen.

Der General hatte in diesem Augenblick die zwey Schwadronen von Berchiny, eine Schwadron Husaren vom Regiment Sachsen, fünfzig Kürassire, und eine Schwadron Dragoner vom Regiment Bourbon zu seinem Gefolge: seine erste Bewegung war, mit dieser Kavallerie auf St. Amand loszugehen; allein man stellte ihm die Gefahr dieses Unternehmens vor, die noch dazu ihren Zweck verfehlen würde, weil es ihm an Infanterie mangelte, und er dem Feuer der Kanonen bloßgestellt sein würde. Er sah die Wahrheit und Wichtigkeit dieser Gründe <269> ein. Bald nachher erfuhr er, daß die ganze Artillerie nach Valenciennes aufgebrochen sey. Das Hauptquartier, die Kriegskasse und alle Bagage der Armee blieb ohne Bedeckung zurück; er gab folglich Befehl, alles nach Rumegies, auf dem Wege von Orchies, eine Lieue vom Lager, zu transportieren; dieses Dorf wurde von einem Theil seiner Avantgarde, die dort kantonnierte, gedeckt.

Das Artilleriekorps ist die Hauptstärke der französischen Armee; da dieses Korps seine Wichtigkeit fühlt, und sich für die prätorianische Leibgarde der Revolution hält, so war es kein Wunder, wenn sich in demselben weit mehr Klubisten und Redner befanden, als bei allen übrigen Theilen der Armee. Kaum hatte man in den beiden Lägern Nachricht von der Desertion der Artillerie erhalten, als sie einen Theil der Truppen nach sich zog, und bey den übrigen Verwirrung und Unordnung hervorbrachte. Ein Theil der Generale, die nur auf Gelegenheit warteten, eilten mit ihrer ganzen Division nach Valenciennes. Diejenigen, die der Person <270> oder den Grundsätzen des Generals treu geblieben waren, anstatt sich ihren Soldaten zu zeigen, waren voller Schrecken, hielten sich verborgen, oder dachten auf ihre eigene Sicherheit. Der General Lamarliere hatte sich bisher als einen der abgeschworensten Feinde der Anarchie gezeigt; er war Chef des Generalstabes der Ardennenarmee, und der vertrauteste Freund des Generals Valence, der ihm, bey seiner Abreise nach Brüssel, seine Feldequipage, mit der Bitte, sie nach Doornik zu schaffen, anvertraut hatte; dieser Lamarliere, der nicht nur ein Verräther, sondern ein wahrer Straßenräuber war, eignete sich das Geld, die Pferde und übrigen Sachen seines Generals *en Chef* zu, und begab sich damit nach Valenciennes.

Der General Dümouriez war in Rumegies, und diktierte eben seine Befehle an die Armee, als man ihm diese verschiedene Nachrichten hinterbrachte. Izt konnte er der Sache nicht wieder aufhelfen, und mußte bloß auf seine eigene Rettung bedacht seyn. Er setzte sich mit den beiden Brüdern Thouvenot, <271> dem Herzog von Chartres, dem Obersten Montjoye, dem Oberstlieutenant Barrois, zwey oder drey Offizieren vom Oberstab, und einigen Adjudanten, zu Pferde, und erreichte, ohne irgend eine Eskorte bey sich zu haben, Doornik, wo er bei dem General Clairfait abstieg. Eine Stunde nachher sah man funfzig Kürassiere, eine halbe Schwadron der Husaren von Sachsen, und das ganze Regiment Berchiny ankommen. Diese braven Leute hatten die Feldequipagen des Hauptquartiers und des Oberstabs nach Doornik gebracht und eskortiert. Nur des Generals Reitpferde waren von einem seiner Stallknechte, der mit denselben davonging, abgeführt worden. Diese Truppen und noch einige andere, welche allmählig dazu kamen, und sich auf ungefähr 700 Pferde und 800 Mann Infanterie belaufen mochten, sind insgesammt aus freien Stücken und ohne Ueberredung zu den Oesterreichern übergegangen; und eben dieses vergrößert die zärtliche Theilnahme des Generals an dem Schicksal dieser tapfern Genossen seines <272> vormaligen Ruhms, einer nachherigen Unglücksfälle, und vorzüglich dieser letzten Katastrophe. Als sich Dümouriez genöthigt sah, Frankreich zu verlassen, lud er niemand ein, ihm auf seiner Entweichung zu folgen. Sein ganzer Plan war verunglückt; einige hundert Mann mehr oder weniger auf jener Seite, veränderten im Wesentlichen der Sache nichts. Dabei hatte jeder dieser Flüchtlinge seine Familie, sein besonderes Interesse, von dem er sich nicht losreißen mußte; wozu hätte ihn also der General bereden sollen, sich selbst unglücklich zu machen, ohne die Lage der Dinge im geringsten dadurch zu ändern. Es ist also ganz zuverlässig wahr, daß allen denjenigen, die dem General auf seiner Flucht gefolgt sind, das Verdienst gebührt, es von selbst, und ohne von ihm das zu verleitet worden zu seyn, gethan zu haben.

Bei der allgemeinen Verwirrung wurden alle Befehle entweder unrecht bestellt, oder unrecht verstanden. Der Generallieutenant Vouillé, der die Avantgarde kommandirte, erhielt nur am 6ten den Befehl dieß Korps, <273> welches der Kern der Armee war, näher an das Lager bey Maulde zu ziehen. Es war zu spät, diesen Befehl auszurichten, also entschloß sich der General Vouillé, nach Doornik zu gehen, so wie die *Maréchaux de Camp*, Neuilly {welcher Condé verlassen hatte} de Bannes, Second und Dümas, und einige Chefs der Freiwilligenbataillone. Zu ihnen sind, hernach gestoßen, der Generallieutenant Marasse, die

Maréchaux de Camp Rüault und Berneron, und der Oberste Arnaudin von der Antwerper Division, welche, da sie auf der Gränze die Entfernung der Generale von der Hauptarmee erfuhren, sich entschlossen, auch auf kaiserlichem Grunde und Boden zu bleiben.

Die Kriegskasse belief sich auf zwei Millionen an baarem Gelde. Man hatte sie von St. Amand nach Fürnes, zwischen Condé und Valenciennes, gebracht. Ein Jägerbataillon, welches sie bewachte, und sich wegen der Theilung derselben berathschlagte, beschloß, um ein Blutbad zu vermeiden, <274> sich ein Verdienst daraus zu machen, und sie nach Valenciennes zu bringen. Der anordnende Kommissar der Ardennenarmee Soliva verfolgte sie mit einer Schwadron des Dragonerregiments Bourbon, nahm ihnen den Raub auf dem Glacis von Valenciennes wieder ab, und brachte ihn nach Fürnes zurück; aber da neue Bataillone dazu kamen, mußte er ihn wieder fahren lassen. Soliva und die Dragoner begaben sich über Mons nach dem Lager zurück. Es war möglich die Kasse über Bruille und Mortagne zu retten, aber die Verwirrung verhinderte alle gute Entschlüsse in einem so gefährlichen, so kritischen und so schnellen Augenblick. Wäre sie gerettet worden, so würde die Lage des Generals und derer die ihm gefolgt sind, ganz verschieden gewesen, und sein Korps schnell angewachsen seyn, weil er im Stande gewesen wäre mehr Leute zu bezahlen, anstatt daß er sich ganz ohne Geld sah. Dieser widrige Umstand beweiset wenigstens daß die Kasse nicht war angegriffen worden, und daß der General <275> sie nicht als Bestechungsmittel gebraucht hatte. Er hat überhaupt zu wenig auf Bestechungen gewendet; und darin hat er, als das Haupt einer Parthey, sehr unrecht gehandelt.

In der That hatte Dümouriez nicht die für das Haupt einer Parthey erforderlichen Eigenschaften. Er wäre vielleicht ein guter General, ein guter Gesandte einer ganz eingerichteten, monarchischen oder republikanischen Regierungsform gewesen; aber dieser gewaltsame Zustand, der alle Begriffe die er in seiner Erziehung von Recht und Unrecht gefaßt hatte, zerstörte, versetzte ihn aus seiner Sphäre hinaus. Seine, selbst von seinen Feinden so gerühmte Thätigkeit, wurde durch die Furcht sich in Verbrechen zu stürzen, aufgehalten; und er zog die Achtung seiner selbst dem besten Erfolge vor. Auch ging, nach seinem Uebergange zu den Kaiserlichen, seine erste Reflexion bloß auf sich selbst; er gestand sich alle seine Fehler ein, aber weit entfernt sie sich vorzuwerfen, wünschte er sich deswegen Glück. Er hätte <276> freilich eine große Rolle in der Geschichte gespielt, wenn er das Schicksal Frankreichs bestimmt hätte; aber nur durch Treulosigkeit, Bestechungen, Mord und Grausamkeit dahin gelangen zu können, war eine zu harte Bedingung, und er war froh der Sorge los zu sein; er trat zwar in einen untergeordneten Stand, oder ins historische Nichts zurück, aber seine Philosophie mußte dabey gewinnen. Gleichwohl war er weder ohne Kummer noch ohne Unruhe; nur betraf beydes entweder geliebte Gegenstände die er in Frankreich zurück ließ, oder das Schicksal der Personen die ihm gefolgt waren; denn wenn er sich mit dem Panzer der Unempfindlichkeit hätte bedecken können, so würde ihn dieser Uebergang in einen andern Stand glücklich gemacht haben.

Er ladet alle Geschäftsmänner ein, sich zu prüfen, und sich mit eben der Genauigkeit zu richten; er ladet die Moralisten ein, den Einfluß des Charakters auf die Erfolge oder Nichterfolge der Begebenheiten in der Geschichte genau zu beobachten. Cäsar und <277> Pompejus haben auf eine edle Art einen sehr edlen Streit geschlichtet. Beyde Partheyen besaßen Größe des Geistes, Tugenden und Talente. Umgäben wir diese Helden mit der Wildheit und den Lastern des Sanskülotismus, so wären sie geflohen, oder aufgeopfert worden. Nur Masaniello's[63] können den Pöbel leiten. Sobald aber eine ganze, große Nation zu Pöbel wird, setzt sie die benachbarten Nationen in eine große Verlegenheit, weil das Uebel sich verbreitet, und das Gute sich enger zusammenzieht; und weil das elektrische Feuer weit schneller im Volke als bei den Aristokraten wirkt. Zu einer solchen Nation muß man als Arzt, nicht als Henker kommen; wo nicht, so gewinnt man ihre Krankheit, anstatt sie zu heilen. <278>

---

[63] Masaniello (eigentlich Tommaso Aniello d'Amalfi; * 29. Juni 1620 in Neapel; † 16. Juli 1647 in Neapel) war der Hauptanführer eines Volksaufstandes in Neapel 1647.

Vierzehntes Kapitel,

General Dümouriez in Mons – Etablissement der Franken in Leuze – Antwerper Kongreß – Zweyte Proklamation des Prinzen von Coburg – Abreise des Generals nach Brüssel.

Nachdem Dümouriez mit dem Generale Clairfait über die sonderbare Wendung dieser Begebenheit räsonniert hatte, gab dieser Befehl, alle Franken, die ankommen würden, in Empfang zu nehmen, und sie in die Dörfer um der kleinen Stadt Leuze herum zu vertheilen, welche zum Hauptquartier der Generale und der Offiziere des französischen Generalstabes bestimmt war. Er selbst aber reiste mit dem Herzog von Chartres, Thouvenot dem jüngern, Montjoye und Barrois nach Mons ab, und kam durch Büry, um mit den Kommendanten der kaiserlichen Posten die Mittel, die *Retraite* derer die noch zu ihm stoßen würden, zu decken, zu verabreden,

Die Kaiserlichen haben, bei dieser <279> Gelegenheit, den Waffenstillstand treulich gehalten; denn es ist gewiß, daß, wenn sie ihn hätten brechen wollen, und auf die beiden französischen Läger, am 5ten, losgegangen wären, sie mitten in dieser Unordnung, die Armee gänzlich würden zu Grunde gerichtet haben. Sie verdienen hierin alles Lob; doch ohne sich den Vorwurf der Treulosigkeit durch den Bruch des Waffenstillstandes zuzuziehen, hätten sie eine Bewegung machen, und denselben Tag die Stellung des Lagers von Maulde einnehmen sollen, indem sie bis St. Amand Truppen hätten vorrücken lassen. Sie würden nicht nur keinen Widerstand angetroffen haben, sondern sie hätten auch mehrere Bataillone zurückgebracht, welche länger als vierundzwanzig Stunden herumirrten; sie hätten das Lager von Maulde aufgeschlagen aber verlassen gefunden, welches den zu ihnen geflüchteten Franken sehr zu Statten gekommen wäre. Dem sey nun wie ihm wolle, man muß der Treue womit sie ihr Versprechen hielten, Beyfall geben; ihre Bewegungsgründe und ihr <280> Betragen verdienen das größte Lob, so wie die Herzlichkeit mit der sie die geflüchteten Franken aufnahmen, die doch gewiß ihre tapfersten Feinde gewesen waren.

Der Oberste Mack war in Büry, und nachdem er mit Dümouriez alle Maasregeln verabredet hatte, reiseten beide in des Generals Wagen mit einander nach Mons ab. Man kam überein, daß die Kaiserlichen so gleich Condé blokiren sollten; dieser Platz sollte im Nahmen des

Generals Dümouriez aufgefordert werden, der auch diese Auffordrung schrieb, und sie den folgenden Tag dem kaiserlichen Generalstabe übergab. Hernach beschloß man auch, wegen des unglücklichen Umstandes, der es verhindert hatte die Kriegskasse mitzunehmen, einen wirklichen Etat von allen Offizieren und Soldaten die den General begleitet hatten, oder die noch zu ihm stoßen würden, aufzusetzen; ihnen das Traktement ihres Grades, auf den nämlichen Fuß wie im Reiche zu bezahlen, sie überhaupt auf den nämlichen Fuß einzurichten, und die gehörigen Offiziere in <281> Verhältnis mit der Anzahl der Soldaten dabey anzustellen. Man beschloß ferner einen kaiserlichen und einen französischen Kriegskommissar bey diesem Korps anzustellen, um die Richtigkeit der Situationslisten zu sichern; dem französischen Generalstabe aus der Kriegskasse der kaiserlichen Armee, einen Vorschuß von 30 000 Gulden zur Löhnung zu übergeben; der General Dümouriez sollte den Grad eines Feldzeugmeisters oder Generals der Artillerie haben: die 30 000 Gulden sollten nur als ein Vorschuß oder als ein Darlehen angesehen werden, welches der Parthey des Generals Dümouriez gemacht worden, der sich verbindlich machte, sobald man in Frankreich einige Fortschritte würde gemacht haben, sie der kaiserlichen Kriegskasse wieder auszahlen zu lassen.

Diese Einrichtung sicherte das Schicksal der Unglücksgefährten des Generals, und in seiner jetzigen Lage tröstet es ihn, daß sie es genießen. Freilich hat man sie, seit sich die Umstände geändert haben, einem Eide unterworfen, den man anfänglich <282> nicht von ihnen verlangt hatte; damals aber waren die Soldaten einer Parthey, und da diese nicht mehr besteht, hat man es für nöthig erachtet, sich ihrer Treue zu versichern. Ich könnte wohl gut für sie sagen, da ich während dem ganzen Kriege ihren Muth, ihre Ergebenheit und ihre Anhänglichkeit erfahren habe. Mögen sie hier das Zeugniß des Gefühls eines Chefs, der sie schätzt und liebt, finden, und mögen sie für ihre Tugenden belohnt werden, indem sie zu den Siegen der Macht, welcher sie treu dienen, beitragen werden.

Diesen Einrichtungen zufolge ließ der General Dümouriez, dem Befehle des Prinzen von Coburg gemäß, an die Kasse des kleinen französischen bey Leuze versammelten Korps 10 000 Gulden zahlen, da er, aus Delikatesse, die 30 000 nicht mit einemmale nehmen wollte; denn, wenn man schnell in Frankreich einrückte, konnte diese Summe vielleicht hinreichen, sobald man ins Innere gelangt seyn würde. Der General ruft den Prinzen von Coburg, den Obersten <283> Mack und den kaiserlichen Generalstab zu Zeugen seiner persönlichen Uneigennützigkeit auf, welche ohne Zweifel dazu gedient hat, der Verläumdung, die ihn beschuldigt, Schätze auf seiner Flucht mitgenommen zu haben, Gewicht zu geben. Endlich wurde noch ausgemacht, daß der General, so lange bis der Gebrauch den man von seinen Truppen machen würde, bestimmt wäre, bey der Armee sein Quartier in der Nähe des Prinzen von Coburg haben sollte. Folglich, da das kaiserliche Hauptquartier in Boussü war, zeigte man ihm die Abtey St. Ghilain zu dem seinigen an.

Der General Dümouriez bezeugt hier allen Stabsoffizieren dieser Armee, die ihm mit der ausgezeichnetesten Achtung begegnet sind, seinen Dank. Der Herzog Karl hat ihn, so wie der Prinz von Coburg, mit vorzüglicher Güte überhäuft. Unter diesen Umständen ist zwischen dem Obersten Mack und ihm eine Freundschaft, die von Dümouriez Seite nie aufhören wird, gestiftet worden. Der Oberst Mack ist ein Offizier von seltnem <284> Verdienste und von großer Rechtschaffenheit. Das unbegränzte Zutrauen der kaiserlichen Armee in seine Talente, ist eine gerechte Belohnung für die wichtigen Dienste die er geleistet hat. Es ist, für das Interesse des Hauses Oesterreich zu wünschen, daß seine schwache Gesundheit bald wieder hergestellt werde.

Während der beiden Tage die der General Dümouriez in Mons zubrachte, hatte er Ursach mit der Art wie ihn die Einwohner empfingen, zufrieden zu seyn. Dieselbe Gerechtigkeit hat man ihm in Doornik, Leuze und in den ganzen Niederlanden wiederfahren lassen. Dieses gute und gefühlvolle Volk schätzte die Dienste, welche ihm der General, vorzüglich bei seiner Rückkunft aus Holland, und bei dem Rückzuge der Armee, geleistet hatte.

Der Prinz von Coburg erwies dem General Dümouriez eine äußerst schmeichelhafte Gefälligkeit. Dümouriez hatte in Mons ein Korps von 200 emigrierten Jägern, die zur Avantgarde der Armee stoßen <285> sollten, vorbei passieren sehen, und stellte vor, daß die Vermischung dieser Truppen mit den seinigen eine schlechte Wirkung hervorbringen müßte, vorzüglich beym Einmarsch in Frankreich. Sogleich ließ der Prinz von Coburg an diese Jäger einen Gegenbefehl gelangen, und schickte sie nach der Seite von Namur hin, um bei der Avantgarde des

Korps d'Armée des Prinzen von Hohenlohe zu dienen. Der Prinz von Lambesc-Lorraine kam gleichfalls nach Mons, um dem General Dümouriez für den wesentlichen Dienst den er seiner Familie aus Gerechtigkeitsliebe, als er noch Minister der auswärtigen Geschäfte war, geleistet hatte, und welcher darin bestand, daß er die ungerechte Konfiskation seiner und der Güter der Prinzessinn von Vaudemont verhinderte, seinen Dank zu bezeigen.

Der Prinz von Coburg reiste den 7ten, mit dem Obersten Mack, nach den Antwerper Kongreß ab, von wo er den 8ten Abends zurückkam. Diese beiden Tage brachte der General in Leuze zu, mitten unter seinen Kriegsgenossen, <286> deren Unruhe er dadurch stillte, daß er ihnen das ankündigte, was über sie beschlossen worden war. Der General Vouillé übernahm das Kommando dieser Mannschaft, und Dümouriez arbeitete mit dem Chef des Generalstabes, dem General Thouvenot, an einem Reglement, um ihre Organisation zu bestimmen, die gänzlich umgeändert werden mußte, um sie den kaiserlichen Truppen gleich zu machen, vorzüglich da diese Regimenter nur aus Theilen von verschiedenen Ganzen bestanden, und bloß das Regiment Berchiny vollständig war. Mit vielem Leidwesen verließ der General die geliebten Theilnehmer seiner Mühseligkeiten und seines Unglückes, am 8ten Abends; er schien es vorher zu ahnden, daß er nicht wieder zu ihnen zurückkehren würde. Den 9ten Morgens kam er in Mons an, wo er den Prinzen von Coburg, im Begriff sich ins Hauptquartier nach Boussü zu begeben, antraf. Er besuchte ihn dort, sprach mit ihm von ihren Angelegenheiten, und setzte sich noch denselben Abend in der Abtey St. Ghilain fest. <287> Den 10ten Morgens brachte man dem General eine Proklamationᵗ des Prinzen von Coburg, vom 9ten, in welcher die vom 5ten ganz widerrufen, und ausdrücklich gesagt wurde, der Prinz würde bloß für seinen Souverain agieren, sich aller Plätze, die er bekommen könnte, bemächtigen, und sie theils als Schadloshaltung, theils als Eroberungen ansehn.

Diese Proklamation, so wie die erstere, sind authentische Stücke die jedermann kennt. Die Emigrierten sind unvorsichtig genug gewesen, sich über die zweyte zu freuen, und die erste aufs bitterste zu tadeln. Man möchte sie fragen: „Seyd ihr Franken?" Aber, mit Beyseitlassung des Einflusses der Leidenschaften, die fast alle Menschen verblenden, und denen auch die in diesem so unerhörten Kriege mit verflochtenen

Staaten ausgesetzt sind, ist es nur zu wahr, daß diese zweite Proklamation, indem sie die Parthey des Generals Dümouriez aller Mittel sich wieder zu vereinigen beraubte, und die kriegführenden Mächte als gierige Eroberer darstellte, <288> alle bewaffnete Franken mit dem Nationalkonvent, den der größte Theil verabscheute, wiederverbunden, die Sache der Königswürde vor der Gefahr des Vaterlandes verschwinden lassen, den Franken in der Vertheidigung der „Republik" das Wohl Frankreichs gezeigt hat, sie unter dem Gesichtspunkt der Nationalehre vereinigt, und da durch gewiß dem Erfolge der ersten Campagne geschadet und das Schicksal des Krieges sehr ungewiß gemacht hat.

Diese zweite Proklamation ward gleich nach dem Kongresse zu Antwerpen, in Gemäsheit dessen was daselbst zwischen den Ministern der koalisierten Mächte beschlossen worden war, ergangen. Nun sah Dümouriez deutlich, daß der Vergleich mit ihm ganz aufgehoben war, und ohne sich unnützer Weise über diese plötzliche Aenderung zu beschweren, die er für unwiderruflich hielt, ging er nur mit seinem Charakter und seinen Grundsätzen zu Rathe, und opferte sich selbst auf.

Er begab sich sogleich nach dem Hauptquartier, <289> und sagte dem Prinzen von Coburg frey heraus, er käme, ihm für die Güte die Er ihm persönlich bezeigt hätte, zu danken; er wollte fortfahren seine Achtung zu verdienen; als er sich mit ihm durch einen Vergleich verbunden habe, sei seine Absicht nicht gewesen, Frankreich zu zerstückeln, sondern es wieder zu organisiren; er lasse sich in keine Erörterung der Bewegungsgründe der koalisirten Mächte ein, die ihn nichts angingen, da er aber nicht glaubte, zur Verminderung des französischen Territoriums persönlich mitwirken, und entweder seinen Einfluß oder ein geringes Talent dazu anwenden zu können, so halte er sich für verbunden, sich zurückzubegeben, und bitte um einen Reisepaß.

Dieser Delikatesse konnte der Prinz von Coburg sein Lob nicht versagen. Der Erzherzog Karl bezeigte ihm dieselbe Achtung, sowie der Oberste Mack, und der General reisete nach Brüssel ab. Er zweifelt nicht, daß, nach einer so großen Veränderung in den Grundsätzen der vorigen Negoziation, nach einem so förmlichen Widerruf der ersten <290> Proklamation, den Kaiserlichen seine Gegenwart, die ihnen wenigstens von keinen Nutzen war, nicht sollte lästig geworden seyn, und daß sie nicht mit vielem Vergnügen seinen Entschluß sich zu entfernen sollten gesehen haben; er ließ ihnen nicht einmal Zeit zu dieser

Verlegenheit, und sein Entschluß war auf der Stelle gefaßt. Ehe er abreisete, genoß er noch das Vergnügen die Bestätigung des Schicksals einer Mitsoldaten zu erhalten; sie werden gut behandelt, und bey der kaiserlichen Armee gebraucht, wo sie gewiß ihren Ruf erhalten werden.

Kaum war er in Brüssel angekommen, als er dem Grafen Metternich, bevollmächtigtem Minister der Niederlande, welcher ihn aufs freundschaftlichste empfing, seine Bewegungsgründe vorlegte, und sich einen Paß nach Deutschland ausbat.

Hier enden sich die Memoiren des öffentlichen Lebens des Generals Dümouriez. Am 11ten April ist er in die gewöhnliche Menschenklasse zurückgetreten; das übrige <291> seiner Existenz stellt eine sehr unruhige, unterbrochene, verfolgte, von Gefahren und Verläumdungen aller Art begleitete, Odyßee dar, die er vielleicht einst dem Publikum vorlegen wird, nicht als einen Zusatz zur Geschichte der Nationen, sondern des menschlichen Lebens. Diese Odyßee kann nur seine wahren Freunde, deren er sehr wenig hat, oder die wahren Philosophen, die eben so selten sind, interessieren.

Funfzehntes Kapitel.

Beschluß.

Dieses ist das Gewebe der Begebenheiten der drey schrecklichsten Monate, die das ganze Leben des Generals Dümouriez darstellt. In diesem kurzen Zeitraume hat er alle Unannehmlichkeiten und Gefahren, welche die Schwachheit und die Bosheit der Menschen gegen einen Mann im Amte anhäufen können, erlitten. Verläumdung und Ungerechtigkeit machen den Rahmen dieses <292> schwarzen Gemähldes aus, welches Leuten von allen Klassen zur Lehre dienen kann, und welches ihm seine Philosophie mit Trostgründen darstellt, die er aus seinem Betragen selbst, und vorzüglich aus seinen Bewegungsgründen schöpfen kann. Er haßt weder die welche ihn verläumdet, noch die welche seinen Meuchelmord befohlen haben, noch die welche ihm einen Zufluchtsort versagen, und deren unedler und unpolitischer Haß ihn verfolgt. Einige kennen die Wahrheit der Thatsachen nicht, die ihrer Sonderbarkeit wegen leicht zu verdrehen sind. Andre werden durch einen Fanatismus, der keine Gründe anhört, gereizt. Noch andre lassen sich durch die Stimme der Verläumdung hinreißen, und halten ihn für einen gefährlichen Mann.

Die Minister der auswärtigen Höfe haben, nach dem Beyspiel der Emigrierten, ausgesprengt, man dürfe ihm nicht trauen, und könne nie sicher seyn, daß er sich nicht wieder an die Spitze der französischen Armee stellen werde. Ist denn aber die gegen ihn <293> ergangene Proskriptionsakte, sind seine eigenen drei Proklamationen kein hinreichender Bürge für seine künftige Beharrlichkeit und Treue? Ach, eben diese drei Schriften haben ihm Feinde zugezogen, weil man seinen Ausdrücken einen falschen Sinn zu geben gewußt hat.

Er versichert darin, daß er sein Vaterland noch immer mit Leidenschaft liebt, und keinen Augenblick anstehen würde, sein Leben für dasselbe aufzuopfern; zugleich aber versichert er, so lange es mit Verbrechen befleckt und ein Raub der Anarchie seyn wird, nie wieder einen Fuß in dasselbe zu setzen; er versichert, daß er lieber geächtet und unstät seyn, lieber alle seine Gefahren und Leiden ertragen will, als eine Stelle annehmen, die ihn zum Unterdrücker seiner Mitbürger, oder zum Mitschuldigen ihrer Verbrechen machen würde.

So lange er Minister und General gewesen ist, hat er sich ohne Hehl als einen Feind der auswärtigen Mächte, die sich in die Angelegenheiten seines Vaterlandes mischen <294> wollten, gezeigt; weil er vollkommen überzeugt war, daß die an sich so nothwendige Revolution, ohne Blutvergießen und auf die rühmlichste Weise zu Stande gekommen wäre, wenn auswärtige Eingebungen, und der den Emigrierten gewährte Beystand eine so heftige Nation, wie die französische ist, nicht gereizt, und über die Gränzen der Mäßigung getrieben hätten. Seitdem Ungebundenheit und Anarchie in Frankreich alles über den Haufen gestoßen hat, mußte Dümouriez einen andern Weg einschlagen, und sich eben dieser auswärtigen Mächte bedienen, um die Ordnung wiederherzustellen, doch ohne seinem Vaterlande zu schaden, und immer so, daß die Ehre und das Interesse von Frankreich sein vorzüglichstes Augenmerk blieb.

Nachdem er aber gesehen, daß auch dieses Mittel unmöglich war, hat er ein Diversionsprojekt entworfen, von welchem er sich, sowohl für sein Vaterland als für den allgemeinen Frieden, sehr viel gutes versprach, Allein Mißtrauen in ihn, oder andre Ursachen <295> sind schuld gewesen, daß man nicht darauf geachtet hat. Es bleibt ihm also nichts weiter übrig, als über die Leiden der Menschheit zu seufzen, und mit Ungeduld das Ende dieses schrecklichen Krieges zu erwarten, ohne einsehen zu können, wie er sich endigen wird; denn von allem, was jetzt in Absicht auf Frankreich in ganz Europa vorgeht, läßt sich nichts nach den gewöhnlichen Regeln der Kunst, der Klugheit und der Politik berechnen.

Man hat Dümouriez beschuldigt, er habe sich erst von den holländischen Patrioten bestechen lassen, und hiernächst dem Prinzen von Oranien das Verzeichniß der vornehmsten Glieder der Gegenparthey verkauft. Diese sinnlose Verläumdung steht in einem deutschen Werke über die französische Revolution: es führt den Titel ›Minerva‹[64], und zeichnet sich durch seine glänzende Schreibart aus. Allein der Verfasser ist unstreitig über diesen Punkt, wie über andere Umstände des öffentlichen Lebens des Generals Dümouriez, den die Liebe zum Wunderbaren immer zu groß oder zu schwarz geschildert <296> betrogen worden. Dümouriez versichert, daß er nie die Liste der holländischen Patrioten in Händen gehabt hat; daß ihm nur der kleinste Theil derjenigen, die sich in Frankreich aufgehalten, bekannt ist, und zwar nur deßwegen, weil sie den batavischen Revolutionsausschuß ausmachten; daß er den Nahmen keines einzigen Holländers von der Gegenparthey weiß; daß er zu keiner Zeit, weder früher noch später, mit der Parthey des Statthalters in der geringsten Verbindung gestanden; daß diese Verbindung sogar unmöglich ist, weil ihm der statthalterische Hof das Manifest, welches er der versuchten Eroberung von Holland vorausschickte, nie hat vergeben können; daß er von niemanden Geld bekommen hat; daß er arm ist, und es sich zur Ehre rechnet.

Er wird diese Memoiren mit einigen Bemerkungen über die drey Klassen[u], worin man die französischen Emigrirten theilen kann, beschließen. Die Ausländer wundern sich oft, daß diese drei Klassen in ihrem Unglück nicht gemeinschaftliche Sache machen; <297> allein ihre Verwunderung kommt daher, weil ihnen der wesentliche Unterschied

---

[64] Die Minerva – Ein Journal historischen und politischen Inhalts war eine deutsche Monatszeitschrift, die 1792 in Hamburg von dem ehemaligen preußischen Offizier Johann Wilhelm von Archenholz gegründet wurde. Sie bestand bis 1858 und wurde vor allen vom Bildungsbürgertum und liberalen Mitgliedern des Militärs gelesen.

dieser Klassen unbekannt ist. Die unter ihnen herrschende Spaltung ist ihnen überaus nachtheilig, ist aber ein fast unheilbares Uebel.

Die erste Klasse, unter den bourbonischen Prinzen, besteht aus dem sogenannten alten Hofe, der hohen Klerisey, den Parlementern und den vornehmsten Financiers. Sie hat, theils durch eigene Lockungen, theils durch die Exzesse der Jakobiner, den jungen Adel an sich gezogen, um sich einen militärischen Nachdruck zu geben. Diese Klasse ist rein royalistisch gesinnt; sie behauptet und wünscht die absolute Monarchie oder den Despotismus; sie hängt an den alten Satzungen mit ihren Misbräuchen, deren Wiedereinführung unmöglich ist, weil eine neue Ordnung der Dinge Frankreichs Gestalt unkenntlich gemacht hat, und vor allem eine neue moralische und politische Konstitution erfodert, um auf die Grundpfeiler des allgemeinen Glücks, die Sicherheit der Regierung und das Zutrauen der Völker zu gründen. <298>

Die zweyte Klasse, die dem Anschein nach unter Lafayette stand, besteht aus den konstitutionellen Royalisten oder vielmehr Monarchisten, die eine große Verbesserung, oder vielmehr eine gänzliche Umschaffung und Umbildung in den Grundsätzen und in der Form der Regierung für nöthig halten; zumal da die meisten unter ihnen in der ersten Nationalversammlung an dem großen Werke der Konstitution gearbeitet haben, handelnde Personen in den berüchtigten pariser Kabalen, und vorzüglich Schlachtopfer der Jakobinerwuth gewesen sind: Männer, welche die Fortpflanzung der von ihnen ohne Einschränkung eingeführten Grundsätze der Freyheit und Gleichheit, theuer haben bezahlen müssen, weil diese Grundsätze, in einem zu materiellen Sinne genommen, und von dem Volke viel zu weit getrieben, endlich den Umsturz aller Stände und die Anarchie in Frankreich hervorgebracht haben.

Die dritte Klasse, die sich von der zweyten nur durch eine schwache Nüanze, oder vielmehr durch den verschiedenen Zeitpunkt, <299> worin sich beide Klassen gebildet haben, unterscheidet, besteht aus den Kriegern, die dem General Dümouriez gefolgt sind, und aus allen Adeligen, welche bey dieser Gelegenheit ihrer öffentlichen Aemter beraubt wurden, und aus Frankreich entkamen. Diese Klasse begreift ebenfalls die Glieder des Nationalkonvents in sich, die den Muth hatten, für das Leben Ludwigs XVI und wider alle Exzesse zu stimmen, die sein Tod zur Folge gehabt hat, und welche, nachdem sie den Muth gehabt ihre Protestation in die öffentlichen Akten einrücken zu lassen, so glücklich gewesen sind, zu entfliehen.

Die erste Klasse ist die zahlreichste, die glänzendste; sie hat sich in ganz Europa, an den meisten Höfen ausgebreitet, wo sie gewöhnlich in Achtung steht, bisweilen kleine unzulängliche Geschenke und große leere Verheißungen erhält, gewöhnlich aber den Launen der Großen und mancherley Demüthigungen ausgesetzt ist. Sie ist intolerant gegen alle übrige Klassen, und macht in ihrem blinden Stolz keinen Unterschied zwischen <300> ihnen und der Sekte der Jakobiner. Die gesetzwidrige Gefangennehmung und Gefangenhaltung des Generals Lafayette flößt ihr nicht das geringste thätige Mitleid gegen ihn ein. Ihren größten Haß äußert sie gegen den General Dümouriez; sie hat mit einem unglaublichen Eifer ihn zu verläumden, seine Gefahren zu vergrößern, und ihn des Zufluchtsorts zu berauben gewußt, den man ihm itzt allenthalben versagt.

Diese Klasse hat ihren ganzen Stolz und alle ihre Anmaßungen beibehalten: sie will alles – oder nichts. Der kleinste Vortheil der kombinierten Armeen erregt bey ihr einen lärmenden Jubel; alsdann kann sie sich nicht enthalten, in Gegenwart und zum Skandal derer, worunter sie lebt, sich der Hoffnung einer süßen Rache und den Träumen des Ehrgeizes zu überlassen; hemmt sich dagegen der Lauf der Operationen nur etwas, so hält sie sich für verrathen, bricht in unvernünftige, unmäßige Klagen aus, bald gegen den König von Preußen und dessen Generale, bald gegen die Kaiserlichen. Sie wirft sich <301> immer in die Extreme, und erlaubt sich das ungesittetste Benehmen gegen das übrige Europa, welches sie seinerseits mit kaltem Blute beobachtet, und nach dem Anschein, aber zugleich nach der gesunden Vernunft urtheilt, daß die Haupttriebfeder dieser Klasse – Egoismus ist. Sie scheint zu glauben, daß alle Völker und Mächte bloß ihretwegen die Waffen ergriffen haben, und daß sie, sobald sie einmal den Fuß in Frankreich gesetzt haben wird, wo sie gar nichts, nicht einmal die Stelle ihrer zerstörten Schlösser erkennen würde, ihre Hotels, ihre *Petites Maisons*, ihre

Bequemlichkeiten, ihre zahlreiche Dienerschaft, ihre Klienten, und vor allen Dingen, ihr voriges Ansehen und ihre Allmacht wiederfinden wird.

Die Intoleranz dieser Klasse gegen die übrigen Emigrierten ist ein unübersteigliches Hinderniß zu einer Vereinigung, die allen dreyen Klassen bey dem Uebermaaß ihrer unglücklichen Lage so wesentlich heilsam seyn würde, wäre es auch nur, um sich bey den Völkern, die sie aufgenommen haben oder <302> dulden, Achtung und Mitleid zu verschaffen. Es giebt gleichwohl auch in dieser Klasse einige Ausnahmen; es giebt vernünftige Männer darin, die sich durch ihr feindseliges Schicksal oder durch die Vorurtheile ihrer Geburt haben hinreißen lassen, und diese Exzesse misbilligen; allein man hört wenig auf sie. Dazu kommt noch, daß diese Klasse unter sich selbst uneins ist, und sich in verschiedene Faktionen theilt, die eben so viel Intriguen im Kleinen spielen, eben so viel Aufhetzungen und Feindschaften stiften, eben so vielen Neid erregen und fühlen, als vormals in Paris und Versailles. Man kann diese Klasse mit einem herumreisenden Hofe vergleichen, der noch immer seine alte Weise beibehalten, und nur einen Standpunkt verändert hat.

Die beiden übrigen Klassen der Emigrirten äußern weit mehr Vernunft und Mäßigung, und ihre Vereinigung könnte mit leichter Mühe zu Stande kommen. Wenn Lafayette und Dümouriez irgendwo, nur nicht im Gefängnisse, zusammenkämen, <303> so würden sie sich bald verständlichen, und alle Nüanzen, die sie zu Feinden gemacht haben, vielleicht weil es nie unter bei den zu einer deutlichen Erklärung gekommen ist, würden vor dem großen Interesse ihres Vaterlandes, vor der Gemeinschaft ihrer Unglücksfälle verbleichen und verschwinden. Denn beide Chefs und beide Klassen haben sich jederzeit in einem Punkt vereinigt, in dem Wunsch der Freiheit ihres Vaterlandes und der Abschaffung aller Misbräuche. Beide haben mit Standhaftigkeit die edle Sache der Menschheit verfochten, und wenn auch ihre Mittel verschieden gewesen sind, so ist dieses nur eine kleine Abweichung, die den Grundsatz, nach welchem sie handelten, nicht umstößt.

Der General Dümouriez giebt hiermit den Emigrierten von allen drey Klassen, welche das Schicksal oder ihre Meinungen ins Exil getrieben hat, die Versicherung, daß sie nur durch eine feste und unauflösliche Vereinigung den Grad von Achtung erhalten werden, der allein nach geendigtem Kriege <304> ihre Lage erleichtern kann, sie mögen nun wieder in ihr Vaterland zurückkehren, oder auf ewig daraus verbannt bleiben. Er giebt ihnen zu bedenken, daß der größte Vortheil der aus dem Unglück entstehen kann, die Seelenreinigung, die Rückkehr zu großen und männlichen Tugenden ist; daß man endlich aufhören muß, die Sprache der Vorurtheile zu führen, die jetzt in Frankreich unverständlich geworden; daß das heutige Frankreich von eben diesem Lande im Jahr 1788, verschiedener ist, als es von Gallien unter Julius Cäsar war; daß es noch immer mit jedem halben Jahre sich selbst unähnlicher wird; und daß, unglücklicherweise, die Jakobiner in den allmähligen Fortschritten ihrer Exzesse weit konsequenter und planmäßiger zu Werke gehn, als die Emigrierten, die sich nicht die Mühe geben, den Fortgang des Nationalgeistes in Frankreich und dessen stufenmäßige Entwickelung zu studieren, und alle ihre Projekte noch immer auf den alten Zustand dieses Landes gründen, worin sie es bei ihrer Entfernung verließen. <305> Ihre traurige Lage kann noch sehr lange dauern; ihr Unglück kann sogar unheilbar sein; denn man muß immer das äußerste erwarten, um von der Hofnung nicht getäuscht zu werden. Wenn sie ihren Sinn nicht ändern, wenn sie fortfahren, Stolz, Unbesonnenheit, Unvorsichtigkeit und Uneinigkeit unter sich zu zeigen, so werden sie bald die Nationen die sie dulden, und denen die Länge und Wendung dieses Krieges, mehr als einmal lästig fallen muß, ermüden; sie werden sich weder zur Wiederkehr ihres vorigen Glücks, noch zur Ertragung neuer Leiden vorbereitet haben; im ersten Fall werden sie ihren triumphierenden Einzug in Frankreich mißbrauchen, und ein zweytesmal – auf ewig – daraus vertrieben werden; im zweiten werden sie die unglücklichsten Menschen von der Welt sein.

Das Exil hat, wie alle Lagen des menschlichen Lebens, sein Gutes; es ist ein Stand, worin man Vergleichungen anzustellen Gelegenheit findet, die man sonst nie angestellt, haben würde; ein Stand, der uns neue <306> Aufschlüsse giebt, unsere Seelenstärke durch Entsagung und Entbehrung vermehrt, uns nachsichtsvoll und gesellschaftlich macht, um uns und die, welche uns aufgenommen haben, ein Band der gefühlvollen Dankbarkeit und der Wohlthätigkeit flicht. Der Mensch, der von Natur rechtschaffen, weise und vernünftig ist, bringt aus dieser gezwungenen Wallfahrt einen Schatz männlicher und sanfter Tugenden zurück, die ihn geschickter machen, seinem Vaterlande zu dienen, und ihn zu einer allgemeinen Menschenliebe leiten, welche die schrecklichen Folgen des Nationalegoismus vermindert.

Der General Dümouriez giebt den Emigrirten noch einen Rath, und nimmt sich zugleich vor, ihn selbst zu befolgen. Emigrierte müssen ihre Mitbürger nicht mit Strenge, sondern mit Schonung beurtheilen, und ihre ganze Nation nicht durch allgemeine Klagen herabwürdigen. Es ist, zum mindesten, unverständig, zwanzig Millionen Menschen, die sich gegen hunderttausend erheben, geradehin für Rebellen zu erklären. Jene zwanzig <307> Millionen machen eine so ungeheure Stimmenmehrheit aus, daß es vielleicht thunlicher wäre, diesen hunderttausenden den Nahmen der Rebellen zu geben. Die Emigrirten aus allen Klassen dürfen, wenn sie ihr Vaterland aufrichtig lieben, wenn sie, dem zu Folge, verdienen, es wieder zu betreten, für die schreckliche Wirkung der Anarchie, für den gänzlichen Umsturz, für die verderbliche Zerstückelung der französischen Monarchie besorgt sein; sie dürfen die fünf bis sechshundert Bösewichte von ganzem Herzen hassen, welche eine in so vieler Absicht achtungswürdige Nation irreführen, und sie jenseits der vernünftigen Gränzen einer wahren und gemäßigten Freyheit, eines ächten Patriotismus, einer möglichen Gleichheit, eines dauerhaften Glücks und einer selbstständigen öffentlichen Ordnung hinausschleudern; allein sie dürfen nicht, und am allerwenigsten im Unglück, eine Nationalvorliebe, die ihren Stand in der bürgerlichen Gesellschaft bestimmt, verläugnen.

Sie dürfen nie den großen Theil der <308> Nation, die Nation in ihrer Allgemeinheit verdammen; sie dürfen nur die verblendeten Franken, die man auf dem Wege des Verbrechens zu allen Exzessen verleitet, bedauern. Dabei können sie, wenn sie noch wahre Franken im Herzen sind, aus einem wichtigen Umstande vielen Trost schöpfen; sie finden, mitten in dieser Anarchie, bey der Nation den größten Muth und eine große Freymüthigkeit in der Aeußerung ihrer Meinungen. Mit diesen beiden Eigenschaften ist zu hoffen, daß die Franken ihren Irthümern einst entsagen werden; allein dieses kann und muß nicht durch Schmähungen, sondern durch Vernunft und Ueberzeugung geschehen. Giebt es unter den Emigrirten einige, die einst durch ihre Lage, ihren Ruf oder ihre Einsichten berufen werden, die Ordnung wieder in Frankreich einzuführen, so müssen sie vor allen Dingen das Mittel, den Meinungen eine andre Richtung zu geben, durch die Aufopferung ihrer Privatbeleidigungen, von welcher Gattung und so gerecht sie auch immer sein mögen, und <309> durch Vermeidung alles dessen erkaufen, was das gesammte französische Volk beleidigen könnte. Man kann dessen gute Eigenschaften verdunkeln, allein nie völlig verschwinden lassen. Die Verbrechen gehören einzelnen Personen, die Vollkraft der ganzen Nation zu.

Die Geschichtbücher der Welt stellen uns kein Volk auf, welches zu gleicher Zeit von so viel Feinden angefallen, so wenig Furcht gezeigt und so großen Widerstand geleistet hat. Der letzte Feldzug, der sie zerschmettern sollte, hat bloß dazu gedient, die Masse ihres Muths zu entwickeln; und wenn sie in der folgenden Kampagne unterliegen müssen, so werden sie freilich unterjocht, nicht aber niederträchtige Sklaven sein. Die Emigrierten haben das größte Interesse dabey, daß die Franken nicht verachtet werden; denn alles was ihre Nation in den Augen von Europa an Hochschätzung verlieren würde, wäre zu gleich ein Verlust für sie. Sie haben bereits seit zwei Jahren, einen großen Fehler dadurch begangen, daß sie den auswärtigen <310> Mächten die französischen Armeen als feige und alles Widerstandes unfähig beschrieben haben. Dieser Irthum, der den Preußen so verderblich gewesen ist, hat den Berichten und Vorstellungen der Emigrierten allen Glauben benommen. Sie müssen sich in Acht nehmen, nie wieder in diesen Fehler zu fallen.

Die französische Nation, zusammengenommen und als Nation betrachtet, kann nur die Achtung von Europa verdienen. Sie ist in dem jetzigen Zeitpunkt mit einem moralisch hitzigen Fieber behaftet, dessen krampfartige Anfälle sie nur desto gefährlicher und furchtbarer machen. Die fremden Nationen dürfen sich zu ihrer Genesung der Waffen bedienen; allein die Emigrierten müssen ihnen bloß den kühlenden Becher der Vernunft hinhalten, weil mit jedem Monat, mit jeder Woche, ihre Hoffnung abnimmt, den vorigen Zustand der Dinge, der sie aus Frankreich vertrieb, wieder in Frankreich einführen zu können.

Dieser Rath hat keine niederträchtige <311> Nebenabsichten, kein persönliches Interesse, keinen Ehrgeiz zum Grunde. Der General Dümouriez erklärt hiermit öffentlich, und seine Memoiren enthalten den Beweis dieser Erklärung, daß er den jetzigen Zustand von Frankreich misbilliget; daß er ihn als die Pest aller heilsamen Grundsätze, alles öffentlichen Glücks ansieht; daß er sich dieser Ordnung der Dinge nie unterwerfen wird; daß er lieber geächtet, unstät, elend und verbannt leben will, als mit Entsagung einer moralischen Grundsätze in sein Vaterland zurückkehren: aber er erklärt zugleich, daß er seine Mitbürger liebt, und daß, selbst unter den Dolchstichen ihres politischen Paroxysmus, sein letzter Seufzer eine Klage über ihre Irthümer, und ein Wunsch für sein Vaterland seyn wird!

Ende.

(de Lamartine, 1847)

Kurzer Lebensabriß des Generals Dümouriez.

Aus einem Briefe an einen seiner Freunde.

Doch, liebster Freund, wir wollen alle diese metaphorische, und für einen Brief zu hochtrabende Gedanken fahren lassen, und bloß das Resultat aus unsern Grundsätzen ziehen. Hier ist es: wir müssen in unserer Lage so viel gutes thun, als möglich ist; wir müssen gut, aber vor allen Dingen gerecht seyn; uns nicht an das Urtheil und die Meinungen der Menschen binden, und unsere Handlungen dem Zwange des qu'en dira t'on nicht unterwerfen. Zumal bei großen Volkserschütterungen, bey großen Staatsrevolutionen muß dieser Grundsatz fest und unveränderlich stehen. Als dann ist es Noth, alle seine Talente aufzubieten, um sein Volk zu retten, sein Genie zu erschöpfen, um ihm die Gefahr worin es sich stürzt vorzustellen, und seine äußersten Kräfte anzustrengen, um sich selbst am Rande des Verbrechens zurückzuhalten, <313> und nicht in den Abgrund zu stürzen. Wenn man sich von allen Partheyen gehaßt und verfolgt sieht, weil alle Partheyen durch gewaltsame Leidenschaften hingerissen werden, und man keiner von ihnen geschmeichelt hat; so tröstet man sich durch den Gedanken, daß man beständig gethan hat, was man für seine Pflicht hielt. Als dann scheinen die Verfolgungen bald nichts mehr zu sein, als ein zufälliges Unglück, welches man mit Muth erduldet, weil es ein Ende nehmen muß,– und die Pilgerschaft wird vollbracht.

Immer weiß, mit der Zeit, die Geschichte den tugendhaften Mann wieder in seiner wahren Gestalt aufzustellen. Ich habe unstreitig vielen militärischen Ruhm eingeerndtet; und da ihn meine Zeitgenossen nicht vernichten können, so suchen sie ihn wenigstens dadurch zu verdunkeln, daß sie mich als einen Menschen ohne Grundsätze, ohne Sitten, ohne Treu und Glauben schildern. Sie suchen mich von der Bühne zu verdrängen, um mittelmäßigen Akteurs Ruhm zu verschaffen. Ich will abtreten, will in einem <314> Winkel des Parterre als bloßer Zuschauer stehen bleiben, will aber nicht den großen Schauplatz der Welt mit Schande verlassen. Dieser Entschluß hat mich zu zwey entscheidenden Schritten verleitet: der erste besteht darin, daß ich mit großer Eile die letzten Begebenheiten meines Lebens, weil diese der Verläumdung am meisten ausgesetzt sind, zu meiner Rechtfertigung beschrieben, und dem Publikum in ihrer ganzen Wahrheit vorgelegt habe.

Mein zweiter Schritt ist, mich von selbst dem Kaiser, bei dem man mich auf das gröbste belogen, auf das schändlichste angeschwärzt hat, in die Hände zu liefern, sobald ich in Erfahrung gebracht, daß er den Befehl gegeben, mich arretieren zu lassen. Dieser Schritt ist nicht in dem gewöhnlichen Gange der Klugheit; allein Tugend und Rechtschaffenheit haben ihren besondern Gang, ihre besondern Regeln und Gründe. Hier sind die meinigen:

1. dieser freymüthige Schritt soll dem Kaiser zeigen, daß ich mich nicht schuldig fühle; soll alles Vorurtheil <315> bey ihm ersticken, und seiner Gerechtigkeit allein Raum lassen.

2. Der Kaiser ist gerecht, und ich glaube es; folglich muß ihm dieser Beweis meines Zutrauens gefallen, und mir sein Wohlwollen zuziehn.

3. Entweder wird er mir die Klagepunkte, die man ihm gegen mich beigebracht hat, vorlegen, und alsdann werde ich sie umstoßen; oder er wird mir meine Freyheit rauben, ohne mich anzuhören.

In dem ersten Falle, zumal da meine Memoiren ungefähr zu gleicher Zeit erscheinen, werde ich die Bühne der großen Welt auf eine für mein Vaterland und für die Menschheit nützlichere Weise wieder betreten, weil ich das Zutrauen eines Monarchen, dem die Wiederherstellung der Ordnung am meisten am Herzen liegt, werde gewonnen haben.

In dem zweyten Falle werde ich bloß noch die Last meiner Person zu tragen haben; ich werde leiden, geläutert werden und – sterben. Die Geschichte meines Lebens wird mein Andenken rächen. Betrogene Hoffnung, verrathenes Zutrauen, Ungerechtigkeit – dieß alles <316> wird auf meine Verfolger zurückfallen, und der Kaiser selbst wird mich bedauern.

Ich bin kommenden Monat fünf und funfzig Jahre alt. Ist es der Mühe werth, sich schimpflich zu verbergen, um einige Tage voll Bitterkeit, beständiger Unruhe und Schmach seinem Leben zuzusetzen?

Hier ist in wenigen Zeilen die Skizze meines Lebens, die zugleich als ein Nachtrag zu meinen Memoiren angesehen werden kann, wenn man mir nicht Zeit läßt, sie zu endigen. Ich bin 1739 zu Cambery geboren, von mittelmäßigem Stande, aber doch von adeliger Abkunft. Mein

Vater war ein grundgelehrter und grundrechtschaffener Mann; er hat mir eine sehr ausgebildete und strenge Erziehung gegeben. Ich habe mich bereits im achtzehnten Jahre {1757} den Waffen gewidmet, und mich gleich anfangs ausgezeichnet. In meinem 22sten Jahre hatte ich schon das Ludwigskreuz und zwei und zwanzig Wunden.

Nach geschlossenem Frieden {1763} bin ich auf Reisen gegangen, um die Sprachen <317> und Sitten der Völker kennen zu lernen; denn die Moral ist von jeher mein Hauptstudium gewesen. Die Emigrierten haben ausgesprengt, ich sey ein Spion des französischen Ministeriums gewesen. Unstreitig würden die Markis von Tarent und Athen das nämliche vom Pythagoras und Plato gesagt haben, wenn diese sich in meiner Lage befunden hätten.

1768 bin ich aus Spanien nach Hause berufen, und als Stabsoffizier zur Armee in Korsika geschickt worden; nach den zwey glorreichen Feldzügen von 1768 und 1769 hat man mich zum Obersten gemacht.

Im Jahre 1770 schickte mich der Herzog von Choiseul nach Polen, als Gesandter bey den Konföderierten; ich habe in diesem Lande mit sehr abwechselndem Glücke zwei Kampagnen als Chef gemacht, und große Unterhandlungen betrieben. Die Polen hatten ihre Maaßregeln schlecht genommen; und so kam es, daß ihre Revolution verunglückt und das Land geheilt worden ist.

1772 hat sich der Kriegsminister, Markis <318> von Monteynard, meiner bedient, um militärische Verordnungen aufzusetzen und auszuarbeiten. Gegen das Ende des Jahres gab mir dieser Minister, auf besondern Befehl Ludwigs XV, einen geheimen Auftrag, welcher Bezug auf die schwedische Revolution hatte. Dieser Auftrag, über welchen ich unmittelbar vom Könige selbst Verhaltungsbefehle erhielt, war dem Herzog von Aiguillon, Minister des auswärtigen Departements, unbekannt; er ließ mich in Hamburg arretieren, und 1773 nach der Bastille bringen. Ludwig XV, der selbst keinen festen Charakter besaß, und noch überdieß durch seine Mätresse, die Gräfinn Dübarry, und durch ihren Günstling, seinen allmächtigen Minister, am Gängelbande geführt wurde, entzog dem tugendhaften Monteynard seine Gnade, verhehlte den Antheil, den er selbst an meinem Auftrag gehabt hatte, und überließ mich der ganzen Last eines Kriminalprozesses, den gleichwohl der Herzog von Aiguillon, vermuthlich weil er die Wahrheit ahndete, nicht aufs äußerste kommen <319> ließ. Ich schlug mehr als ein

Anerbieten, mehr als ein Geschenk dieses Majordom's aus, den ich nicht hochschätzen konnte, und ward, nach einem halben Jahre, auf drei Monate zu Caen auf die Festung gebracht.

Ludwig XV starb 1774; und der Herzog von Aiguillon fiel in Ungnade. Ich mochte mich des Rechts nicht bedienen, daß mein Verhaftsbrief vom verstorbenen Könige war, um meine Freiheit wieder zu erhalten; ich schrieb an Ludwig XVI, und ersuchte ihn, mich nach der Bastille bringen, und meinen Prozeß von neuem untersuchen zu lassen. Der König wollte mich nicht wieder in ein Gefängniß schicken, und er nannte bloß drey Staatsminister, die Herren de Muy, Vergennes und Sartines, zu meinen Richtern; sie gaben einmüthig die Erklärung von sich, und unterschrieben sie, ich sei ungerechter Weise verfolgt worden. Ich ward auf der Stelle in meiner Eigenschaft als Oberster wieder in Aktivität gesetzt und nach Lille geschickt, um die neuen <320> militärischen Manövres auszuführen, die der Baron von Pirch aus Preußen mit sich gebracht hatte. Man übertrug mir auch die Untersuchung eines Projekts, der Lys eine kürzere Richtung zu geben, und eines andern Projekts, zu Ambleteuse im Kanal einen Hafen anzulegen. Ich beschäftigte mich zu Ende des Jahres 1774 und das ganze Jahr 1775 mit diesen Arbeiten.

1776 wurde ich als königlicher Kommissar mit dem Schiffskapitain, Chevalier d'Oisy und dem *Maréchal de Camp* Laroziere, einem der geschicktesten Militäringenieure von Europa, beordert, einen bequemen Ort zur Anlegung eines Hafens im Kanal aufzusuchen. Das Jahr 1777 brachte ich auf dem Lande, vierundzwanzig Lieues von Paris, zu. Dieses Jahr ist das einzige meines Lebens worin ich der Ruhe genossen; und nicht einmal ganz, denn zu Ende des Jahres berief mich der Kriegsminister, Prinz von Montbarey zu sich, bei Gelegenheit des amerikanischen Krieges, den ich vorausgesehn und vorausgesagt hatte. <321> 1778 wurde, auf meinen Vorschlag und zu meinem Behuf die Kommendantenstelle zu Cherbourg wiederhergestellt, und der Ort zu einem neuen Hafen am Kanal ausersehen. Unterstützt durch den Eifer, die Thätigkeit und das Ansehen des Herzogs von Harcourt, Gouverneurs der Provinz, ließ ich zu Gunsten von Cherbourg den Prozeß, der seit hundert Jahren zwischen dieser Stadt und Lahogue, wegen Anlegung eines militärischen Hafens obgewaltet hatte, entscheiden. Seit diesem Zeitpunkt bis 1789, bin ich mit diesem Hafenbau beschäftigt, und nur dreimal in Paris gewesen. Cherbourg hatte nur siebentausend dreihundert Einwohner als ich dahinkam, und ich habe eine Volksmenge von ungefähr zwanzigtausend Seelen zurückgelassen.

Nachdem mich die Emigrirten, so lange ich auf Reisen war, für einen Spion der Minister ausgegeben hatten, haben sie nicht ermangelt, mich als ein intrigantes Werkzeug der Kriegsbüreaux zu verschreien, ungeachtet ich in Zeit von zwölf Jahren keine <322> sechs Monate in Paris zugebracht habe, und sehr selten nach Versailles gekommen bin.

Doch wir wollen zusammenrechnen. Zweiundzwanzig Wunden im siebenjährigen Kriege, sechs Kampagnen in Deutschland, zwei in Korsika, zwei in Polen, und geheime wichtige Aufträge, die Anlegung einer Stadt und eines Hafens für Kriegsschiffe, zwanzigjährige Reisen in ganz Europa, das Studium der Sprachen, der Kriegskunst, der Politik – Ich wünsche, daß sich in Frankreich viel dergleichen Spione und Intriganten bilden mögen. Wenn Männer, die durch ihre Geburt, ihre Reichthümer, und die Stellen die sie bekleideten, berufen waren, den Ruhm und den Wohlstand ihres Vaterlandes aufrecht zu erhalten, sich eben so viel Mühe, und ihrem Verstande eben so viel Ausbildung gegeben hätten, so würde eine Revolution entweder ganz überflüßig gewesen, oder doch viel besser zu Stande gebracht worden seyn. Ich, für meine Person, hatte eigentlich nichts dabei, zu gewinnen. <323> Ich war schon in die Mitte der *Maréchaux de Camp* hinaufgerückt, war sicher bald Generallieutenant und Ludwigsritter zu werden, und ein Kommando im Kriege zu erhalten. An Gehalt und Pensionen zog ich zwanzigtausend Livres, eine für meine Bedürfnisse hinreichende Summe. Allein ich sah mein Vaterland von außen verschmäht, von innen zerrüttet. Seit langer Zeit sah ich den schrecklichen Ausbruch dieser großen Staatsveränderungen voraus; und ich hatte, in verschiedenen Memoiren, im sorgsamsten Tone abgefaßt, diejenigen unter den Ministern, denen ich meine Achtung nicht versagen konnte, gewarnt.

Endlich ist 1789 die Revolution ausgebrochen; ich habe sie in dem Theile von Frankreich, wo ich das Kommando führte, mit Vernunft und Mäßigung befördert; ich habe zu Cherbourg die Exzesse des Pöbels mit dem Tode bestrafen lassen, ohne daß mir das Volk hat Schuld geben können, daß ich mich an seine Freiheit vergriffe. Meine Kollegen, die übrigen <324> Kommendanten, würden der Nation einen wichtigen Dienst erzeigt haben, wenn sie mit gleicher Einsicht gleiche

Standhaftigkeit verbunden hätten. Die militärischen Kommendantenstellen wurden bald eingezogen; und ich begab mich nach Paris, wo ich während zwei Jahr den Gang der Revolution studirt habe. Die Flucht der Prinzen war dem Könige höchst nachtheilig gewesen. Ich habe vorausgesehen, daß ihm das Veto ganz unnütz seyn, und seinen Sturz verursachen würde; ich habe mich diesem Veto so viel widersetzt, als es einem Particulier, der nicht mit zu der Anzahl der Gesetzgeber gehörte, möglich war.

1791 bin ich zum militärischen Kommendanten von Nantes bis Bordeaux ernannt worden. Bey meiner Ankunft führte man einen Religionskrieg in der Vendee; man steckte Schlösser in Brand: ich habe alles was ich konnte gerettet, besänftiget, wieder in Ordnung gebracht, bis zum Monat Februar 1792, wo ich nach Paris berufen, zum Generallieutenant und zum Minister <325> der auswärtigen Angelegenheiten ernannt wurde.

Man wirft mir vor, daß ich die Kriegserklärung bewirkt habe; allein ich werde beweisen, daß der Krieg unvermeidlich war, daß er schon vorher existierte. Uebrigens war ich ganz der Meinung, daß der Krieg erklärt werden müßte; der König war derselben Meinung[v]; er hat nicht allein meinen Bericht an die Nationalversammlung, den er drei Tage lang in Händen hatte, genehmiget, sondern sogar einige Stellen verändert, und seine bei dieser Gelegenheit gehaltene Rede selbst ausgearbeitet. Nach drei Monaten hatte ich mich mit allen Faktionen überworfen, weil ich wollte, daß der König in seinem Konseil mit Würde präsidiren, und konstitutionsmäßig regieren sollte; ich veränderte das Ministerium, unter der Bedingung daß der König zwey Dekrete sanktionierte, die ich zu seinem Nutzen gereichen lassen wollte; ich wollte zu gleicher Zeit abdanken; er gab es nicht zu; auf seinen Befehl wechselte ich bloß meine Stelle <326> und übernahm das Kriegsministerium. Wie ich aber gleich nachher sah, daß mich der Hof betrogen hatte[w], und mir der König die verabredete Sanktion versagte, wollte ich nicht das Werkzeug einer Intrigue seyn; ich kündigte dem unglücklichen Ludwig XVI und seiner Gemahlinn alle ihre künftige Unfälle vorher, und gab nach drey Tagen meine Dimission. Ich bin nicht aus dem Ministerium gestoßen worden, wie es die Emigrierten haben drucken lassen; ich habe meine Stelle, aller Bitten Ludwigs ungeachtet, von selbst niedergelegt; zwey

Tage lang hat er meine Dimission nicht annehmen wollen, und als wir uns verließen, vermischten sich seine Thränen mit den meinigen.

Hierauf habe ich mit Ruhm und Glück Krieg geführt. Hätten die Franken so viel Weisheit und Tugend gezeigt, als sie Glück gehabt haben, so würde der Friede längst geschlossen seyn, Ludwig XVI würde leben, die Nation sich nicht mit so vielen Verbrechen besudelt haben, nicht das Joch <327> der Anarchie tragen; kurz Frankreich würde mit seiner Konstitution und unter seinem Könige Glück und Ruhm genießen.

Dieses ist das schnellentworfene Gemälde meines Lebens; es wird die Stelle meiner weitläufigern Memoiren ersetzen, wenn man mir nicht Zeit läßt, sie zu vollenden, und sie dem Publikum vorzulegen. Leben Sie wohl, würdigster Freund; mein Herz hat sich in diesem wichtigen Briefe erleichtert. Ich erwarte hier ohne Unruhe den Befehl des Kaisers und die Entscheidung meines Schicksals; meine Seelenkräfte, anstatt sich zu schwächen, finden im Unglück neue Nahrung, und ich fühle es, daß ich mir immer gleich bleiben werde.

Dümouriez.

Charles-François du Périer du Mouriez (1739-1823) war ein französischer General. Aufgewachsen und emporgestiegen im Ancien Régime diente er in den ersten Jahren der Revolution den neuen Machthabern, überwarf sich aber bald mit ihnen wegen der Hinrichtung des Königs Ludwigs XVI. und ging 1793 zu den Österreichern; damit war seine militärische Laufbahn beendet, ebenso eine mögliche politische Karriere. Zur Rechtfertigung seines Handelns verfasst er sofort seine „Mémoires" im Jahr III der Republik, die 1794 in Paris, London, und Hamburg[65] erschienen und noch in demselben Jahr ins Deutsche übersetzt und mehrfach gedruckt wurden. Inhaltlich sind in der Einleitung von 1794 [Seite 9 ff] die nötigen Erläuterungen schon gegeben worden.

Heute würde man hinzusetzen: Ähnlich wie Lafayette (*1757) oder Custine (*1740) war Dumouriez (*1739) ein Offizier der alten Garde, der sich in dem gefährlichen Pariser Ränkespiel der Revolutionäre verhedderte; sein in der Aufklärung verankerter Versuch, den König zu retten und gleichzeitig Frankreich vor den ausländischen Mächten zu schützten, war zum Scheitern verurteilt. Die jüngere Garde der Generäle (z. B. Marceau *1769, Hoche[66] *1768 oder Bonaparte *1769) hatten weniger Probleme mit der revolutionären Regierung der Mitt-Neunziger Jahre.

Sowohl in der französischen Fassung als auch den deutschen Fassungen lautet der Untertitel „écrits par lui-mème / von ihm selbst geschrieben". Dies ist nicht zutreffend. Abgesehen davon, dass Dumouriez – wie Julius Caesar – von sich in der dritten

---

[65] Hamburg: »Edition conforme à l'original, ornée du Portrait de l'Auteur.«
[66] Siehe (Flörken, Staatsakte und Leichenfeier zu Ehren des Generals Hoche 1797, 2017).

Person geschrieben hätte, gibt der anonyme Herausgeber/Ghostwriter an, Belgier zu sein[67]; offensichtlich hat er Aufzeichnungen und/oder Aussagen Dumouriez' verwendet und niedergeschrieben. An zwei Stellen [Seite 146 und Seite 227] tritt Dumouriez als „ich" auf. Unkritisch sich selbst gegenüber ist er nicht: er gesteht Fehler ein [Seite 120]; der Herausgeber wiederum nimmt ihn in Schutz [Seite 126], zeigt aber auch seine Fehler und Schwächen auf [Seite 224].

»Der Herausgeber [von 1794] bedauert, daß er hier und an mehrern andern Stellen für die Rechtschreibung mancher eigenen Nahmen nicht stehen kann, weil sie in der Handschrift zu undeutlich geschrieben sind. – Anmerkung des franz. Herausgebers. – Da das Original überdieß sehr fehlerhaft und nachlässig gedruckt ist, so muß der Uebersetzer gleichfalls um Verzeihung bitten, wenn er nicht alle Unrichtigkeiten in der Schreibart der eigenen Nahmen verbessert hat. Hier muß z. B. statt Chestrel, Chestret gelesen werden. – Zusatz d. Uebersetzers. « [= Anmerkung Nr. 25].

Demnach hat 1794 ein Franzose den Druck und die Herausgabe des handgeschriebenen Textes in französischer Sprache besorgt. Die Pariser Ausgabe kann das aber nicht sein, denn deren Herausgeber schreibt in seinem „Avis", dass er die Ausgabe Hamburg/Leipzig in Händen halte [siehe Endnote a]. Vielleicht ist diese die Erstausgabe, denn Benjamin Gottlob Hoffmann setzt auf die Titelseite die Bemerkung „Edition conforme à l'original"; Hoffmann publiziert 1795 auch die beiden Bände „Traités politiques" Dumouriez'.

---

[67] Siehe Anmerkung 55.

Offensichtliche Setzfehler sind stillschweigend korrigiert worden[68]. Die Anmerkungen Girtanners sind in die Endnoten gesetzt worden. Die ( ) der Vorlage sind in { } geändert worden. Zusätze des modernen Herausgebers sind in [ ], Fussnoten der Vorlage in » « gesetzt.

---

[68] z. B. „bewrikte" in II, 175.

Literaturverzeichnis

Berville/Barriere (Hrsg.). (1822 f). *La Vie et les Mémoires du Général Dumouriez, Tome 1-4*. Paris: Baudouin.

de Lamartine, A. (1847). *Portraits-Vignettes pour l'Histoire des Girondins*. Paris: Furne.

Dumouriez, C.-F. (1794). *Denkwürdigkeiten des Generals Dümuriez* (Bd. 1+2). (C. Girtanner, Hrsg.) Berlin: Lagarde/Unger.

Dumouriez, C.-F. (1794). *Mémoires du Général Dumouriez (F)*. Francfort et Leipzig.

Dumouriez, C.-F. (1794). *Mémoires du Général Dumouriez (H)*. Hambourg: Hoffmann.

Dumouriez, C.-F. (1794). *Mémoires du Général Dumouriez (L)*. London.

Dumouriez, C.-F. (1794). *Mémoires du Général Dumouriez (P)*. Paris: Michel.

Dumouriez, C.-F. (1794/95). *Denkwürdigkeiten des Generals Dümouriez* (Bd. 1+2). (C. Girtanner, Hrsg.) Frankfurt und Leipzig.

Dumouriez, C.-F. (1795). *Das Leben des Generals Dumouriez, 3 Theile*. Hamburg: Hoffmann.

Dumouriez, C.-F. (1795). *La Vie du Général Dumouriez, Tome 1-3*. Hamburg.

Dumouriez, C.-F. (1795). *Memoirs of General Dumouriez, written by himself*. London: Walker.

Dumouriez, C.-F. (1797). Aux Assemblées primaires de France. In *Receuil de Traités politiques du Général Dumouriez, 1* (S. 210 ff). Hamburg: Hoffmann.

Dumouriez, C.-F. (1797). Coup-d'oeil politique sur l'Avenir de la France. In *Receuil de Traités politiques du Général Dumouriez, 1* (S. 12 ff). Hamburg: Hoffmann.

Dumouriez, C.-F. (1797). De la Republique. In *Receuil de Traités politiques du Général Dumouriez, 2* (S. 60 ff). Hamburg: Hoffmann.

Dumouriez, C.-F. (1797). Examen impartial de la Déclaration de Louis XVIII le 15.09.1795. In *Receuil de Traités politiques du Général Dumouriez, 2* (S. 12 ff). Hamburg: Hoffmann.

Dumouriez, C.-F. (1797). Lettre au Traducteur de l'Histoire de sa Vie. In *Receuil de Traités politiques du Général Dumouriez, 1* (S. 400 ff). Hamburg: Hoffmann.

Dumouriez, C.-F. (1797). *Receuil de Traités politiques du Général Dumouriez, Tome 1-2*. Hamburg: Hoffmann.

Dumouriez, C.-F. (1797). Réponse du Général Dumouriez au Rapport du Député Camus. In *Receuil de Traités politiques du Général Dumouriez, 2* (S. 196 ff). Hamburg: Hoffmann.

Dumouriez, C.-F. (1834). *Mémoires et Correspondance inedits du Général Dumouriez*. Paris: Renduel.

Dumouriez, C.-F. (1835). *Mémoires et Correspondance inedits du Général Dumouriez*. Brüssel/Leipzig: Meline.

Flörken, N. (Hrsg.). (2017). *Staatsakte und Leichenfeier zu Ehren des Generals Hoche 1797*. Norderstedt: Books on Demand.

Flörken, N. (Hrsg.). (2019). *Die Französische Revolution in dem Politischen Journal des G. B. von Schirach, 3 Teile*. Norderstedt: Books on Demand.

Flörken, N. (Hrsg.). (2019). *Die Französische Revolution in Schlözers Stats-Anzeigen*. Norderstedt: Books on Demand.

Girtanner, C. (Hrsg.). (1793). *Politische Annalen (April, May, Juny)* (Bd. 2). Berlin: Unger.

Girtanner, C. (Hrsg.). (1793). *Politische Annalen (July, August, September)* (Bd. 3). Berlin: Unger.

Mémoires posthumes de Général François Comte de Custine, redigés par un de ses Aides de Camp, Tome 1-2. (1794). Hambourg/Francfort.

Index

In den französischen Namen – z. B. Lebrün – wurde der Umlaut „ü" im Index durch das normale „u" ersetzt.

Inhalt

[Die Seitenangaben beziehen sich auf die Berliner Ausgabe.]

[a] Nur in der Pariser Ausgabe: »Avis. Les Mémoires de Dumouriez, publiés chez l'étranger, sous la datte de 1794 {v[ieux] st[yle]}, édition de Hambourg et Leipzig, me sont tombés entre les mains: j'ai cru rendre service à mon pays et au gouvernement, en les réimprimant. J'y ai fait toutefois quelques retranchemens que j'ai cru nécessaires. Des Français n'auraient pu voir qu'avec indignation des blasphèmes contre le gouvernement républicain, coloriés avec des sophismes assez brillans. Il était inutile et même dangereux de donner à de certaines gens des sujets de jubilation. Ces Mémoires < > pourront rectifier quelques jugemens sur les choses et les individus, et servir aux écrivains, qui se sont dévoués à l'honorable tache d'écrire les annales de notre révolution.«

[b] Vorrede, S. XVII Warum weigerte sich dieser General.
Man hat dem General Dümouriez mit Recht vorgeworfen, daß er, welcher sein Betragen so oft änderte, als er es seinem Interesse angemessen fand, und welcher jedesmal andere Gesinnungen heuchelte, so oft eine neue Parthey, oder Faktion, die Oberhand gewann, der erste General gewesen sey, welcher die Greuelthaten des zehenten Augusts 1792 gebilligt und die neugeschaffene Republik anerkannt habe, so wie er nachher der erste General war, welcher an eben dieser Republick zum Verräther wurde. Die näheren Umstände der Begebenheit, auf welche Dümouriez in dieser Stelle anspielt, sind folgende.
Zu Anfange des Augusts 1792 bestand die französische Macht aus 150 000 Mann, die in drey Armeen getheilt waren. Die Nordarmee, unter den Befehlen Lafayettes und Luckners, war von einem, in Brabant versuchten, Einfalle zurück gekommen, welcher sich mit dem Verbrennen der Vorstädte der Stadt Courtray endigte. Die beyden Generale Lafayette und Luckner hatten den Befehl erhalten, diese Armee zu verlassen, und sich so schnell als möglich nach den Oertern<330> zu begeben, die von dem Herzoge von Braunschweig bedroht wurden. Während ihrer Abwesenheit hatte der Freund Lafayettes, der General Arthur Dillon, das Kommando über die Nordarmee übernommen, die sich damals in den schlechtesten Umständen befand. Unter Arthur Dillon dienten die Generale Dümouriez und Beurnonville. Am zehnten August befand sich Lafayette zu Sedan, an der Spitze der Ardennen-Armee. Dort erfuhr er die schrecklichen Begebenheiten, welche zu Paris vorgefallen waren, und gab seinem Freunde Dillon Nachricht davon. Der General Dillon ließ, seinem

Könige und der Konstitution getreu, am 13. August in seinem Lager folgendes bekannt machen:
Große und unglückliche Begebenheiten sind in der Stadt Paris vorgefallen. Der General Dillon, welcher an der nördlichen Gränze das Hauptkommando führt, kann dieselben der Armee nicht mittheilen, ehe er nicht auf eine offizielle oder sichere Weise davon unterrichtet ist; allein man versichert, die Konstitution sey verletzt worden. Wer die Meineidigen auch seyn mögen, so sind sie die Feinde der frankreichischen Freyheit. Der General ergreift diese gefahrvolle Gelegenheit, um den Eyd zu wiederholen, daß er den letzten Tropfen seines Blutes für die Aufrechthaltung und Unverletztheit der Konstitution des Königreiches, welche während der Jahre 1789, 1790 und 1791, von der konstituierenden Nationalversammlung <331> beschlossen worden ist, vergießen, und daß er in Allem der Nation, dem Gesetze und dem Könige getreu seyn will.
Der an der nördlichen Gränze kommandierende Generallieutenant
Arthur Dillon.
Diese Proklamation sandte der General Dillon an alle seine untergebenen Offiziere, auch an den, im Lager von Maulde kommandierenden General Dümouriez. Diesem schrieb er zugleich den folgenden Brief:
Im Hauptquartier zu Aymeries, am 13. August 1792.
Mein lieber General. Ich habe, obgleich nur sehr unvollständig, die Begebenheiten erfahren, welche zu Paris vorgefallen sind. Da ich kein Mitglied irgend einer Parthey bin, so erkenne ich nichts, als die Konstitution und meinen Eyd. Diesen werde ich niemals verletzen. Es war mein heißester Wunsch, die auswärtigen Feinde zu bekämpfen, und seit ich in diesem Lande Befehlshaber bin, habe ich kein Mittel versäumt, um über sie zu siegen. Jetzt zeigen sich die Dinge von einer neuen Seite, und ich muß, wegen des Postens den ich bekleide, meine wahren Gesinnungen offenherzig kund thun. Ich ersuche Sie daher, in die Ordre, welche morgen in dem Lager zu Maulde ertheilt wird, diejenige Ordre einzurücken, welche ich Ihnen beyliegend übersende: Ich erwarte es von der Treue, die Sie mir versprochen haben; und, <332> wenn es sein muß, so gebe ich Ihnen den positiven Befehl dazu.
Arthur Dillon.
Dümouriez, welcher während der ganzen Zeit, da er bei der Armee das Unterkommando hatte, niemals einen Befehl seiner Oberoffiziere befolgte, wenn derselbe nicht mit seiner eigenen Neigung übereinstimmte, war auch diesmal ungehorsam, Er wollte weder mit Lafayette, den er haßte, noch mit dessen Freunden, gemeine Sache machen, sondern eine unabhängige Rolle für sich spielen, unbekümmert ob die Moral sein Betragen billige, oder nicht. Er machte sich über seinen Befehlshaber Dillon lustig, und schrieb ihm die folgende Antwort:

Mein lieber General. Ich bin äußerst betrübt, daß Sie eine so unvorsichtige Ordre ertheilt haben. Ich werde mich wohl hüten, dieselbe in dem Lager zu Maulde vollziehen zu lassen. Sie hätten offizielle Nachrichten, oder die Ankunft der Kommissarien abwarten sollen, und vorzüglich hätten Sie sich nicht auf eine Weise erklären sollen, die ein Verbrechen gegen die Souverainetät der Nation ist. Ich habe jetzt nicht Zeit Ihnen meine Beweggründe auseinander zu setzen; allein ich hoffe, daß Sie, bey genauerer Ueberlegung, es mir Dank wissen werden, nicht gehorcht zu haben, und daß Sie selbst in Ihrer Armee den Eindruck wieder auslöschen werden, welchen eine so unschickliche Ordre hat hervorbringen müssen. Ich sage Ihnen die <333> Wahrheit als Freund, wenn Ihr Patriotismus die Probe aushält.
Dümouriez.
Am 14. August 1792.
An demselben Tage schrieb Dümouriez seinem Freunde, dem Jakobiner Gensonné, nach Paris:
Dillon hat sich selbst zu Grunde gerichtet, durch eine Deklaration des Royalismus, die er, als einen Befehl, in seinem Lager zu Pont sür Sambre erlassen, und die er mir in meinem Lager bekannt zu machen befohlen hat. Ich bin ihm förmlich ungehorsam gewesen, und ich habe die Aktenstücke darüber den Kommissarien der Versammlung, welche bey der Armee angekommen sind, übergeben lassen. Morgen erwarte ich diese Kommissarien in meinem Lager. Ich hoffe der Souverainetät und Freyheit des frankreichischen Volkes große Dienste leisten zu können.
Mit diesem Briefen übersandte der General Dümouriez der Nationalversammlung zugleich seinen neuen Eyd, daß er die Republik aufrecht erhalten wolle. Unter allen Generalen der frankreichischen Armee war er der erste, welcher diesen Eyd ablegte. Hierdurch erwarb er sich das unumschränkteste Zutrauen der Nationalversammlung, welche ihm, zur Belohnung, zuerst das Kommando über die Nordarmee, an der Stelle des Generals Lafayette, und bald nachher das Hauptkommando über alle Truppen der Republik, übertrug. <334> Am 20. August kamen die Kommissarien der Nationalversammlung in dem Lager zu Maulde bey dem Generale Dümouriez an; und die Art, wie er dieselben empfing, gewann ihm vollends die Gunst der Jakobiner. Er sandte ihnen funfzig Dragoner, nebst einem Hauptmann, einem Lieutenant und einem Unterlieutenant entgegen; und sobald sie mit dieser Begleitung bei dem Lager ankamen, wurde ihnen eine Ehrenwache gegeben, die aus zwei Bataillonen nebst ihren Fahnen befand. Der General umarmten die Kommissarien; und während dieses geschah, wurden alle, in dem Lager und auf den benachbarten Schanzen befindlichen, Kanonen gelöset.
Nach Tische ließ der General die ganze Armee auf zwei Linien unter die Waffen treten, den, zwischen diesen beiden Linien durchgehenden, Kommissarien

der Nationalversammlung das Gewehr präsentieren, und dieselben mit den Fahnen begrüßen.

So behandelte Dümouriez die jakobinischen Kommissarien der Nationalversammlung im August 1792. Sechs Monate nachher ließ er, in demselben Lager, vier Kommissarien der Nationalkonvention gefangen nehmen; und von den funfzig Dragonern, welche die ersten Kommissarien im Triumphe eingeholt hatten, ließ er die letztern in das Hauptquartier des Prinzen von Koburg bringen. Dieses Betragen sucht der General Dümouriez in der angeführten Stelle der Vorrede zu entschuldigen.

Warum, frägt er sich selbst, <335> warum hat Dümouriez, nach der Gefangennehmung des Königs am 10. August, sich geweigert der Ordre zu gehorchen, die er von einem anderen Generale erhielt, unter dessen Befehlen er stand, und deren Inhalt war, daß er die Truppen aufs neue sollte den Eyd der Treue gegen den König leisten lassen?

Seine Antwort auf diese wichtige Frage ist gar nicht befriedigend; und der Vorwurf, den die jetzige Generation sowohl, als die Nachwelt, dem Generale Dümouriez über den Leichtsinn und die Niederträchtigkeit machen kann, mit welcher er seinen, dem Könige und der Konstitution geschwornen, Eyd der Treue gebrochen hat, um sich mit den Jakobinern zu vereinigen, bleibt in seiner ganzen Stärke. Wie edel handelte in demselben Zeitpunkte der General Lafayette! Er verließ sein Vaterland, und verdammte sich selbst zu einer freiwilligen Verbannung, die leider! nachher in Gefängniß verwandelt wurde, um seinem Eyde und seiner Pflicht nicht entgegen zu handeln.

^c Vorrede, S. XVIII. Warum hat der General Dümouriez.

Der zweite Vorwurf, gegen den sich der General vertheidigt, ist der, daß er das Ansehen der Nationalkonvention anerkannt, und die Abschaffung des Königthums sowohl, als die Errichtung der Republik, gebilligt habe. Auch dieser Vorwurf ist sehr gegründet. Nach dem Rückzuge der Preußischen Armee aus Champagne, reiste Dümouriez nach Paris. Daselbst <336> erschien er am 12. Oktober 1792 vor der Konvention, und hielt eine Rede, worin er sagte:

Die Freiheit siegt überall. Geleitet durch die Philosophie wird sie sich auf alle Throne setzen, wann sie den Despotismus wird zu Boden geschlagen, wann sie die Völker wird aufgeklärt haben. Die Konstitution, an welcher Sie jetzt arbeiten wollen, wird die Grundlage des Glücks und der Brüderschaft der Völker ausmachen. Dieß wird der letzte Krieg seyn; und die Tyrannen sowohl, als die Privilegirten, werden in ihren sträflichen Planen sich irren; sie werden die einzigen Schlachtopfer dieses Kampfes zwischen der willkührlichen Gewalt und der Vernunft seyn. Ich bin nur auf vier Tage hieher gekommen, um den Plan zu dem Winter-Feldzuge mit dem vollziehenden Rathe zu verabreden. Ich bediene mich dieser Gelegenheit, um Ihnen meine Huldigungen darzubringen.

Ich will Ihnen keinen neuen Eyd leisten; aber ich will mich würdig zeigen, die Kinder der Freyheit anzuführen, und den Gesetzen Kraft zu verschaffen, welche das souveraine Volk sich, durch Sie, selbst geben wird.

Man konnte der Konvention nicht niederträchtiger schmeicheln. Wenn also der General Dümouriez jetzt, zu seiner Entschuldigung, sagt, daß er dessen ungeachtet damals schon die Absicht gehabt habe, den König zu retten und die Konstitution von 1791 wieder herzustellen: so halte ich dieses für sehr unwahrscheinlich. Denn ob es gleich bekannt ist, daß der General Dümouriez <337> von jeher Gesinnungen geheuchelt hat, die ihm fremd waren, ob er gleich alle mit denen er unterhandelte, betrogen hat, ob er sich gleich einen solchen Betrug hier zur Ehre rechnet: so stimmen doch seine Reden und Handlungen in jenem Zeitpunkte mit diesem Vorgehen zu wenig überein, als daß man demselben solte Glauben beymessen können. Die Nachwelt wird den General nach seinen Handlungen und nach seinen Reden richten; nicht nach seinen vorgeblichen Gedanken und Gesinnungen, deren Erforschung nur der Vorsehung zukommt.

[d] Vorrede, S. XXIV. Erstlich, hat er sich zu keiner andern Parthey geschlagen
In dieser Stelle sucht der General, so wie überhaupt in dem ganzen Buche, sich gegen den Vorwurf zu vertheidigen, der ihn nur zu sehr trifft, daß er nämlich eine Plane, Absichten, Gesinnungen, und überhaupt sein ganzes System, nach Beschaffenheit der Umstände geändert habe. Er will beweisen, daß dieser Vorwurf ungegründet sey, und daß seine Handlungen immer konsequent gewesen wären. Er habe, sagt er, nicht, wie man ihm vorwerfe, seine Parthey verändert, nachdem er geschlagen worden; denn er habe zwar die Republikaner verlassen, aber er sey deßwegen doch nicht zu den Royalisten übergegangen. Freilich nicht; und zwar deswegen, weil er
gegründete Ursachen hatte zu vermuthen, daß ihn die Royalisten, die frankreichischen Prinzen nebst ihrem adelichen Anhange, nicht würden angenommen, ihm wenigstens niemals <338> getraut haben.
Weil er bei dieser Parthey nur die zweite, oder dritte, Rolle würde haben spielen können, da die Prinzen selbst, nebst dem vormaligen Minister Calonne, an der Spitze derselben standen. Dümouriez Ehrgeiz erlaubte ihm aber nicht, sich mit einer andern Parthey zu verbinden, als mit einer solchen, deren Haupt er sein könnte.
Ging er nicht zu den Royalisten über, weil diese Parthey die schwächste unter allen ist, in Frankreich die wenigsten Anhänger hat, und dem zufolge schwerlich ihren Plan, die vormalige Regierung mit allen Mißbräuchen derselben wieder einzuführen, wird durchsetzen können. –
Dessen ungeachtet ist Dümouriez allerdings von einer Parthey zur andern übergegangen, nämlich von der republikanischen zur monarchischen; von

der demokratischen zur konstitutionellen; von den Jakobinern zu den Feuillants; von Brissots und Pethions Parthey zu der Parthey des Generals Lafayette, den er selbst vorher so oft einen Verräther und Treulosen genannt hatte.

^e Vorrede, S. XXVI. Den 12. März schrieb er den bekannten Brief.
Man findet dieses Schreiben in (Girtanner, Politische Annalen (April, May, Juny), 1793, S. 403 ff).

^f Vorrede, S. XXVI. In einem Briefe des Kurfürsten von Köln.
Dieses Schreiben, von welchem Dümouriez selbst gesteht, daß es ihn sehr gekränkt habe, findet sich in (Girtanner, Politische Annalen (July, August, September), 1793, S. 275 f). [Darin fordert Max Franz ihn auf, das kurkölnische Mergentheim zu verlassen.]

^g Theil 1, S. 1. Man hat ein vorher gehenden Abriß gesehen.
Diese Stelle des zieht sich auf den vorigen Band, welche die Geschichte des Feldzuges im Jahre 1792 enthält, und in der Folge erscheinen wird. [hier nicht abgedruckt.]

^h Theil 1, S. 24. Er hieß Meusnier.
Dieser Meusnier ist in der gelehrten Welt durch einige vortreffliche physikalische und chemische Aufsätze bekannt, welche sich unter den Abhandlungen der königlichen Akademie der Wissenschaften zu Paris befinden.

ⁱ Theil 1, S. 24. Hassenfratz.
Diesen rasenden Jakobiner schildert der General Dümouriez zwar sehr strenge allein ich muß gestehen, daß er ihm nicht Unrecht thut. Niemals hätte ich geglaubt, daß dieser elende Mensch, ohne Erziehung, ohne Sitten, ohne gründliche Kenntnisse und ohne einen ausgezeichneten Körperbau, jemals in Stande seyn würde in Frankreich eine große Rolle zu spielen, oder einen Mann von Dümouriez Ansehen und Talenten zu stürzen. Dennoch ist beides geschehen. Während seines Aufenthaltes zu Paris im Jahre 1790 ging der Verfasser dieser Anmerkungen täglich mit ihm um, und machte seine genaue Bekanntschaft. Das neue chemische System, dessen Anhänger wir beide waren, hatte uns zuerst zusammengeführt und öftere Besuche bei den Herren Lavoisier, Monge, Berthollet, und andern berühmten Chemikern, wo wir uns oft antrafen, hatte diese Bekanntschaft enger gemacht. Hassenfratz war damals kein Jakobiner. Er war <340> ein Mitglied des Klubs von 1789; ein Freund von Condorcet, Fauchet, Lafayette, Abbe Sieyes, Mirabeau, Beaumetz u.s.w. Durch ihn machte ich die genauere Bekanntschaft dieser berühmten Männer; durch ihn und

Condorcet wurde ich in den Klub von 1789 eingeführt, welcher mit dem Jakobinerklub in offenbarer Feindschaft lebte. Hassenfratz, oder, wie er eigentlich
heißt, Le Lievre, wurde damals für einen ganz unbedeutenden Menschen gehalten, um dessen einfältiges Geschwätz sich Niemand bekümmerte, und über
den man sich nicht selten lustig machte. Ich habe einigen Auftritten dieser Art
beygewohnt, die ich nie vergessen werde, vorzüglich einem Streite über die
Rechtmäßigkeit der Duelle, während welches Hassenfratz, von den berühmten Männern, deren Nahmen ich genannt habe, auf die bitterste Weise persiflirt
wurde, weil er eine, ihm kurz vorher zugekommene, Ausforderung von Herrn
Seguin, den er auf eine plumpe Weise beleidigt hatte, aus Feigherzigkeit von
sich abzulehnen suchte, nachher wirklich ablehnte, und sich zu einer niederträchtigen Abbitte verstand, welche in die pariser Journale eingerückt wurde.
Hassenfratz lebte damals in der drückendsten Armuth, und er war oft genöthigt mit seiner Beyschläferinn ganze Tage zu hungern. Von dem Elende, welches in seiner schlechten Wohnung herrschte, bin ich mehr als einmal Zeuge
gewesen. Jetzt soll er, wie mir ein Freund schreibt, in einem prächtigen Palaste
wohnen; seine <341> Beyschläferinn soll, in dem Wagen einer vormaligen
Herzoginn, von weißen und schwarzen Bedienten begleitet, in das Schauspiel
fahren, und der vormalige Ohnehose Hassenfratz soll die angesehensten Personen des jetzigen Paris Stundenlang in seinem Vorzimmer warten lassen. –
Der Grund, warum so viele Personen in Deutschland auch jetzt noch den
Greueln zu Paris das Wort reden, und alles anstaunen und bewundern, was daselbst geschieht, ist kein anderer, als der, daß sie die elenden Menschen, welche
an der Spitze der Pöbel-Regierung daselbst stehen nicht persönlich kennen,
und daher nicht wissen, welche Verachtung diese Anführer des blutdürstigen
pariser Gesindels wirklich verdienen, deren ganzes Verdienst in Grobheit,
Plumpheit, und einer, alle Vorstellung übertreffenden, Unverschämtheit besteht. Auffallend ist dabei die Bemerkung, daß zu Paris, so wie in Deutschland,
die süssen Herrchen, welche vormals hoch frisierte und schön geputzt waren,
welche sich wie Puppen zierten und die neuesten Moden zuerst mitmachten,
gerade diejenigen sind, welche jetzt die Rolle der rasendsten Jakobiner spielen,
und die Mode des Sanscülotismus am auffallendsten mitmachen. Hieraus läßt
sich einigermaßen schließen, von welcher Art der Patriotismus dieser Herren
ist, und wie nahe derselbe mit der Eitelkeit verwandt seyn mag.
Vandermonde, dessen Dümouriez am eben dieser Stelle erwähnt, ist der bekannte Chemiker dieses Nahmens.

[j] Theil 1, S. 95. Die dritte Legislatur.
Hier ist ein Schreibfehler. Es muß heißen die gesetzgebende Versammlung, o-
der die zweite Nationalversammlung.

^k Theil 1, S. 130. Der Marineministre Monge.

Dieser Monge ist der bekannte Chemiker dieses Nahmens, welcher, durch verschiedene, vortreffliche, in die Jahrbücher der königlichen Akademie der Wissenschaften und in die Annales de Chymie eingerükte, physikalische und chemische Abhandlungen, auch außer Frankreich berühmt genug ist. Der Verfasser dieser Anmerkungen hat ihn, während eines dritten Aufenthalts zu Paris, im Jahre 1790, genau kennen gelernt, und hält ihn für einen der größten Köpfe, die Frankreich jemals, hervorgebracht hat. Es ist ein Mann von außerordentlichem Genie und von bewundernswürdigen Kenntnissen, die er unter einem einfachen, anspruchlosen Aeußern verbirgt. Auch halte ich ihn für einen ehrlichen und rechtschaffenen Mann, der bloß aus republikanischer Schwärmerey ein heftiger Jakobiner geworden ist. Er war der Erste, der den Schleyer der Heucheley zerriß, in welchen der ränkevolle Roland eine Herrschsucht eingehüllt hatte, und bey jeder Gelegenheit hat er einen wahren Patriotismus gezeigt.

^l Theil 1, S. 131. Der Finanzminister Claviere.

Den Charakter dieses schändlichen Menschen hat niemand richtiger und treffender geschildert, als der General Montesquiou. Die wichtigen, von diesem Generale bekannt gemachten, Aktenstücke <343> sind in den politischen Annalen, Bd. 2, S. 321, und Band 3, S. 510, Band 4, S. 106, abgedruckt worden. Diese Aktenstücke, welche in der neuesten Geschichte von Frankreich so vieles aufklären, habe ich durch die Gefälligkeit eines meiner Korrespondenten in der Schweiz erhalten, der mir, von den wenigen Exemplaren, welche davon ins Publikum gekommen waren, Eines zu verschaffen gewußt hat: daher auch die politischen Annalen die einzige Schrift sind, welche eine deutsche Uebersetzung derselben geliefert haben, und liefern konnten.

^m Theil 1, S. 151. Die Kommissare und Propagandisten.

In einer früheren Schrift hat der General Dümouriez behauptet, daß die Propaganda damals monatlich dreyßig Millionen Livres dem Nationalschatze gekostet habe. {Man sehe die politischen Annalen, Bd. 3, S.122} Dieses ist auch gar nicht unwahrscheinlich, wenn man bedenkt, wie viel Geld ist verschwendet worden, um in den österreichischen Niederlanden, in Holland, in der Schweiz, in Großbritannien, in Neapel, in Spanien, in Pohlen und in der Türkey, Aufruhr und Unruhen zu erregen. Allein das ist unbegreiflich, daß es in Deutschland noch so viele Personen gibt, welche die Existenz der Propaganda hartnäckig leugnen, und sich von dem wirklichen Daseyn derselben durch so viele einstimmige Zeugnisse der allerunterrichtetsten Männer nicht wollen überzeugen lassen. Ich kann mir diesen auffallenden <344> Unglauben an eine erwiesene und beglaubigte Thatsache nicht anders erklären, als dadurch, daß ich

annehme, die deutschen Mitglieder der Propaganda suchten vorsätzlich den
Glauben an die Existenz derselben zu vernichten, um desto ungehinderter im
Finstern ihre schändlichen Plane ausführen zu können.

[n] Theil 1, S. 156. Die eiserne Büchse {boëte}.
An mehreren Stellen der Annalen habe ich behauptet, daß der vorgebliche eiserne Schrank in den Thuilerien nicht vorhanden gewesen sey. Indessen bin
ich seither durch die Briefe eines sehr unpartheyischen und fachkundigen Korrespondenten überzeugt worden, daß ich hierin geirrt habe. Es war allerdings
ein solcher Schrank vorhanden: allein dieser enthielt, wie auch der Augen-
schein lehrt, keine andere Papiere, als solche, die zur Rechtfertigung des unglücklichen Königs dienen konnten, und von denen Roland die wichtigsten
ganz vernichtet, und der Nationalkonvention nicht mitgetheilt hat.

[o] Theil 1, S. 160. Der strengen Redlichkeit Rolands.
Nichts ist auffallender in dieser Schrift des Generals Dümouriez, als das sonderbare Lob, welches er an dieser Stelle dem Minister Roland ertheilt, welchen
er doch selbst, kurz vorher, den ränkevollsten und ungeschicktesten unter allen Girondisten genannt hatte. Während seines Ministeriums hatte sich Dümouriez mit Roland und Claviere gezankt, und nachdem diese beiden Minister
durch seine Ränke <345> ihrer Stellen waren beraubt worden, hatte er öffentlich behauptet: daß die Habsucht dieser beyden Männer, und der Antheil, welchen sie sich an den, von der Nationalversammlung bewilligten, sechs Millionen Livres, hätten zueignen wollen, die Ursache seines Zwistes mit ihnen gewesen wäre. {Man sehe meine historische Nachrichten und politischen Betrachtungen über die französische Revolution, Band 8} Wie verträgt sich nun
dieses Lob mit jener Aeußerung! Ueberhaupt aber scheint es, als ob noch nicht
Thatsachen genug bekannt wären, um über den Charakter Rolands abzuspre-
chen. Vielleicht war sein Charakter weder so gut, noch so schlecht, als derselbe
von seinen Anhängern und von seinen Feinden ist geschildert worden; vielleicht fällt ein großer Theil der schändlichen Handlungen, die er wirklich begangen hat, seiner Frau zur Last, von welcher er ganz beherrscht wurde; vielleicht war er mehr Schwärmer als Bösewicht. Wenn aber dieses der Fall seyn
sollte; so lassen sich die vielen schlechten Handlungen und Betrügereien, welche er, zufolge glaubwürdiger Zeugnisse, schon vor der Revolution, zu Lyon
begangen haben soll, weder erklären noch entschuldigen. Roland ist vielleicht
der Einzige unter allen denen, die während der unseligen frankreichischen Revolution eine Rolle gespielt haben, dessen Charakter bis jetzt noch zweifelhaft
geblieben wäre.

[p] Theil 2, S. 103. Alle diese Verordnungen

Man findet diese merkwürdigen <346> Befehle und Proklamationen in den politischen Annalen, Band 2. S. 402 und 403.

q Theil 2, S. 191. Desjardins, ein Gelehrter.
Der General Dümouriez irrt sich hier: es war nicht Desjardins, sondern Dübüisson, der mit Proly und Pereira von den Jakobinern zu ihm gesandt wurde, um ihn auszuforschen. Diese drey Bösewichter haben seither die Strafe für ihre Verbrechen durch die Guillotine zu Paris erhalten.

r Theil 2, S. 192. Die Unterredung – angegeben haben.
Man findet diese Unterredung in den politischen Annalen, Band 2. S. 359.

s Theil 2, S. 266. Man hat die Proklamation – getadelt.
Man findet diese Proklamation in den politischen Annalen, Band 2. S. 427.

t Theil 2, S. 287. Eine Proklamation des Prinzen von Coburg, vom 9ten.
Man sehe die politischen Annalen, Band 2. S. 429.

u Theil 2, S. 296. Er wird diese Memoiren beschließen.
Die Bemerkungen, welche Dümouriez über die frankreichischen Ausgewanderten macht, sind vorzüglich richtig und treffend. Er theilt dieselben, wie man sieht, in drey Klassen:
in die Royalisten, die Anhänger der alten, abscheulichen Regierungsform, welche vor der Revolution statt fand, und welche, wegen der ungeheuren Mißbräuche, die eingerissen waren; <347> wegen der gewaltthätigen Unterdrückung des dritten Standes; wegen der ausschweifenden Pracht und Verschwendung des Hofes; wegen des unerträglichen Uebermuthes des Hofadels, der sich für eine bessere Klasse von Menschen hielt, als den Bürgerstand; wegen der Schwäche des Königs, und wegen der unaufhörlichen Widersetzung der Parlementer gegen alle königlichen Verordnungen, nicht länger bestehen konnte;
Die zweyte Klasse sind die Anhänger der Konstitution von 1789, 1790 und 1791, oder die Feuillants. Diese wollen, daß die, im Jahre 1791 beschworne, Konstitution aufrecht erhalten und gehandhabt werden solle. Sie sind für diese Konstitution mit einer Art von Enthusiasmus eingenommen, und haben derselben alles, was ihnen auf der Welt am theursten ist, aufgeopfert. Sobald diese Konstitution umgeworfen und der König eingekerkert war, haben sie, weit entfernt, den Jakobinern zu schmeicheln oder der neuen Republik dienen zu wollen, Weiber, Kinder, Verwandte, Güter, Ehrenstellen, alles verlassen, und irren jetzt, arm, verlassen, an keinem Orte geduldet, und von der ersten Klasse

der Ausgewanderten gehaßt und verfolgt, in der Welt herum, als Märtyrer einer Konstitution, welche, ihrer Meynung nach, Frankreich hätte glücklich machen können. Auch noch jetzt, in der Verbannung, und zum Theil im Gefängnisse, hangen sie dieser Konstitution mit einer bedaurenswürdigen Schwärmerey an, die ihrem Charakter, wenn gleich nicht, ihren politischen <349> Kenntnissen, Ehre macht. Diese zweite Klasse von Ausgewanderten verdient die Achtung aller Wohldenkenden und Rechtschaffenen: denn ihre Absicht war, das Glück ihres Vaterlandes zu befördern; und ob sie sich gleich in den Mitteln geirrt haben mögen, so war wenigstens ihr Zweck edel und gut.

Ganz anders verhält es sich mit der dritten Klasse von Ausgewanderten, mit denjenigen, die mit dem Generale Dümouriez ausgewandert sind, und die sich jetzt für Anhänger der ersten Konstitution ausgeben, da sie doch die Umwerfung dieser Konstitution öffentlich gebilligt, sechs Monate lang in dem Dienste der Jakobiner gestanden haben, und erst dann ausgewandert sind, als sie einsahen, daß sie ihren Plan, Frankreich zu beherrschen, nicht würden ausführen können. Diese verdienen die allgemeine Verachtung, welche ihnen auch zu Theil geworden ist.

Vergeblich sucht jetzt Dümouriez sich, nebst seinen Anhängern, an Lafayette und dessen Anhänger anzuschliessen, und die Verrätherey, die er an den Republikanern begangen hat, dadurch zu entschuldigen, daß er vorgiebt, so wie Lafayette ein Anhänger der ersten Konstitution zu seyn. Das Betragen dieser beyden Generale hat, so wie ihr Charakter, gar nichts gemein; und das Publikum weiß, eben so strenge als gerecht in seinen Urtheilen, den Schwärmer von dem Verräther sehr gut zu unterscheiden.

Es giebt, außer den dreyen, von Dümouriez angeführten, Klassen von Ausgewanderten, <349> noch eine vierte Klasse derselben, deren er, ich weiß nicht aus welchem Grunde, nicht erwähnt, nämlich diejenigen Girondisten, nebst ihren Anhängern, die noch nicht geköpft sind: Pethion, Condorcet, Barbaroux, Lanjuinais, u.s.w. Dieses sind Republikaner; aber nicht jakobinische Republikaner, sondern philosophische Republikaner, wie sie sich selbst nennen, oder jesuitische Republikaner, wie sie von Dümouriez an einer Stelle dieses Buchs genannt werden. Sie mußten fliehen, nachdem die Revolution vom 31. May 1793 ausgebrochen war, in welcher die Maratisten über die Girondisten die Oberhand behalten haben. Auch diese Klasse von Ausgewanderten verdient die Verachtung aller Wohldenkenden und Rechtschaffenen; auch ist ihnen dieselbe in einem so hohen Grade zu Theil geworden, daß sie gar nicht an das Tageslicht zu kommen wagen, und daß der Ort ihres Aufenthaltes gänzlich unbekannt ist.

ᵛ Theil 2, S. 248 [richtig: 325]. Der König war derselben Meinung.

Der General Dümouriez behauptet hier, daß der Krieg unvermeidlich gewesen
sey, und daß der König selbst den Krieg gewünscht und verlangt habe. Diese
beiden Behauptungen widersprechen geradezu demjenigen, was die übrigen
Minister, Narbonne, Delessart, u.s.w. über diesen Gegenstand bekannt gemacht haben, und woraus deutlich erhellt, daß das Haus Oesterreich, so lange
Leopold lebte, auf alle <350> Weise den Krieg zu vermeiden gesucht hat, und
daß der König dem Kriege sehr abgeneigt war. In dem achten Bande meiner
historischen Nachrichten und politischen Betrachtungen habe ich dieses ausführlich aus einander gesetzt.

ᵂ Theil 2, S. 326. Wie ich aber – sahe, daß der Hof mich getäuscht hatte.
Der General Dümouriez macht hier dem frankreichischen Hofe einen ganz
ungegründeten Vorwurf. Er behauptet: daß er, um dem Könige sein Ansehen
in seinem Staatsrathe wieder zu verschaffen, und ihn in den Besitz der konsti-
tutionsmäßigen Macht zu setzen, das Ministerium abgeändert, und die drey
Minister Roland, Servan und Claviere, aus demselben weggejagt habe, jedoch
unter der Bedingung, daß der König die beyden Dekrete, welche die Transpor-
tation der unbeeidigten Priester nach Südamerika, und das, bei Paris zu errichtende, jakobinische Lager von 20 000 Mann betrafen, genehmigen sollte; daß
er nachher von dem Hofe sey betrogen worden, indem der König den beyden
Dekreten die Genehmigung verweigerte; und daß er, um nicht das Werkzeug
einer Intrigue zu seyn, sich zurückgezogen und seine Ministerstelle aufgegeben habe; auch habe er damals dem Könige und der Königinn alles, was ihnen
in der Folge begegnen würde, vorausgesagt. Diese Erzählung ist schon an sich
höchst unwahrscheinlich, wenn auch nicht aus den zuverlässigsten Nachrichten bekannt <351> wäre, daß sie ganz erdichtet ist. Man überlege nur die Umstände genauer. Zufolge der Erzählung des Dümouriez hätte er also mit dem
Könige einen Vertrag eingegangen: der König sollte zwey Beschlüsse genehmigen, denen er seine Genehmigung bereits verweigert hatte dagegen wollte der
Minister Dümouriez seinen dreyen Kollegen im Ministerium, Roland, Servan
und Claviere, den Abschied geben. Dem zufolge hätte also der gutmüthige König so ganz unter der Herrschaft der Jakobiner gestanden, daß er nicht einmal
mehr im Stande gewesen wäre, Minister, die ihm nicht gefielen, abzuschaffen,
dem zufolge hätte also damals Dümouriez thun können, was selbst der König
nicht zu thun vermochte, dem zufolge wäre die, von Dümouriez so oft und so
hoch gepriesene, Konstitution eine sehr schlechte Konstitution gewesen, weil
vermöge derselben der konstitutionsmäßige König von Frankreich nicht einmal die Macht hatte, über seine Diener, über eine Minister, zu befehlen. Allein
die Behauptung des Generals Dümouriez, daß er auf die Genehmigung des berüchtigten Dekrets, welches das Lager von 20 000 Mann betraf, im Staatsrathe
gedrungen habe, ist nicht wahr. Er selbst widersetzte sich im Staatsrathe der

Genehmigung dieses Dekretes; er selbst bewog, durch seine, allerdings wichtigen, Gründe den König, diesem Dekrete seine Genehmigung zu versagen: dem zufolge ist eine ganze Erzählung dieses Vorfalls unrichtig, und die Vorwürfe, welche er jetzt <352> dem Hofe macht, sind gänzlich ungegründet. Ich habe diesen Vorfall, umständlich und ausführlich, nach einer Vergleichung der sichersten und zuverlässigsten Quellen, in dem achten Bande meiner historischen Nachrichten und politischen Betrachtungen über die französische Revolution erzählt: allein ich will hier, um das Vorgeben des Generals Dümouriez ganz zu widerlegen, eine Stelle aus einer wichtigen und äußerst seltenen Schrift anführen, welche ich durch die Güte eines meiner Freunde in Paris erhalten habe, und deren Verfasserinn die berühmte Madame Roland, die Frau des Ministers, war, welcher man Kenntniß der Umstände gewiß nicht absprechen wird, und welche, in diesem Falle, da es auf Vertheidigung des unglücklichen Königs ankommt, gewiß eine glaubwürdige und unpartheyische Zeuginn ist. Der Titel dieser Schrift heißt: ›Lettres et pièces intéressantes, pour servir à l'histoire de Roland, Servan et Clavière‹ à Paris 1792. L'an quatrième de la liberté. 143 S. in 8. Hier kommt S. 129 die folgende Erzählung vor:
Interessante Nachrichten über die Veränderung in dem Ministerium, von einem Augenzeugen.
Die Verabschiedung des Kriegsministers, Hrn. Servan, welche am 12. Junius {1792} um 8 Uhr des Abends geschah, kündigte an, daß <353> der König diejenigen Maasregeln, welche dieser patriotische Minister ihm vorgeschlagen hatte {nämlich die Errichtung eines jakobinischen Lagers von 20 000 Mann in der Nähe der Hauptstadt} gänzlich verwerfe: die andern Minister, welche, in Rücksicht auf diese Maasregeln, der Meinung Servans waren, weil sie von denselben Grundsätzen belebt wurden, versammelten sich daher an demselben Abende nach zehen Uhr, um zu überlegen, was unter solchen Umständen zu thun seyn möchte.
Die Untersuchung der Ursachen dieser Begebenheit führte sie ganz natürlich auf die Untersuchung des Betragens des Hrn. Dümouriez, welcher sowohl öffentlich, im Publikum, als in dem Staatsrathe, die, von Hrn. Servan vorgeschlagenen, Maasregeln getadelt hatte, welcher die Verabschiedung des Hrn. Servan bewirkt hatte, um sich an dessen Stelle zu setzen; und welcher bereits mehr als Einmal den Gegenstand ihrer Unterhaltung ausgemacht hatte.
Dümouriez hatte sich also, zufolge dieser Erzählung, sowohl im königlichen Staatsrathe, als auch öffentlich, gegen die Genehmigung des Dekretes, das Lager von 20 000 Mann betressend, erklärt. – Doch weiter.
Bey ihrem Eintritte in das Ministerium hatten sie in Hrn. Dümouriez einen Mann erkannt, dessen leichtsinniger Charakter, dessen unmoralisches Betragen, und dessen Gewohnheit Ränke zu spielen, Besorgnisse erwecken konnten. <354> Allein die Offenherzigkeit, mit welcher er dem kräftigsten

Patriotismus zugethan schien; die entschlossene Weise, mit welcher er sich
hierüber erklärte, und die Freimüthigkeit seiner Ausdrücke im Staatsrathe,
wenn von Aufrechthaltung der Konstitution die Rede war: alles dieses kündigte an, daß er entschlossen wäre, auf dem Wege der Revolution zu wandeln,
und daß er wenigstens durch sein Interesse und durch eine Art von Ruhmsucht
mit der guten Sache {das heißt: mit den Jakobinern} verbunden sey.
Als von dem Kriege die Rede gewesen war, hatte Hr. Dümouriez den Eifer, die
Wärme und den Unwillen gezeigt, mit denen damals alle guten Frankreicher
belebt waren. Auf alle, in dem Staatsrathe vorgebrachten Einwendungen, unsere Lage und unsere Zubereitungen betreffend, hatte er geantwortet, indem
er wiederholt versicherte, daß die Lage der Dinge nicht besser sein könne, und
daß man mit der größten Wahrscheinlichkeit einen guten Erfolg voraus sagen
dürfe. Der Kriegsminister, Hr. de Grave, rechtfertigte diese Versicherungen
durch sein Zeugniß; und die übrigen Minister, welche diesen Theil der Staats-
geschäfte zu beurtheilen nicht im Stande waren, entschlossen sich bloß aus
politischen und moralischen Gründen zu der Kriegeserklärung, vermöge welcher Gründe sie den Nutzen und die Nothwendigkeit des Krieges einfahren.
Demzufolge hat also Dümouriez ganz allein, durch eine wiederholten, drin-
genden Vorstellungen, die Kriegeserklärung <355> bewirkt, zu welcher weder
der König noch die Minister geneigt waren.
Nach den, bey Mons und Tournay {im Mai 1792} vorgefallenen Unfällen,
machten die Klagen der Armee sowohl, als mancherley Beschwerden, das Mißtrauen rege. Damals war Hr. Dümouriez selbst der Meinung, daß ein Lager errichtet werden müßte. Allein er schlug vor, dasselbe aus bloßen Linientruppen
zu errichten, und er zeigte ein Verlangen Befehlshaber darüber zu seyn. Als,
durch die Thätigkeit und den Patriotismus des Ministers Servan, die Kriegs-
kanzley sowohl, als die Armeen, eine ganz andere Gestalt gewonnen hatten,
da schien Hr. Dümouriez sich vorzüglich an Hrn. Lacoste {den Minister des
Seewesens} zu halten. Sie hatten öfters besondere Zusammenkünfte; und
beide unterstanden sich, von der Nationalversammlung in sehr schlechten
Ausdrücken zu sprechen. Indessen war, an dem Tage, an welchem die Leibwache des Königs entlassen wurde, Dümouriez zu dem Könige berufen worden.
Er blieb eine ganze Stunde bey demselben, während die übrigen Minister in
dem Saale des Staatsrathes sich versammelt hatten, und auf ihn warteten. Nach
seiner Rückkunft machte er ihnen, noch an demselben Abende, eine so drol-
lige Beschreibung, von demjenigen, was bey dem Könige vorgefallen war, daß
seine Erzählung ein neuer Beweis zu seyn schien, daß er mit dem Hofe in keinem Einverständnisse stünde. Er schilderte ihnen die <356> Wuth der Königinn, welche er bei ihrem erhabenen Gemahl angetroffen hatte, dem sie vor-
warf, daß er sich seiner Leibwache hätte berauben lassen; daß er durch die
Schwäche seines Charakters alles zu Grunde gehen ließe; und daß er viel zu

langsam in Ergreifung großer Maasregeln wäre. Man kann unmöglich den Zorn und die Thränen der Königinn stärker, leichtsinniger und drolliger schildern, als es damals Hr. Dümouriez that. Er führte eine Rede an, die der Königinn entgangen war, und die er lächerlich machte. Er behauptete, daß er sich in einer großen Verlegenheit befunden hätte, und wiederholte seinen Kollegen, was er für nöthig gefunden habe, dem Könige und der Königinn über die Nothwendigkeit zu sagen, in der sie sich befänden, die Konstitution in Gang zu bringen, und derselben aufrichtig zugethan zu seyn.

Das Betragen des Hrn. Dümouriez, bey Gelegenheit dieses sonderbaren Auftrittes, hob die Furcht wieder auf, die man zuweilen vor ihm hatte. Man schrieb das, was an ihm zu tadeln war, seinem Leichtsinne zu; und eben dieser leichtsinnige Charakter schien sich mit der Verstellung nicht zu vertragen, die man hätte bey ihm voraussetzen müssen, wenn man hätte annehmen wollen, daß es ihm mit der Aufrechthaltung der Konstitution kein Ernst sey.

Indessen hatte doch Hr. Dümouriez, beynahe zu eben der Zeit, die Winke, welche man ihm über {seinen geheimen Sekretair} Hrn. <357> Bonne Carrere gab, sehr übel aufgenommen. Das Betragen dieses Sekretairs war weit entfernt, einem Ministerium Ehre zu machen; denn man warf demselben eine schändliche Geschichte vor, welche zwar nicht gerichtlich bewiesen werden konnte, über welche aber genug moralische Beweise vorhanden waren, um einen rechtschaffenen Minister in die Nothwendigkeit zu setzen, einem solchen Gehülfen den Abschied zu geben. Dagegen zog sich Hr. Dümouriez von den verehrungswürdigen Freunden zurück, welche ihm diesen Wink gegeben hatten; auch suchte er seine Kollegen zu bewegen, daß sie sich von denselben zurück ziehen möchten.

Der verehrungswürdige Freund, welcher diesen Wink gab, war wahrscheinlich niemand anders, als Madame Roland selbst.

Endlich, als das Dekret abgegeben wurde, welches die Föderation {oder das, in der Nähe von Paris am 14. Julius 1792 zu errichtende, jakobinische Lager von 20 000 Mann} betraf; da erhob sich Dümouriez in dem Staatsrathe auf das kräftigste gegen die Genehmigung dieses Dekretes. Er unterstützte und rechtfertigte die Weigerung des Königs und seine Deklamationen gegen die Nationalversammlung wurden uns verschämter als jemals. –

Man sieht daß die Erzählung der Madame Roland mit der Erzählung des Generals Dümouriez im offenbaren Widerspruche steht. Hören wir dieser Dame weiter zu. <358> Hr. Lacoste {der Seeminister} welcher, bey Deklarationen dieser Art, mit Dümouriez allezeit einverstanden war, begnügte sich mit einem gänzlichen Stillschweigen über die Genehmigung des Dekretes, welches die Föderation {oder das Lager} betraf. Es diente daher die Verabschiedung des Hrn. Servan zur Erklärung aller Umstände, und zur gänzlichen Entlarvung des Hrn. Dümouriez. Man sah nun deutlich ein, daß sich nichts als Ränke,

Widersprüche und Niederträchtigkeiten, von einem Minister erwarten liessen, welcher so unverschämt war, den Bonne Carrere als einen Gehülfen zu behalten; welcher die Schwester eines gewissen Rivarol {eines vormaligen Adelichen und bekannten heftigen Royalisten} bei sich hatte, öffentlich mit ihr lebte, und durch sie mit den gefährlichsten Aristokraten umgeben war: man sah deutlich ein, daß die Patrioten, in Gesellschaft eines solchen Kollegen, nicht hoffen durften das Gute zu bewirken, und daß sie ihn nicht länger als ihren Kollegen ansehen durften. Sie mußten daher entweder ihren Abschied nehmen, oder den König ersuchen, daß er dem Hrn. Dümouriez den Abschied gebe. Dieser letzte Entschluß schien am schicklichsten zu seyn; es war die letzte Anstrengung für das öffentliche Wohl. Dem zufolge nahm es Hr. Roland über sich, einen Brief an den König zu schreiben. Er setzte denselben auf, und las ihn den Herren Claviere und Düranton {dem Justizminister} vor. Sie beschlossen, daß sie <359> am folgenden Morgen, in Gesellschaft einiger Freunde, wieder zu ihm kommen wollten.

Die Herren Claviere und Dütanton waren zwar mit den Grundsätzen, nach denen der Brief geschrieben war, sowohl, als auch mit den in demselben enthaltenen Wahrheiten, völlig einverstanden; allein sie waren nicht der Meinung, daß der Brief dem Könige sollte überreicht werde. Hr. Claviere hielt es für besser, sich selbst zum Könige zu begeben, und demselben mündlich zu sagen, was man ihm schreiben wollte; Hr. Düranton war der Meinung, man solle die Verabschiedung Dümouriez abwarten, ohne dieselbe auf irgend eine Weise zu verlangen; Hr. Roland bestand auf der Nothwendigkeit, sich ohne Aufschub, ohne Umschweife und schriftlich, zu erklären. Die Debatten dauerten lange. Endlich entschloß man sich, sich zum Könige zu begeben, und im Vorbeigehen bey Hrn. Lacoste {dem Seeminister} vorzusprechen, um ihn zu ersuchen, daß er sich mit dazu gesellen möge. Dieser Minister war, noch mehr als Hr. Düranton, dagegen, den König zu irgend einer Maasregel zu verleiten. Während man noch debattierte, erhielt Hr. Düranton einen Befehl, sogleich, ohne allen Aufschub, zum Könige zu kommen. Nun trugen die Herren Roland und Claviere ihm auf, Sr. Maj. alles das vorzutragen, was sie dem Könige zu sagen wünschten, und schlugen vor, daß sie sich nach seinem Hause und daselbst seine Rückkunft, nebst dem <360> Resultate seiner Botschaft, abwarten wollten. Hr. Düranton brachte seinen beiden Kollegen ihren Abschied, und unterschrieb bald nachher den Brief, in welchem der König der Nationalversammlung die Entlassung der beiden Minister bekannt machte. Man kann nunmehr Hrn. Dümouriez aus seinen Handlungen beurtheilen; und ein Biedermann mag zwar die Thatsachen erzählen, aber sich nicht so viel erniedrigen, ihn zu schildern.

So erzählt Madame Roland diese Begebenheiten. Ich überlasse es nun der Beurtheilung des Lesers zu entscheiden, ob ihr, oder dem Generale Dümouriez, mehr Glauben beizumessen sey.